Bahnten sich ihren Weg durch Stein und Sand: Fotograf Franz Killmeyer und Autor Andreas Wenderoth auf den Lavafeldern von Lanzarote. Fotograf Stefan Warter und GEO-Special-Redakteur Markus Wolff im Sportcamp »La Santa«

Editorial

Liebe Leserinnen und Leser,

löst die Wetterkarte der Tagesschau bei Ihnen auch diesen Fluchtreiz aus? Wenn links unten auf dem Bildschirm die Kanarischen Inseln eingeblendet werden und auf „München: minus 3 Grad, überfrierende Nässe" Las Palmas folgt, „23 Grad, Sonnenschein" – im Januar! Wer möchte da nicht sofort in den nächsten Flieger steigen? Kaum ein anderes Urlaubsziel ist klimatisch so günstig gelegen: Nur vier, fünf Flugstunden von Deutschland entfernt, wechseln die Jahreszeiten auf den Kanaren allenfalls zwischen Frühling und Sommer. Selbst im Winter ist das Meer dort noch ein paar Grad wärmer als die Nordsee im August.

Das hat den Archipel zur Badewanne Europas gemacht, pauschal buchbar, mit austauschbaren Hotelanlagen und identischen Buffets. Doch es gibt auch die ganz anderen Kanaren. Und die sind vor allem eine Natursensation. Sie bieten grüne Gärten mit Blick auf den Atlantik, schwarze Vulkankegel, nebelverhangene Lorbeerwälder, steile Täler, von Mandel- und Pfirsichhainen flankiert. In diesem Heft eröffnen wir Ihnen Wege zu diesen anderen Seiten der Kanarischen Inseln. Wir führen Sie durch die Altstadt von Las Palmas, die mit Havanna verglichen wird, wandern mit Ihnen über die verwunschenen Ebenen von El Hierro, tauchen mit Walen – und zeigen Ihnen nicht zuletzt karibisch anmutende Strände, in denen nur zwei Sonnenschirme stecken. Denn auch solche Refugien der Ruhe gibt es noch.

Andreas Weber, studierter Meeresbiologe, hat dieses Special als Redakteur betreut

Viel Spaß beim Entdecken der wahren Kanaren wünscht Ihnen Ihr

Florian Hanig

(Florian Hanig)

INHALT

Las Palmas

AUFBRUCH AM ATLANTIK

Gran Canarias Hauptstadt entwickelt sich zum kulturellen Amalgam verschiedener Erdteile. Ihre Einwohner beschreiben das Lebensgefühl als »trikontinental« – inspiriert von Europa, Lateinamerika – und Afrika

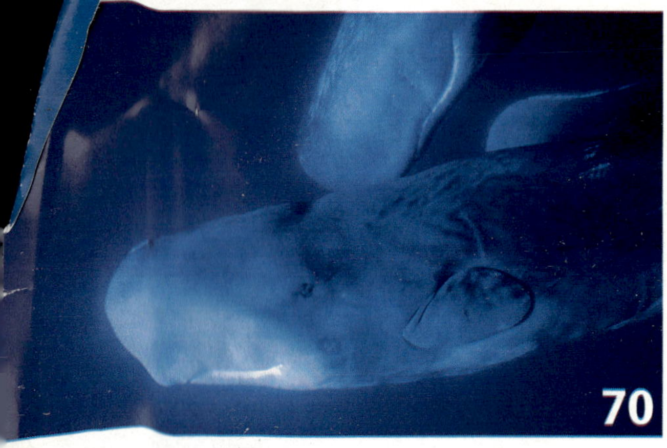

Whale-Watching

BLAUES WUNDER

Riesige Delfinschwärme vor den Küsten, dazu Grind-, Pott- und sogar Blauwale: 26 Arten von Meeressäugern tummeln sich in den Gewässern der Kanaren. Forscher kämpfen für die Errichtung einer Schutzzone

Lanzarote

NUR NICHT AUSRUHEN!

Im vermutlich sportlichsten Hotel der Welt trainieren Profis für den nächsten Wettkampf. Und Urlauber erleben, dass acht Stunden Hochleistung am Tag nicht müde, sondern süchtig machen

Themen

Badeurlaub
STRAND AUFS HERZ

Wo ist der Sand am feinsten, die Brandung am wildesten, das Meer am blausten? GEO-Mitarbeiter verraten ihre Lieblingsplätze – etwa die Dünen von Maspalomas auf Gran Canaria, ein Fleckchen Sahara am Ozean

El Hierro
AUS DER WELT GEWANDERT

Wo führt bloß der Saumpfad weiter? Haben wir das Wasser vergessen? Und was waren das für Rufe in der Nacht? Eine Großstadt-Familie zieht aus, die kleinste und einsamste Kanaren-Insel zu erkunden

Urlaubswelten
SIEG DEN PALÄSTEN!

Mit allerlei Blendwerk erschaffen Hoteliers auf den Kanaren die Illusion des Authentischen – gotische Prunksäle, marokkanische Wüstenfestungen oder ein »echtes« Fischerdorf. Willkommen in der Zukunft des Tourismus

Portfolio
DIE GLÜCKLICHEN INSELN

Ihre Landschaften seien so vielfältig wie die eines ganzen Erdteils, schwärmte schon der Naturforscher Alexander von Humboldt über die Kanaren. Nur die Jahreszeit wechselt kaum: Es ist entweder Frühling oder Sommer

Emigranten
EIN PLATZ AN DER SONNE

Dableiben, nicht nur für 14 Tage, sondern für immer. Kann das gut gehen? Fünf Deutsche erzählen, wie schwer ihnen der Neuanfang gefallen ist und weshalb er sich trotzdem gelohnt hat

Rubriken

Titelbild: San Bartolomé auf Gran Canaria; Fotograf: Reinhard Schmidt

Reise-Service

34 SEITEN MIT DEN BESTEN ADRESSEN

Extragroßer Info-Teil mit Orientierung (S. 114) und Empfehlungen für stilvolle Unterkünfte, authentische Küche und spektakuläre Wanderungen auf sieben Inseln:

BAD IN DER MASSE

Wenn die Canarios richtig feiern, bleibt niemand trocken

EKSTATISCHES ERBE

In vielen kanarischen Festen verbinden sich die Tradition heidnischer Rituale und der hypnotische Sog katholischer Massenprozessionen zum zügellosen Taumel. Der Karneval, alljährlich im Februar und März gefeiert, erinnert in seiner erotischen Wildheit sogar an den von Río de Janeiro. Magischer Anziehungspunkt der Umzüge ist fast immer das Meer.

Fröhliches Fangen: In alten Kleidern drängen die Menschen zum Meer, um bei der Fiesta del Charco im flachen Wasser nach Fischen zu greifen (oben). Zur Fiesta de San Juan am 23. Juni wird der Strand von Las Palmas zum Volkslager (unten)

FIESTA DE SAN JUAN: DAS UNGLÜCK VERBRENNEN

In der Abenddämmerung des 23. Juni versammeln sich überall auf den Inseln Menschen am Strand. In kleinen Grüppchen stehen sie um hoch aufgeschichtete Holzstapel, trinken Wein, tratschen – bis der jeweilige Bürgermeister oder Dorfälteste den Scheiterhaufen entzündet. Wenn die Flammen lodern, beginnt ein seltsames Schauspiel: Immer wieder nähern sich Menschen aus den Gruppen dem Feuer und werfen Kleidungsstücke hinein – eine Jeans, einen Pullover, ein paar weiße Hemden. „Wenn du in der Johannisnacht Kleider verbrennst, wird das kommende Jahr ein Erfolg", sagt José Gregorio González, der ein Buch über magische Rituale auf den Inseln geschrieben hat. So manche Ausschmückung der Johannisnacht hat ihre Wurzeln in alten Naturreligionen. In La Matanza de Acentejo auf Teneriffa zum Beispiel basteln die Menschen Hunderte Schiffchen aus Palmenzweigen, die sie, mit Wunschzetteln, Blumen und einer flackernden Kerze bestückt, aufs Meer hinaustreiben lassen. In San Andrés wird *queimada* ausgeschenkt, ein Hexentrunk, der auf der Basis von Trester unter geheimnisvollen Beschwörungsformeln gebraut wird – ein Brauch, den Galizier aus ihrer keltischen Heimat im Norden Spaniens mitgebracht haben. Und im Fischerhafen von Puerto de la Cruz baden Hirten am 24. Juni ganze Ziegenherden im Atlantik. Mit diesem Zauber wollten die Ureinwohner die Fruchtbarkeit ihrer Tiere sichern.

FIESTA DEL CHARCO: SCHLAMMSCHLACHT IM ANZUG

„Wer nicht mitmacht", warnt ein Gemeinderat, „wird mit Schlamm beschmissen." Am 11. September drängeln sich 20 000 Menschen am Strand von San Nicolás de Tolentino auf Gran Canaria um eine Lagune, die *El Charco*, „die Pfütze", genannt wird. Um 17 Uhr gibt der Bürgermeister mit der Pistole den Startschuss und stürzt sich im Anzug als Erster von Tausenden Menschen in die schlammige Lagune. Ganze Familien waten prustend und planschend durch das flache Wasser und versuchen, mit bloßen Händen ein paar Meeräschen zu fangen.

Das feuchte Vergnügen geht auf eine alte Fangtechnik zurück. Die Ureinwohner vergifteten das Wasser mit dem Saft von Wolfsmilchgewächsen – und wateten nackt in die Lagune, um die leblosen Tiere einzusammeln. Als der Bischof 1766 die nunmehr christlichen Bewohner bei diesem frivolen Treiben erwischte, erklärte er die Fiesta del Charco umgehend zur Todsünde. Seitdem geht die Bevölkerung bekleidet und mit Schuhen ins Wasser – und hat doppelt Spaß.

BAJADA DE LA VIRGEN:
ALTE GÖTTIN IM NEUEN KLEID

„Die meisten *Herreños* sind Atheisten", erklärt Lalo Fonte, „aber unserer Heiligen, der darf kein Härchen gekrümmt werden." Lalo ist einer der vier Hirten auf El Hierro, die während der „Bajada de la Virgen de los Reyes" das schwere Standbild von einer Einsiedelei in den Bergen 28 Kilometer weit bis zur Inselhauptstadt Valverde schleppen. Tänzer begleiten sie, Tausende von Zuschauern bestaunen sie – darunter einige tausend Herreños, die für dieses Fest extra aus Übersee zurückkommen. Die Geschichte der Prozession geht bis ins 16. Jahrhundert zurück, als ein schiffbrüchiger Seemann die Statue gegen Käse und Fleisch getauscht haben soll. Zum Schrecken des Klerus deponierten die Menschen das Standbild nicht im Gotteshaus, sondern in einer Höhle, die der Fruchtbarkeitsgöttin Moneiba geweiht war. Während einer Dürre holten die Hirten ihre Heilige heimlich hervor, und sofort prasselte ein rettender Sturzregen vom Himmel. Da wurde die heidnische Jungfrau endlich von der Kirche anerkannt. Bald avancierte sie zur Schutzpatronin der Insel. Die nächste Bajada findet im Juli 2009 statt.

Anuschka Seifert

Auch die »Fiesta de la Rama« in Agaete auf Gran Canaria hat archaische Wurzeln: Die Bewohner schlugen in Vorzeiten mit Palmzweigen aufs Wasser, um Regen zu erflehen (oben). Deutlich direkter feiern die *Canarios* ihren wichtigsten Rohstoff mit der »Traida del Agua« Anfang August, wo jeder jeden auf jede erdenkliche Weise nass machen darf (Mitte). Bei der »Bajada de la Virgen« auf El Hierro bahnen Tänzer der Menge den Weg

MELODIEN UND MEER

Musikalisch waren die Kanaren stets Zentrum, nicht Peripherie. Hier entstand Spaniens erste Philharmonische Gesellschaft. Heute ist der Archipel ein Brückenkopf für die Verbreitung lateinamerikanischer Musik

HIER SPIELT DIE MUSIK!

Seit Gründung der ersten Philharmonischen Gesellschaft Spaniens in Las Palmas vor mehr als 150 Jahren sind die Kanaren eine wichtige Station des weltweiten Konzertbetriebes. Hier treten Stars auf, die auch in London, Wien oder New York für volle Häuser sorgen. Dank des 1985 ins Leben gerufenen internationalen Festivals für klassische Musik gastieren im Januar und Februar die wichtigsten Ensembles auf den Inseln – 2006 etwa das London Symphony Orchestra unter Bernard Haitink oder Christopher Hogwoods Basler Kammerorchester. Im neuen Auditorio Alfredo Kraus in Las Palmas ist dabei nicht nur die Akustik berauschend, sondern auch der Ausblick auf das endlose Grau des Atlantik, dessen Weite sich durch das riesige Fenster hinter der Bühne im Saal ausbreitet.

GROSSE OPER AUF DER INSEL

Zu Beginn des vergangenen Jahrhunderts machten viele Ballett- und Opernensembles auf ihrem Weg nach Südamerika auf Gran Canaria Station. So wurde die kleine Insel immer mit den neuesten Produktionen der Kulturmetropolen versorgt. Standesgemäße Bühne für solche Weltklasse-Aufführungen war das 1888 eröffnete heutige Theater Pérez Galdós, dessen hohe Hallen und herausragende Akustik die einzigartige Intensität des kanarischen Musiklebens mitbegründen halfen. Der wuchtige Historismus-Bau wird zurzeit für rund 3,5 Millionen Euro restauriert – ab dem Frühjahr 2007 soll er in neuem Glanz erstrahlen.

GITARRE IM KONZERTSAAL

Er ähnelt einer Minigitarre und klingt wie eine Ukulele: Der kanarische Timple begleitete 500 Jahre lang Folklorelieder, dann geriet er in Vergessenheit. Wieder populär machte das Saiteninstrument der Gitarrist Benito Cabrera aus Lanzarote. Von Norwegen bis Japan begeisterte der Ethno-Musiker mit dem kleinen Zupfkorpus Millionen Zuschauer – und löste in seiner Heimat eine neue Timple-Begeisterung aus. Inzwischen behaupten sich Timple-Spieler ebenso souverän im Dialog mit einem Synthesizer wie als Solisten des renommierten Sinfonieorchesters von Teneriffa.

Kleine Klampfe, großer Klang: der Gitarrist Benito Cabrera mit einem Timple

Halb Kastell, halb Leuchtturm: Das Auditorio Alfredo Kraus wirkt wie ein Bollwerk gegen die See. Durch die teilweise verglaste Rückwand ist der Ozean innen stets präsent

RHYTHMEN DER SEHNSUCHT

Seit dem 17. Jahrhundert wanderten Tausende Kanarier in die Neue Welt, vor allem nach Kuba, aus. Ihre Nachfahren brachten bei der Rückkehr karibische Klänge wie Són, Salsa und Bolero auf die Inseln – lange bevor diese auf dem Kontinent zum Trend wurden. Im Zeitalter des Internet sind die Kanaren immer noch ein Basislager für kubanische Musik: Der Livestream von Radio Mega Latina aus Teneriffa gilt in Spanien als Referenz für Latin-Music. Seit Juli 2005 kooperiert der Sender mit dem kubanischen Radio Taíno in La Habana – ein bisher einzigartiges Projekt (www.megalatina.fm).

Nicole Trötzer

DIE BASS-STRASSE TRENNT TASMANIEN
VOM AUSTRALISCHEN
FESTLAND.
UND SEGLER VON LEGENDEN.

KUNST FÜR DEN GAUMEN

Junge Köche erneuern die bislang schlichte Inselküche. Winzer entdecken den Adel uralter Weine neu

VOLKSKÜCHE MIT STERNEN

Raffinesse war in den Küchen der Kanaren lange unbekannt. Volkstümlich und urwüchsig aßen die Einheimischen, nahmen riesige Fleischportionen zu sich, löffelten opulente Eintöpfe – eine bäuerliche Kochkunst mit Wurzeln in den Speisetraditionen der Urbevölkerung. Reisende mussten vielerorts mit den touristischen Standardmenüs vorlieb nehmen, die leicht gelbstichig als Fotografien in Tausenden Speisekarten abgedruckt waren. Das hat sich geändert. Als letzte spanische Region entdecken die Kanaren Leichtigkeit und Kreativität der Weltküche – und finden zugleich ihre eigenen Schätze wieder: Die Mehlspeise *gofío* etwa, Palmenhonig, Papageifische und Blütenkäse gewinnen unter den Händen gastronomischer Newcomer eine ungeahnte Eleganz. Die jungen Chefs garen ihre Speisen geschmacksschonend im „Vakuum" und experimentieren mit aromatischen Ölen. Ihre kulinarischen Kunstwerke servieren sie mit Weinen uralter, längst vergessen geglaubter Sorten. So viel Innovation lockt inzwischen sogar Küchen-Stars vom Festland auf die Kanaren: Der baskische Dreisternekoch Martín Berasategui etwa betreut heute ein Feinschmecker-Lokal im neuen Luxusresort „Abama" in Guía Isora auf Teneriffa.

Jesús González serviert Rippchen als Cocktail. Alter Wein im neuen Keller-Schlauch: Bodega Viñátigo

ZAUBERTRANK

Ein Schluck kanarischer Wein vermag viele hundert Jahre in die Vergangenheit zu versetzen: Noch heute gedeihen auf den Inseln Rebsorten, die bereits die spanischen Eroberer kultivierten. Im 16. Jahrhundert war Wein von den Atlantikinseln weltweit gefragt. Doch mit dem Siegeszug französischer Gewächse wurde der Anbau unrentabel. Heute erweist sich die Insellage als Vorzug: Als im 19. Jahrhundert die Reblaus die meisten alten europäischen Sorten vernichtete, blieben die Kanaren verschont. Winzer wie Elena Batista oder Jesús Mendez Siverio von der Kellerei Viñátigo auf Teneriffa oder die Bodegas Tananjava auf El Hierro pflegen heute das Erbe: Die weißen „Malvasía Blanco" und „Marmajuelo" wurden auf der Jahresmesse der französischen Önologen, den „Vinalies Internationales", in Paris zuletzt 2005 ausgezeichnet. Auch die Rotweine „Viña Norte" oder „Humboldt Tinto" der Bodegas Insulares auf Teneriffa konnten internationale Prämien ergattern.
BODEGA VIÑÁTIGO, Cabo Verde, s/n, La Guancha, Tel. 922 82 87 68, www.vinatigo.com

SCHWEIN IM GLAS

Wäre Jesús González Künstler und nicht Koch, man würde ihn als Dekonstruktivisten bezeichnen: Die Leib- und Magenspeise der *Tinerfeños*, Runzelkartoffeln mit Schweinerippchen, hat er in ihre Bestandteile zerlegt und diese völlig neu zusammengefügt. Die Gäste müssen sie nun aus dem Cocktailglas löffeln. Unten befindet sich das zarte Fleisch, darüber einzeln verlesene Maiskörner und obendrauf der Kartoffelschaum mit einem Tupfer Koriander-*Mojo*. „Zum Glück hat mir niemand einen Teller hinterhergeschmissen." González lacht: „Die

Schön speisen im Marqués de Oristano

Wein vom 1775 gegründeten Gut El Grifo

Gäste haben festgestellt, dass es wie immer schmeckt. Es war mir ein tiefes Bedürfnis, die *papas con costillas* endlich in einen Smoking einzukleiden."
EL DUENDE, Puerto de la Cruz, Calle la Higuerita 41 (Barrio de la Vera, in Richtung Icod de los Vinos, Ausfahrt 36), Tel. 922 37 45 17, Mi–So 13–16 Uhr und 19–23 Uhr

ALCHEMIE DER GENÜSSE

Einst hatte Fabian Mora mit dem Gedanken gespielt, Bildhauer zu werden. Seine künstlerische Fantasie lebt er nun in der Küche aus. Den Zickleinbraten etwa umhüllt Mora mit einem hauchdünnen, in Kräutern gebeizten Mandelbrotteig. Immer wieder destilliert er aus einfachen Zutaten völlig unerwartete Geschmackserlebnisse. „Das geht nur hier auf den Inseln, wo es so einmalige Produkte wie schwarze Kartoffeln und Palmenhonig gibt", sagt Mora. Er serviert seine Menüs in einem restaurierten Adelspalast in der romantischen Altstadt von San Sebastián de la Gomera.
MARQUÉS DE ORISTANO, Calle Real 24, San Sebastián de la Gomera, Tel. 922 87 29 09, Di–Sa 13.30–16 Uhr und 19–23 Uhr

Anuschka Seifert

Grüne Gärten im Atlantik

Ihre Landschaften seien so vielfältig wie die eines ganzen Erdteils, schwärmte schon der Naturforscher Alexander von Humboldt. Als zerklüftete Vulkane geboren, vom milden Passatwind gebadet, haben die Kanarischen Inseln eine einzigartige Vegetation hervorgebracht – ein Reich immer währender Blüte

Teneriffa

Außenposten der Vegetation: Ursprünglich aus Amerika stammende Feigenkakteen haben die schroffen Felsen über dem Strand von Las Teresitas erobert

La Gomera

Knochen der Erde: Der 1250 Meter hohe Roque de Agando spie einst Lava. Zu Fuß des verwitterten Vulkanschlots bilden heute Zistrosen und hüfthohe Margeriten einen duftenden Teppich

El Hierro

Geschöpfe des Windes: Wasser aus den Passatwolken speist die uralten Wacholderbäume des Hochlandes La Dehesa, stetige Böen haben ihren Wuchs verkrüppelt

La Palma

Immer gedeckter Tisch: Gemüse, Zitrusfrüchte und Blumen machen das Dorf El Tablado zum hängenden Garten, in dem nur zwei Jahreszeiten herrschen – Frühling und Sommer

Teneriffa

Sieg des Lebens: Auf den Lavahalden des Teide in über 2000 Meter Höhe krallen Kriechpflanzen und der nur hier heimische Caldera-Hafer ihre Wurzeln in den Vulkangries

La Palma

Frühlingserwachen: Wie frischer Schnee leuchten die Blüten der Mandelbäume auf den Hügeln bei Puntagorda. Die Früchte brachten der Insel einst Wohlstand

Lanzarote

Kanarische Karibik: Mit hellem Sand lockt die Playa del Reducto, der Hausstrand der Inselhauptstadt Arrecife. Trotzdem verirren sich nur wenige Touristen hierher

Gran Canaria

Künstliche Oase: An den kargen Hängen eines Stausees im Barranco de Tirajana wispern kanarische Dattelpalmen im Wind. Ihr süßer Saft wird zu Palmhonig gekocht

LAUFSTEG DER SCHÖPFUNG

Auf den Kanaren schreitet die Evolution im Zeitraffer voran. Sie hat eine einzigartige Flora hervorgebracht, die seit Jahrhunderten Naturforscher anlockt. Noch heute wird hier beinahe jede Woche eine neue Pflanzenart entdeckt

TEXT:
ANKE SPARMANN

Der Forschungsaufenthalt, an dessen Ende die Idee eines neuen Naturbildes stehen soll, dauert gerade fünf Tage. Er beginnt am frühen Morgen des 19. Juni 1799. Kurz vor Sonnenaufgang schiebt sich die „Pizarro" der Küste Teneriffas entgegen. Es herrscht dichter Nebel. An Bord der Korvette hofft ein junger Wissenschaftler inständig, dass die Schwaden sich verziehen mögen: Alexander von Humboldt. Seit langem hat der Preuße diese Reise ersehnt. Mit Feuereifer hat er alle in jenen Jahren greifbaren Berichte über die Kanaren studiert. Doch keiner davon hat den 29-Jährigen darauf vorbereitet, was ihn tatsächlich hier erwartet.

Weiche Luft umfließt ihn, als Humboldt an Land geht. In vollen Zügen genießt er „die Natur, die so reich, so großartig und wundervoll auftritt". Grobblättrige Büsche krallen sich zwischen die Küstenfelsen, bizarre Stängel tragen unbekannte Blüten. Alles scheint neu in dieser Welt, als hätte der Forscher, erst wenige Tagesreisen von Europa entfernt, bereits einen fernen Erdteil entdeckt.

Die Inseln, die sich nur einige hundert Kilometer vor der Westküste Afrikas aufreihen, sind bis heute eine Welt für sich. Isoliert im Ozean, formen sie einen abgeschlossenen Archipel, fast einen eigenen kleinen Kontinent. Von der heißen Felsklippe bis zu verschneiten Gipfeln, von der Trockensteppe bis zum immerfeuchten Urwald fügen sich hier nahezu alle Landschaftsformen der Erde auf kleinster Fläche ineinander.

Humboldt und sein Reisegefährte, Aimé Bonpland, haben es eilig, Santa Cruz, der stickigen Hafenstadt Teneriffas, zu entkommen. Für einen kurzen Augenblick hatten sie bei ihrer Ankunft den Pico del Teide zwischen Nebel und Wolken aufragen sehen. Jetzt wollen sie den Vulkan erklimmen. Drei, vielleicht vier Tage bleiben den Forschern für den beschwerlichen Weg, auf dem Kälte und Hitze sie gleichermaßen peinigen werden.

Universell gebildet ist Alexander von Humboldt, überdies vertraut mit einer ganzen Reihe wissenschaftlicher Messinstrumente: Quadrant, Sextant, Kompass, Chronometer, Thermometer, Barometer – ja, er beherrscht sogar ein Instrument, mit dem sich der Tiefegrad der Himmelsbläue bestimmen lässt. Akribisch misst er auf Schritt und Tritt Temperaturen, Höhen, Neigungswinkel. Doch bei aller Detailversessenheit bewahrt er sich den Blick für das Wesentliche, das große Ganze.

Humboldt erkennt während seines Vulkanaufstiegs, dass die Vegetation nicht allein – wie bis dahin allgemein angenommen – entsprechend der geographischen Breite variiert. Sondern dass völlig unterschiedliche Vegetationszonen „wie Stockwerke" übereinander liegen können. Auf Teneriffa ist es, als wären Klimaregionen, die sich sonst über Kontinente ausbreiten, in die Horizontale steiler Berge gestaucht. An nur einem Tag kann man hier Regionen durchwandern, die anderswo Tausende von Kilometern trennen.

„Fast mit Tränen reise ich ab. Ich möchte mich hier ansiedeln und bin doch kaum vom europäischen Boden weg", schreibt Humboldt, kurz vor seiner Abreise von Teneriffa, in einem Brief an seinen Bruder Wilhelm. Fünf Jahre wird der Forscher anschließend in Südamerika verbringen. Die fünf Tage auf der Insel aber sollen ihm unvergessen bleiben.

Die Kanarischen Inseln sind eine grüne Schatzkammer. So wie ihre Lorbeerwälder müssen vor 30 bis 40

FELSWÄNDE
AEONIUM TABULIFORME

HOCHGEBIRGSREGION
SPARTOCYTISUS SUPRANUBIUS

TROCKENWÄLDER
SONCHUS HIERRENSIS

LORBEERWALD
CANARINA CANARIENSE

Millionen Jahren die subtropischen Wälder Mittel- und Südeuropas ausgesehen haben, bevor sie durch den Klimawandel im Zuge der Eiszeiten vernichtet wurden. Gleichzeitig sind die Kanaren aber auch ein lebendes Evolutionslabor, wo sich die Bildung neuer Arten im Schnelldurchlauf abspielt. Ihrem Ursprung nach sind die Inseln keine Bruchstücke des afrikanischen Kontinents. Der Atlantik gebar sie vor 20 Millionen Jahren als Neuland. Sie entstanden als nacktes Vulkangestein, das hierher gedrifteten Lebewesen eine unbesetzte biologische Nische bot – gleichsam die Möglichkeit, die Geschichte der Schöpfung ein weiteres Mal anheben zu lassen.

Getragen von Wind oder Wellen oder im Kot von Vögeln, müssen vor Millionen von Jahren die ersten Pflanzensamen auf die damals noch jungen Vulkaninseln gelangt sein. Die einzelnen Neuankömmlinge konnten hier ohne Konkurrenz all jene Variationen ihres Erbguts ausspielen, die in einem dicht besetzten Ökosystem wohl untergegangen wären.

DAS NACKTE VULKANGESTEIN BOT DER ENTWICKLUNG EINE ZWEITE CHANCE

Binnen kurzer Zeit brachte ein Ankömmling eine ganze Sippe verwandter Arten hervor. Wie in einer Börse für unterschiedliche Überlebenspläne traten neue Strategien zutage, mit denen die Pflanzen ihre Existenz noch in den kleinsten Nischen sicherten. Heute zeigt sich der Einfallsreichtum von Jahrmillionen ungestörter Entwicklung vor allem darin, wie die Gewächse mit Trockenheit und Hitze auskommen: Spezies wie das Greiskraut *Kleinia neiifolia* lassen sich völlig ausdörren, um dann bei geringster Regenzufuhr umgehend auszutreiben. Andere, wie die Dachwurz *Aeonium urbicum*, entwickelten besonders robuste Blätter mit Wasser speichernden Geweben zum Schutz gegen Dürre und Glut.

Im Gegenzug konnten sich Abkömmlinge heißer Klimazonen, die zunächst in den sonnenverbrannten Küstenlandstrichen siedelten, in gemäßigte Klimabereiche verbreiten und dort ganz neue Qualitäten zum Tragen bringen. Auch hier waren die Dickblattgewächse der Gattung *Aeonium* erfolgreich: Heute sind auf den Kanaren rund 35 Arten vertreten, die alle von einer einzigen Urform abstammen. In ähnlich viele Spezies spaltete sich die Kanarenmargerite auf – ebenfalls allesamt Abkömmlinge einer einzigen afrikanischen Stammform.

Humboldt soll einer der Ersten sein, die den Wert dieses botanischen Kosmos für die Wissenschaft entdecken. Aber immer noch, mehr als 200 Jahre später, müssen die Kanaren zu den spektakulärsten Forschungsschauplätzen der Erde gerechnet werden.

Ein Frühlingsmorgen im Jahr 2005, 25 Grad, blauer Himmel. Wolfredo Wildpret de la Torre, Botanikprofessor der Universität von La Laguna, ein stämmiger Mann von 72 Jahren, zwängt sich hinter das Steuer. Die Fahrt führt in den Nordosten Teneriffas, hinauf ins Anaga-Gebirge. Wildpret de la Torre parkt an einem Aussichtspunkt. Die Luft hat sich merklich abgekühlt, er zieht sich den Anorak an und setzt eine Mütze auf.

Der Professor späht hinüber zur Inselmitte. Dort erhebt sich der Pico del Teide, 3718 Meter hoch, Spaniens mächtigster Berg. Schneewächten kleben am Gipfel. Darunter dehnt sich ein breites graues Band – baumlose Schuttfluren, an die, noch eine Etage tiefer, scharf ein grüner Kieferngürtel grenzt. Direkt zu Füßen Wildpret de la Torres tut sich ein Abgrund auf. Im Tal sieht man Palmen und aus Felsspalten Wolfsmilchgewächse wuchern. Hier oben schlägt der Wald dem Professor einen feuchten, sauberen Atem entgegen: Lorbeer- und Erdbeerbäume, die ihrerseits Girlanden von Lianen, Flechten und Moosen schleppen. Unter dem dichten Kronendach wachsen mannshohe Farnwedel.

Das Erkunden der oft nebelverhangenen Wälder kommt für Botaniker einer Zeitreise gleich. Sie steigen hier hinab ins späte Tertiär. Denn bis heute sind die Wälder auf Teneriffa und den anderen Inseln des Archipels weitgehend sich selbst überlassen geblieben.

„Inseln sind wie Reagenzgläser", sagt José-María Fernández-Palacios, ein Kollege von Wildpret de la Torre an der Universität von La Laguna. „Weil der Raum und die Mitspieler begrenzt sind, lassen sich Vorgänge auf diesem isolierten Territorium leichter verstehen als auf den Kontinenten. Immer wenn Forscher Inseln studiert haben, sind sie mit ihren Theorien ein entscheidendes Stück weitergekommen." ›

HARTLAUBVEGETATION
DRACAENA DRACO

BERGVEGETATION
EUPHORBIA ATROPURPUREA

KÜSTENFELSEN-VEGETATION
LOTUS MACULATUS

Wolfredo Wildpret de la Torre zieht eine Kamera aus der Anoraktasche. Der Biologe hat eine Blattform entdeckt, die ihm ungewöhnlich erscheint. Seit mehr als 40 Jahren erkundet er die Inseln. Noch heute sind ihm längst nicht alle kanarischen Pflanzen und Tiere bekannt. Durchschnittlich alle 5,4 Tage spürt jemand irgendwo auf dem Archipel eine bisher unbekannte Pflanzen- oder Tierart auf.

IN DEN BOTANISCHEN GÄRTEN GEDEIHT HEUTE AUCH DIE PRACHT DER TROPEN

Aktuell kennen Wissenschaftler 2177 Pflanzensippen auf den Kanaren. Rund jede Dritte davon kommt nirgendwo auf der Welt ein zweites Mal vor. „Galápagos der Pflanzenwelt" nennen Botaniker den spanischen Archipel wegen seiner isolierten Lage und der – im Verhältnis zu seiner Größe – sehr hohen Zahl der Endemiten. Hätte Charles Darwin seine Studien zur Evolution auf den Kanaren betrieben, statt auf den Inseln vor Ecuador – die Welt würde heute vielleicht anstelle des Darwin-Finken eine Darwin-Margerite kennen.

Und es ist ja auch tatsächlich Humboldt, der unter anderem mit seinen Beobachtungen auf Teneriffa Grundlagen für Darwins Durchbruch gelegt hat. Im Jahr 1830 absolviert der britische Forscher sein letztes Studienjahr in Cambridge. Er verschlingt die Reiseberichte des deutschen Vorläufers. „Ich schrieb aus Humboldts Werk lange Stellen über Teneriffa ab und las sie auf einer Exkursion laut meinen Freunden vor", berichtet Darwin in seiner Autobiografie. Halb im Spaß, halb im Ernst ermutigen die Freunde ihn, es dem preußischen Gelehrten gleichzutun. Bereits ein Jahr darauf, 1831, liegt Darwins Schiff, die „Beagle", vor Teneriffa. Doch wegen einer Cholera-Epidemie an Bord darf keiner auf die Insel übersetzen. Der Engländer segelt weiter nach Südamerika.

Die Kanaren sind der letzte Zipfel Land, den Abenteurer und Auswanderer von Europa sehen. Und die Inseln sind häufig erste Station der Heimkehrer aus den spanischen Kolonien in Übersee. Viele bringen Nutz- und Ziergewächse aus der Ferne mit – und kein Ort scheint ihnen geeigneter für deren Pflanzung als dieser zwischen alter und neuer Welt in den Atlantik geworfene Archipel.

Auf den Inseln entstehen damals so genannte Akklimatisationsgärten. Die Pflanzen aus den lateinamerikanischen Provinzen sollen sich hier zunächst an das kanarische Klima gewöhnen. Ihre Schösslinge, so hofft man, werden dann auch auf dem Kontinent gedeihen. Ein Irrtum. Die Exoten entwickeln sich zwar im gemäßigten Kanarenklima prächtig, im Norden aber gehen sie ein.

Als ein Schweizer Gärtner, ein gewisser Hermann Wildpret, auf Teneriffa 1860 eine Stelle im Botanischen Garten von Orotava antritt, findet er ihn vollkommen verwahrlost. „Don Hermano" wie ihn die Einheimischen nennen, beginnt, die Gewächse aufzupäppeln und immer neue Exoten in die Reihen zu pflanzen. Heute sind im „Jardin de Aclimatacion de La Orotava" die Schösslinge von einst zu ehrfurchtgebietenden Urwaldriesen ausgewachsen. Wie ein eigener Forst stützt sich ein tropischer Feigenbaum auf den Wald seiner längst selbst zu Stämmen gewordenen Luftwurzeln. Es ist still und schattig. Wer hier zwischen den Pflanzen hindurchschlendert, auf den Steinbänken am plätschernden Becken Platz nimmt, fühlt sich in alte Kolonialreiche versetzt.

Im Gegensatz dazu soll im „Viera y Clavijo"-Park auf Gran Canaria vor allem die heimische Flora präsentiert und konserviert werden. Denn die Pracht der exotischen Gärten ist für die pflanzliche Vielfalt der Inseln langfristig kein Gewinn. Viele Arten aus anderen Erdteilen gedeihen nicht nur in den Grenzen des Gartens, sondern flüchten in die freie Natur, über 230 bis heute. Es ist nicht ohne Ironie, dass in der hingebungsvollen Arbeit seines Urgroßvaters Hermann Wildpret eine der Ursachen liegt, weshalb Wolfredo Wildpret de la Torre heute um die Zukunft der Artenvielfalt auf den Kanaren fürchtet.

Im späten Frühjahr leuchten dottergelbe, großkelchige Blumen auf den Wiesen um das kleine Bergdorf Vilaflor: Kalifornischer Mohn. Im Ort erzählt man, dass eine Amerikanerin hier, in der klaren Höhenluft, einst von einer Lungenkrankheit genas. Zum Dank schickte sie später Mohnsamen aus ihrer Heimat auf die Insel. Mittlerweile verdrängt die Blume die einheimische Flora von ihren Standorten. Aggressiver noch als der Kalifornische Mohn breitet sich das in den 1950er Jahren aus Afrika eingeführte Federborstengras auf Kosten der einheimischen Flora aus. *Rabo di gato*, Katzenschwanz, heißen die wuchernden Halme im Volksmund.

Solche Expansion sehen Forscher wie Wildpret de la Torre oder Fernández-Palacios mit Sorgen. Denn nicht nur die Entstehung, auch das Verschwinden von Arten spielt sich auf Inseln im Zeitraffer ab. Auf einem Eiland ist die Wahrscheinlichkeit, dass eine Lebensform auf Nimmerwiedersehen verschwindet, 40-mal so hoch wie auf dem Festland. Ein Drittel aller Pflanzenarten, die seit dem Jahr 1600 weltweit ausstarben, lebten auf Inseln. ❙

GEO-Autorin **Anke Sparmann**, 41, genoss es, zwei Wochen lang die unterschiedlichsten Vegetationszonen zu besuchen. Lästig wurde ihr auf den Touren zwischen Trockensteppe und kalten Gipfeln nur eines: ständig die Kleidung wechseln zu müssen.

LAS PALMAS
BUNTE STADT AM MEER

Als »trikontinental« beschreiben die Einwohner Gran Canarias Hauptstadt. Von hier exportierten die Spanier ihren kolonialen Baustil in die Neue Welt. Und hierhin brachten kubanische Immigranten südamerikanisches Flair zurück. Mittlerweile ziehen schwarze Einwanderer in die alten Viertel. Und die Metropole entdeckt, dass sie nur 200 Kilometer von Afrika trennen

TEXT: BARBARA BAUMGARTNER

Schönes Modell: Die Altstadt Vegueta mit der Kathedrale Santa Ana war Vorbild für Städte von Kuba bis Argentinien. Heute verändern Fremde das Gesicht von Las Palmas; etwa die Immigranten im Stadtteil Santa Catalina (links)

Der Ort ist einmalig, das merkt man sofort. Irgendwo im kubanischen Archipel liege diese Stadt, lautet eine verbreitete Einschätzung, ein Gefühl zumindest. Andere beharren auf Afrika. Mit europäischer Kultur, wie manche hinzufügen. Es gibt sogar ein eigenes Wort dafür: trikontinental. Ein Ort, der Anteil hat an drei Kontinenten. Sergio Brito sagt: „Eine fantastische Stadt. In Las Palmas hast du immer das Gefühl, du wärst woanders."

Mit ausgreifenden Schritten stapft er durch die Straßen um die Calle Guanarteme, eine lange Achse parallel zum Strand. Koreanische Imbisse reihen sich hier an die Büros chinesischer Airlines, dämmrige Telefonstuben an Seemannskneipen und gekachelte Cafés, in denen schwarze Männer in langen Kutten unter kreisenden Ventilatoren Tee trinken. „Jeder Tag kann hier eine Exkursion sein."

In Britos Gesicht machen sich die Augen und der große Mund ständig die Vorherrschaft streitig. Er ist Künstler, aus Teneriffa. Las Palmas hat er sich ausgesucht: „Ein viel vitalerer Ort! Menschen von allen anderen Inseln haben sich hier niedergelassen, und aus der ganzen Welt." Und dann sei da natürlich der Strand. Drei Kilometer zieht sich die Playa de las Canteras an der westlichen Flanke der Stadt hinunter, vor Atlantikbrechern abgeschirmt durch ein langes Riff. Brito geht nach der Arbeit gern noch schwimmen.

Am Abend verschiebt sich langsam das Gewicht der Kontinente. Die tiefe Sonne zeichnet selbst die hässlichsten Häuserklippen hinter der Promenade weich, und während die letzten Surfer ihre Bretter aus den grau-grün glitzernden Fluten ziehen ›

NUR DIE COPACABANA GLITZERT HELLER

Ein Gürtel aus Licht säumt das Hafenviertel zwischen der Playa de las Canteras und den Kaianlagen. Von beiden Seiten umspült der Atlantik die Halbinsel, die an der schmalsten Stelle kaum 300 Meter misst, bevor sie sich zur Nueva Isleta weitet

KULTURMETROPOLE MIT MEERWERT
Mittagspause in Las Palmas. Der Atlantik gehört dazu wie anderswo der Stadtpark. In den Riscos, eng verschachtelten Hangsiedlungen, lebten einst die Diener der Reichen. Heute nehmen junge Berufstätige die pittoresken Viertel in Besitz (unten)

und Familien in Badehosen sich auf den Heimweg machen, übernehmen afrikanische Mamas die Bänke. Ein Schichtwechsel unterschiedlich ausgeprägter Schamgefühle. Die Frauen tragen bunte Kattunkleider mit Turban oder flatternde, leichte Gewänder, Schleier zu Jeans und T-Shirt. Auf den hinteren Bänken sitzen, meist für sich, die Männer, auch sie in traditioneller Kleidung oder in Hemd und Anzug.

Einige sind Touristen: Für sie soll Las Palmas wie Paris sein. So sagt man jedenfalls in der Stadt. Die meisten Afrikaner aber leben in den Straßen hinter dem Strand, in Britos Viertel. Manche der Gebäude hier waren früher Hotels, jetzt dienen sie den Immigranten als Bleibe. „Oft wohnen zehn Menschen in einem Mini-Apartment." Brito zeigt auf einen heruntergekommenen Block, vor dessen Eingang eine Traube Schwarzer zusammensteht. Hinter den oberen Fenstern sieht man improvisierte Trennwände und dicht gestapelten Hausrat.

Ein paar Türen weiter ist Brito am Ziel: „Das älteste japanische Restaurant in Spanien." Der Besitzer eilt mit gerunzelter Stirn zwischen den voll besetzten Tischen hin und her. Er kam, natürlich auf einem Schiff, vor 37 Jahren – was sein Spanisch nicht verrät. Auch Britos Eltern waren Emigranten. Sie wanderten nach Venezuela aus, wo er 1960 zur Welt kam, ein paar Jahre später kehrten sie wieder zurück. Vielleicht beschäftigt ihn als Künstler deshalb das Thema Immigration so sehr. Für seine letzte Videoinstallation filmte Brito die bewegte Meeresoberfläche, und indem er das Bild anschließend senkrecht stellte, verwandelte er die Wellen in ein fremdes, unheimliches Element – so fremd und unheimlich, wie es den meisten Afrikanern bei ihrer illegalen Überfahrt in den Booten vorkommen muss.

Mit dieser Wellen-Installation nahm Sergio Brito an der letzten Dak'Art teil, der großen Biennale zeitgenössischer afrikanischer Kunst in Dakar. In gewisser Weise

Die Plaza Cairasco im Altstadtquartier Triana ist das edle Wohnzimmer von Las Palmas; mit Cafés und einem Literaturclub. Unten: Wenn es dämmert, proben Zugewanderte eine neue Strandkultur

erinnerte ihn die senegalesische Hauptstadt an Las Palmas – sie sei „genauso anarchisch". Die Teilnahme kanarischer Künstler wiederum empfand er als nur logisch, „schließlich sind wir ein Teil von Afrika". Geographisch ist das keine Frage, der Wind bringt manchmal Wüstenstaub und Heuschrecken mit.

Dies könnte eine Stadt in Kuba sein – angenommen, Kuba wäre ein normales Land", sagt Manuel Díaz. Er ist Kubaner und Poet. In der kurzärmligen kubanischen Guayabera sitzt er auf der Terrasse des Café Madrid, unter den Palmen der Plaza Cairasco. Der Platz ist ein Gegenpol zur schlampigen Von-Tag-zu-Tag-Existenz des Hafens: Hier zeigt sich Las Palmas von seiner pittoresken und geruhsamen Seite.

Díaz hat sich die Stadt nicht ausgesucht. Hätte Fidel Castro es ihm nicht unmöglich gemacht, er wäre gern in Havanna geblieben. Wo ihm aber nun einmal nichts anderes übrig blieb als das Exil – oder ein anderer zu werden –, findet er, dass er es besser nicht hätte treffen können. Als er 1992 mit seiner Familie ankam, da war es, „als hätten wir schon immer hier gelebt. Es gibt so viele Gemeinsamkeiten." Lebensrhythmen, Gebräuche, Gerichte, Wörter, der singende Tonfall: In einer langen Geschichte von Emigration und Remigration – fast jede Familie hat Verwandte in Kuba oder Südamerika oder verbrachte dort einige Jahre – sind die Ufer sich immer ähnlicher geworden. Hier wie dort herrscht ein menschliches Klima, in dem es den ganzen Tag über aufmunternde, kosende Formeln regnet: „Viel Glück, mein Kind" und „Hier, Liebes, nimm", zu jedem Kaffee ein paar wärmende Tropfen.

„Die Leute hier sind allerdings ein bisschen weniger überschwänglich als in Havanna." In den Augen von Díaz ist es ein Vorteil. Seinen Vater erinnerte Las Palmas an das Havanna der 1950er Jahre – „er liebte diese Stadt. Und mit jedem Jahr, das ich hier bin, ist sie ein wenig schöner, sauberer, kulturell vielfältiger geworden." Díaz ist 68, sein blasses, breites Gesicht mit den wässrigen Augen die fleischgewordene Güte. Er grüßt die Kellnerin wie eine alte Bekannte, dann sagt er erklärend, Zuneigung in der Stimme, im „Madrid" arbeiteten immer Mädchen aus Kuba. Der Menschenstrom hat die Richtung gewechselt, die Bande werden immer stärker.

Nach Afrika dagegen streckt Las Palmas gerade erst die Fühler aus. Es schwingt noch etwas vom Eifer der frisch Bekehrten ›

mit, wenn die Stadträtin Isabel García Bolta, eine Frau mit streichholzkurzem, neonrotem Haar über sehr weißem Teint, eindringlich erklärt: „Wir sind Afrikaner." Wie jedermann räumt sie jedoch bereitwillig ein, dass die geographische Wirklichkeit erst langsam akzeptiert werde. Wenn man die Kanarier auf dem spanischen Festland als „Afrikaner" bezeichnete, begriff man das hier bislang nicht als korrekte Ortsangabe.

Las Palmas stand zwar durch den Hafen in ständigem Kontakt mit dem benachbarten Kontinent, kehrte ihm aber ansonsten den Rücken. Doch nun, sagt García Bolta, sei man entschlossen, die Nähe als Chance zu begreifen. So empfahl es eine jüngst im Auftrag der Stadt angefertigte Studie. Die Handelskammer fördert Wirtschaftskontakte und unterstützte die Teilnahme der kanarischen Künstler an der Dak'Art. Dass Las Palmas den Zuschlag für das neue Kultur- und Wirtschaftszentrum Casa de África erhielt (Barcelona hat die Casa de Asia, Madrid die Casa de América), wird allgemein als wichtiger Erfolg gefeiert.

Sergio Brito fasst die Gefühlslage so zusammen: „Irgendwie waren wir hier immer weit weg von allem – und nun merken wir plötzlich: Wir sind ganz nah an etwas anderem dran!" In seinen Badeshorts wirkt er leicht deplatziert auf den weichen, cremefarbenen Sofas des Gabinete Literario. Der traditionsreiche Privatclub, ebenfalls an der Plaza Cairasco, wurde Ende des 19. Jahrhunderts als Theater eröffnet, und das Gebäude schöpft in vollen Zügen aus mindestens zwei Stilen, Renaissance und Modernismus. Freitreppe, hohe Fenster, Stuck, polierte Holzgeländer. Im Spielzimmer sitzen zwei Herren beim Schach, im leeren Lesesalon steht der Nachmittag still. Doch der Schein von vergangener Welt ist genau das: ein Schein; in Wirklichkeit hat die ehrwürdige Gesellschaft gut Schritt gehalten mit den Zeiten. Im großen Saal im Erdgeschoss veranstaltet ein junges Kollektiv aus der Stadt Tanznächte mit elektronischer Musik, eine Galerie im ersten Stock zeigt Avantgarde-Kunst. Brito ist hier durchaus zu Hause.

Auf der Rückfahrt ins Hafenviertel dämmert es schon; wie ein Lichterbogen streckt sich die Stadt am Meer entlang. Rechts neben der Uferstraße sind in der Entfernung die Docks und Kräne des Puerto de la Luz zu erkennen, jenes Hafens, der die Stadt groß gemacht hat und für die Conquista einst das Sprungbrett in die Neue Welt war.

Für diese Meeresfront gibt es große Pläne. Auf dem Isthmus, der vernachlässigten Landenge zwischen Strand und Hafen, soll auf 400 000 Quadratmetern „La Gran Marina" entstehen: ein Komplex mit Büro-

Mildes Licht für milde Abende: In Vegueta gestatten Restaurant-Terrassen das ganze Jahr über nächtliche Daseinsfreude. Palast der Presse: Zeitungskiosk im Stadtteil Triana (oben)

TECHNO IM CLUB DER LEBENDIGEN DICHTER
Das Gabinete Literario entstand 1844 als Theater. Heute ziehen sich hier ältere Herrschaften zum Zeitunglesen oder Brettspiel zurück – abends aber laufen Trance-Partys. Eine Verlockung im Dämmerlicht ist auch die Einkaufsmeile Calle Mayor (unten)

gebäuden, einem Sporthafen, Freizeiteinrichtungen, einem Hotel und Parks, durch die Jogger von Küste zu Küste trotten können. Das Projekt ist Teil eines ehrgeizigen Plans, Las Palmas in „eine große Kapitale des Atlantik" zu verwandeln, wie die Stadtregierung es ausdrückt. Es geht aber noch um mehr: um die Sanierung der ganzen Küstenzone. Erst verbannte man das Meer hinter Straßen und Mauern, jetzt will man es zurück, andere Hafenstädte haben es vorgemacht.

„Die Hochstraße am Ufer dort wird verschwinden, der Zugang zum Meer wiedergewonnen." José Antonio Sosa weist über die Flachdächer Veguetas, in Richtung des schimmernden Blaus. Während des Nachmittags hat sich der „Eselsbauch" verzogen, jene weiße Wolkendecke, die mit großer Beständigkeit über der Stadt hängt und ihr Klima ausgleicht: Nun glimmen die pastellfarbenen Fassaden der Kolonialgebäude im goldenen Licht. Wir stehen auf dem Dach der Casas Consistoriales, des alten Gemeindegebäudes im historischen Herzen der Stadt. Es wird gerade restauriert. Sosa, Architekt und Hochschullehrer, leitet mit seiner Partnerin Magüi González die Arbeiten. In den Räumen ist ein Museum über das Kolonialviertel Vegueta geplant. Hier auf dem Dach wird der Museums-Rundgang enden – mit diesem Blick über das Viertel, bis zum Meer; und auf die schwarze Kathedrale genau gegenüber, am anderen Ende der Plaza Santa Ana.

Ganz Vegueta steht die Verwandtschaft mit Lateinamerika ins Gesicht geschrieben – Häuser mit filigran geschnitzten Balkonen säumen holprige Gassen, Portale öffnen sich auf geflieste Innenhöfe mit umlaufender Holzgalerie. Das lang gezogene Rechteck der Plaza Santa Ana jedoch, um das sich die öffentliche Macht gruppierte – Rathaus, Gerichtshof, Bischofspalast, Kathedrale –, spielte in dieser Beziehung eine besondere Rolle. Dieser Platz erinnert nicht bloß an Plätze in Mexiko, Argentinien, ›

GRÖSSTER SOHN DER STADT

Als Koloss von Palmas ragt das 8,45 Meter hohe Bronze-Standbild von Alfredo Kraus über den Strand. Victor Ochoa Sierras Statue des berühmten Tenors wurde 2001 enthüllt. Sie schmückt den Platz vor der monumentalen Konzert- und Kongresshalle

Kuba: Er ist ihr Prototyp. Das Modell, das die Spanier für den Export bestimmten. Wenn Las Palmas demnächst bei der Unesco beantragt, Vegueta in die Liste des Weltkulturerbes aufzunehmen, wird das ein wichtiges Argument sein.

Die internationale Anerkennung soll dem Erhalt des Viertels zugute kommen. Viele Gebäude wurden in den letzten Jahren renoviert, und in einigen ist neues Leben in Form von Restaurants oder Weinlokalen eingezogen. Neben altmodischen Läden, in denen es nach kühlem Schatten riecht und auf deren Böden Säcke voll getrockneter Bohnen stehen, gibt es jetzt Bars, die hip genug sind, um sich „Jellyfish" zu nennen. Doch noch immer stehen viel zu viele Gebäude leer, und im Verhältnis zur Zahl der Anwaltskanzleien leben in Vegueta nur wenige Familien. Sobald die vormittäglichen Touristengruppen ihren Rundgang beendet haben, senkt sich Ruhe in die Gassen.

Magüi González, der Partnerin von Sosa, schwebt deshalb vor, die weitläufigen Apartments so herzurichten, dass mehrere junge Leute sie gemeinsam bewohnen können. Sie selbst ist vor zwei Jahren nach Vegueta gezogen. Vom Dach der Casas Consistoriales zeigt sie auf ein Obergeschoss samt Dachterrasse – „dorthin". Auf der anderen Seite, zum Landesinneren hin, stürzen bunte Häuserkaskaden die Hügel hinunter – gelb, rosa, türkis, mintgrün und hellblau, eng verschachtelt. Riscos heißen diese Hangsiedlungen, sie sind so alt wie Vegueta; oben lebten die Diener, unten die Herrschaften. In der Ferne ragen die Hochhäuser des modernen Las Palmas auf.

„Man hat oft zu nah an die Küste gebaut", sagt Sosa. „Die Stadt ist zu schnell gewachsen" – zwischen 1970 und heute von 150 000 auf 400 000 Menschen –, „doch jetzt beginnt man, die Fehler wiedergutzumachen." Die Guiniguada-Schlucht etwa, die Vegueta vom Rest der Stadt trennte und die in den 1960er Jahren aufgefüllt wurde, um Platz für eine Schnellstraße zu schaffen, soll wieder geöffnet werden. Sosa erzählt es voll Enthusiasmus.

Ein paar wichtige Schritte in Richtung Kulturstadt hat man gemacht, dem architektonischen Erbe neue Aufmerksamkeit geschenkt, Festivals ins Leben gerufen. Seit 1999 steht am westlichen Ende des Strandes Las Canteras das Auditorium Alfredo Kraus, ein Entwurf von Oscar Tusquets; wie ein ausgesetzter, herausfordernder Vorposten, halb Kastell und halb Leuchtturm, erhebt sich das Auditorium vor den kahlen Hügeln, die Las Palmas wilden Hintergrund bilden.

Den Anfang aber machte das CAAM, das Centro Atlántico de Arte Moderno. Das lichte Gebäude verbirgt sich hinter neoklassizistischer Fassade in einer der schönsten Straßen Veguetas – bevor die Küstenautobahn ins Blickfeld kommt, scheint sie direkt ins Meer hinabzuführen. Die Kuratoren des CAAM erklärten die Trikontinentalität schon bei der Eröffnung 1989 zu ihrer Philosophie. Im Museumsbeirat sitzen Fachleute aus Kapstadt, Mexiko City, New York.

„Wir wollen einen Detailblick auf Afrika werfen, diese komplexe Welt genau beschreiben": Elvira Dyangani Ose ist Kuratorin für afrikanische Kunst. Ihre Eltern stammen aus Guinea, Dyangani Ose ist in Las Palmas aufgewachsen. Nach Jahren in Barcelona, wo sie Kunstgeschichte studierte, kam sie vor ein paar Monaten zurück. Sie ist eine attraktive, junge Frau mit einem schallenden Lachen. Sie sagt, sie habe sich immer bemüht, in beiden Welten, in Europa und in Afrika, zu Hause zu sein – ihre derzeitige Aufgabe sei da natürlich ein Traum.

Obwohl sie auch in Barcelona den Kontakt zu Las Palmas nie ganz verlor, fielen ihr nach der Rückkehr Veränderungen auf. Einmal waren da ein paar unangenehme Erfahrungen wegen ihrer Hautfarbe: nichts Dramatisches, aber in der Stadt, die sie früher kannte, hatte sie so etwas nie erlebt. Tatsächlich scheint Las Palmas auf nichts so stolz zu sein wie auf seinen Kosmopolitismus, auf die Offenheit einer Hafenstadt, in der 28 Nationalitäten leben. Wegen des ständigen Durchzugs und weil sie selber häufig Emigranten waren, neigen die Menschen hier dazu, sich für immun gegen die Krankheit Rassismus zu halten, doch viele Einheimische beunruhigt die unkontrollierte Immigration.

Dagegen ist die andere Veränderung, von der die junge Kunstexpertin erzählt, ganz und gar positiv. Früher habe Las Palmas vor allem die ermüdenden Seiten großer Städte gezeigt – „jetzt auch die Vorteile". Mehr Kultur, mehr Nachtleben. Wie sie seien viele Menschen zurückgekommen, die zwischen 30 und 40 Jahre alt sind, und manche haben die Lokale oder Geschäfte, die sie aus Barcelona, Paris oder Madrid vermissten, dann einfach selbst aufgemacht.

Orte wie das Le Monde zum Beispiel, ein Tapas-Restaurant an der Plaza Mesa de León, dessen Tische draußen ein majestätischer Ficus beschirmt. Später am Abend vibriert über dem kleinen Platz mit seinen schönen Jugendstilfassaden eine Klangwolke aus Gesprächsfetzen und Lachen, und diejenigen, die keinen Stuhl mehr gefunden haben, stehen in Gruppen zusammen. Das gefällt Elvira Dyangani Ose an Las Palmas, die ganze Stadt ein Treffpunkt. Und es klingt sehr verliebt, als sie sagt: „Glaub mir, von dieser Stadt ist viel zu erwarten." ▌

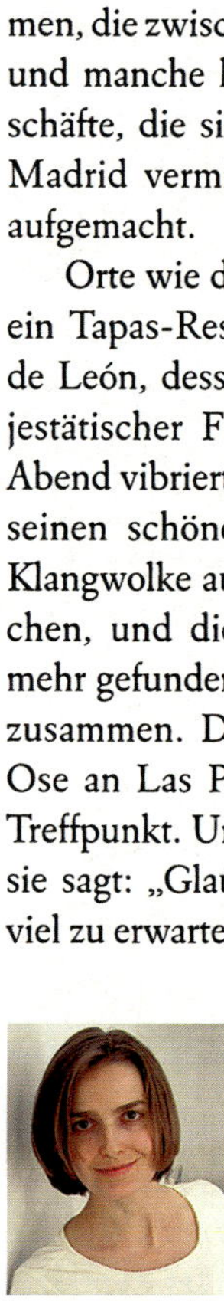

GEO-Autorin **Barbara Baumgartner**, 35, lebt in Barcelona. Obwohl auch dort mit romantischen Winkeln verwöhnt, machte sie in Las Palmas Entdeckungen, die sie faszinierten: etwa den Stadtteil San Cristobal, der, hinter der Autobahn versteckt, seinen Charakter als Fischerdorf bewahrt.

Europa hat Ecken wie diese
Puerto de Mogán - Gran Canaria
hotel
CORDIAL
Mogán Playa
★★★★ Plus
Purer Luxus, pure Erholung
mit dem besten Klima der Welt
INFORMATION RESERVIERUNGEN
T. +34 928 14 33 93
F. +34 928 14 24 87
info@cordialcanarias.com
www.cordialcanarias.com

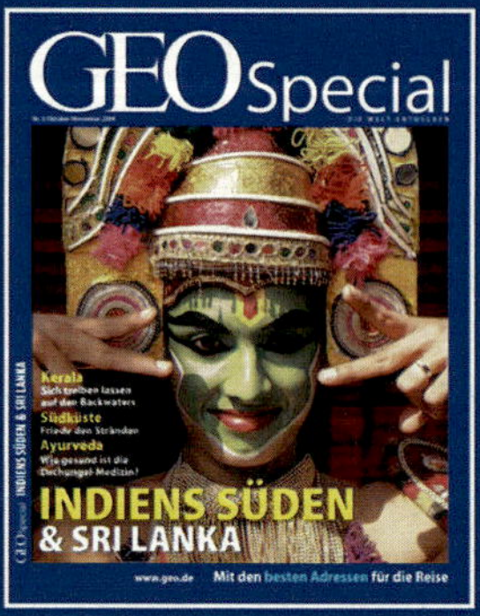

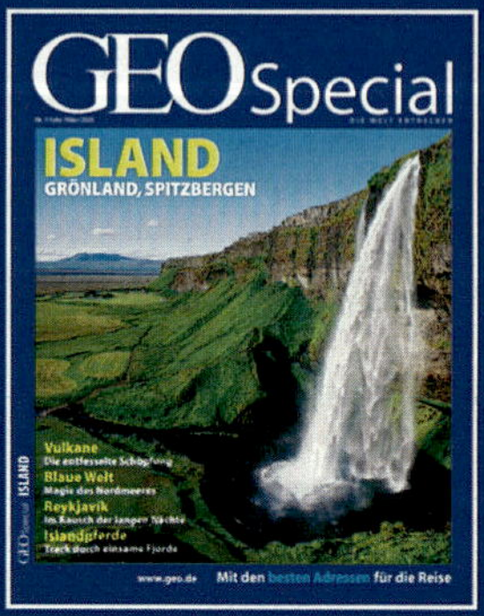

In 20 Ausgaben um die

www.geo.de

EIN LOGENPLATZ FÜRS FIRMAMENT

La Palma ist ein Top-Reiseziel für Astronomen. Vom höchsten Berg der Insel kann man schon mit bloßem Auge 5000 Sterne sehen – und mit Teleskopen eine schöne neue Welt

TEXT:
ANKE SPARMANN

Wer in einer mondlosen Nacht auf dem Roque de los Muchachos steht, macht eine ungewöhnliche Erfahrung: Es ist stockdunkel. Weit und breit gibt es keine Quelle, aus der künstliches Licht in die Schwärze sickern könnte; kein Gehöft, keine Straßenlaterne. Die nächste größere Ortschaft ist Santa Cruz, La Palmas Hauptstadt. Sie liegt rund eine Autostunde entfernt.

Regionen, in denen man nachts buchstäblich die Hand nicht vor Augen erkennt, sind in den Industrieländern rar geworden. Dramatisch ist der Verlust der Dunkelheit besonders für Astronomen. Beim Blick in den Nachthimmel sehen sie vor lauter Streulicht die Sterne nicht mehr; „lichtverseucht", so nennen die Forscher jene dicht besiedelten Gegenden, die noch in tiefster Nacht eine diffuse Helligkeit umflort.

Seine Abgelegenheit macht den Roque de los Muchachos zu einem Glücksfall für die Wissenschaft. 1984 wurde in der öden Geröllandschaft das erste Teleskop eingeweiht. Heute verteilen sich auf einem etwa zwei Quadratkilometer großen Areal unterhalb des Gipfels ein Dutzend von ihnen, an weiteren wird gebaut.

Der Abend hat im Gästehaus auf dem Roque begonnen. Ein schlichter Zweckbau. Hier wohnen die Astrophysiker während ihrer Tage oder Wochen dauernden Forschungsaufenthalte. Die Sonne hängt schon tief und kupferfarben über dem Horizont, als im oberen Stockwerk die Gardinen zurückgezogen werden. Es ist die Zeit, in der die Wissenschaftler aufstehen und sich in der Lobby die erste Tasse Kaffee gönnen. Dass La Palma eine Ferieninsel ist, auf diesen Gedanken würde man angesichts der vielen blassen, übermüdeten Gesichter hier nie kommen.

Ein wenig ist es, als sei man auf einem fremden Planeten gelandet. Einem Planeten, wo das Leben erst mit Anbruch der Dämmerung erwacht; wo die Gespräche um Zwerg- und Spiralgalaxien, um Dunkle Materie und unbekannte Energie kreisen; wo der Blick aus dem Fenster auf eine Ansammlung titanweißer Kuppelbauten geht.

Die Teleskope: Die meisten sind Gemeinschaftsunternehmen verschiedener europäischer Staaten. Ein Teleskop zu errichten ist kostspielig, der Unterhalt verschlingt ein Vermögen. Umgerechnet kostet jede Nacht an einem der Observatorien auf dem Roque einen vier- bis fünfstelligen Eurobetrag. Doch Beobachtungszeit ist nicht nur teuer. Sie ist vor allem knapp. Zweimal im Jahr tagt ein Expertengremium über einem Stapel von Anträgen. Nur jeder zweite kann bewilligt werden.

All das erzählt Mischa Schirmer. Er ist 31, ein deutscher Astrophysiker, der für die Isaac Newton Group arbeitet. Die Forschungsgruppe, getragen von England, Holland, Spanien, betreibt auf dem Roque unter anderen zwei große Spiegelteleskope. Die Astronomie ist Mischa Schirmers Beruf und sein Hobby. Er wohnt auf der Insel, in einem kleinen Apartment an der Küste. Zu seinem Job gehört es, Gastforscher in die Handhabung der Instrumente einzuweisen. Hat er dienstfrei, fährt er nachts trotzdem die endlose Serpentinenstraße hinauf auf den Berg und baut an dem zugigen Hang sein pri-

Je schwärzer die Nacht, desto

Ein Dutzend Teleskope krönen den Roque de los Muchachos auf La Palma (linkes Bild). Der Sonnenspiegel gehört zum Vakuum-Turm-Teleskop auf Teneriffa

vates Teleskop auf. „Verrückt, oder? Aber wo findet man als Astronom schon solche Bedingungen?"

Während des kurzen Spaziergangs vom Gästehaus zu den Teleskopen fällt die außergewöhnlich klare Luft auf: Der Pik des Teide auf der 100 Kilometer entfernten Insel Teneriffa scheint so nah, als sei er in einem flotten Tagesmarsch zu erreichen. Außerdem ist die Luft extrem trocken. Binnen Minuten beginnt die dünne Haut der Lippen zu spannen.

Die geringe Luftfeuchtigkeit ist ein weiterer Grund, weshalb La Palmas höchster Berg als idealer Standort für Teleskope gilt. Denn Wasser, auch Wasserdampf, absorbiert Licht. Je feuchter die Luft, desto schlechter die Sicht, je trockener, desto besser. Aus diesem Grund finden sich alle bedeutenden Observatorien der Welt an ausnehmend trockenen Orten. In der chilenischen Atacama-Wüste etwa; neuerdings baut man Sternwarten sogar in der Antarktis.

Das William-Herschel-Teleskop zählt zu den mittelgroßen Spiegelteleskopen. Sein Spiegel hat einen Durchmesser von 4,2 Metern, zusammen mit der Fassung wiegt er 21 Tonnen. Es ist kurz nach Sonnenuntergang, als sich die Kuppel öffnet. Ein feierlicher Moment. Irgendwo hinter den titanweißen Mauern werden jetzt die Astrophysiker sitzen, versunken den Sternenhimmel betrachten – und sich ganz winzig fühlen angesichts der Weite des Weltalls. So malt man sich das aus.

Im Kontrollraum des Herschel-Teleskops stehen im Halbkreis Monitore und ein Schaltpult. Zwei spanische Astronomen hocken wie eingefroren auf ihren Stühlen und starren auf die Bildschirme. Für einen Außenstehenden ist die Faszination nicht nachvollziehbar. Die Bilder könnten monotoner kaum sein: schwarze Linien, weiße Linien, mal dick, mal schmal. Kein Stern weit und breit. Nur Spektren.

Ein Teleskop, erklärt Schirmer, liefert Licht, das von Kameras oder Spektrographen aufgenommen wird. Ähnlich wie ein Prisma weißes Licht in die Farben des Regenbogens spaltet, zerlegt ein Spektrograph das Sternenlicht. Für den Laien sind diese Spektren ungefähr so spannend wie Strichcodes auf Supermarktartikeln. Für Astrophysiker aber sind sie eine Art Visitenkarte des Himmelskörpers. Sie schließen aus ihnen etwa auf die Schwerkraft des beobachteten Objekts, auf seine chemische Zusammensetzung, Temperatur, Dichte und Geschwindigkeit.

Hin und wieder schwankt die Schärfe der Aufnahmen an Bildschirmen des Kontrollraums. Dann versteht man zwischen spanischen Kraftausdrücken das Wort „Seeing".

Und versteht es auch wieder nicht. Für den Fachbegriff gibt es im Deutschen kein Synonym. Er bezeichnet Turbulenzen in der Atmosphäre, die das Licht der Sterne ablenken. Das Phänomen an sich kennt jeder, der schon einmal auf einer erhitzten Asphaltstraße unterwegs war: Die Luft über dem Asphalt zittert; die Landschaft dahinter erscheint verzerrt. Der gleiche Effekt macht uns beim Blick in den Nachthimmel gewöhnlich glauben, Sterne würden funkeln. In Wahrheit aber, so Mischa Schirmer, funkelten Sterne nicht.

Um wenig wird unter Astronomen so viel Aufhebens gemacht wie um das Seeing. Wenn andere über das Wetter reden, palavern sie über die Turbulenzen. Auf dem Roque de los Muchachos – noch ein Grund, ihn für eine Sternwarte zu wählen – ist die Atmosphäre von Natur aus allerdings außergewöhnlich ruhig.

Es ist spät geworden. Mischa Schirmer setzt in der Küche des Herschel-Teleskops Kaffee auf. Die Unterhaltung treibt auf Fragen zu, die Schirmer typisch nennt für „Leute, die nicht vom Fach sind"; er ist ein höflicher Mensch. „Was war vor dem Urknall? Gibt es ein Paralleluniversum – das sind philosophische Fragen." Astrophysik sei im Grunde ein nüchternes, vor allem mühsames Unterfangen. „Es ist ein ewiger Kreislauf. Die Wissenschaftler stellen Beobachtungsanträge, sie schlagen sich auf dem Roque die Nächte um die Ohren. Zu Hause werten sie die Daten aus und publizieren die Ergebnisse. Daran entzündet sich die Diskussion, aus der heraus sich neue Fragen ergeben – und neue Beobachtungsanträge."

Mitternacht ist längst vorbei, als einem plötzlich auffällt, dass man noch gar keinen Stern gesehen hat. Draußen dringt die trockene Kälte im Nu bis in die Knochen. Von den 100 Milliarden Sternen, die unsere Milchstraße bilden, seien von hier oben aus 5000 bis 10 000 mit bloßem Auge zu erkennen, hat Mischa Schirmer versprochen. Die Augen brauchen fast eine Stunde, um sich auf die ungewohnte Dunkelheit einzustellen. Dann tauchen sie auf. Und tatsächlich: Sterne funkeln nicht.

Oder höchstens ein bisschen. ▌

größer das Fernweh auf den Ferieninseln. Von hier reisen Sternengucker in die Weite des Alls

GEO-Autorin **Anke Sparmann** schrieb auch den Essay über die Entdeckung der botanischen Vielfalt des Archipels auf Seite 30.

SELBST DER KLEINSTEN liegen die Wolken zu Füßen: Lou Stührenberg, sechs Jahre alt, mit ihrer Schwester Liora, 18, auf dem 1500 Meter hohen Malpaso, der höchsten Erhebung von El Hierro

Wie uns die Welt auf EL HIERRO abhanden kam

Den Weg zur nächsten Metro-Station hat Familie Stührenberg immer gemeistert. Was kann also dabei sein, über eine kleine Kanaren-Insel zu wandern? Nichts. Eben! Wären da nicht der plötzliche Nebel und die Stimmen nachts ...

TEXT: MICHAEL STÜHRENBERG FOTOS: CHRISTOPH ENGEL

OBEN Geisterhaft weiß leuchten die Mauern des Santuario de Nuestra Señora de los Reyes auf der verbrannten Dehesa-Hochebene. Alle vier Jahre schleppen Gläubige von hier die Statue der Heiligen Jungfrau 28 Kilometer weit zu Tal RECHTS OBEN Vom Wind zerzaust, vom Licht verbrannt: El Hierros Pilgerwege folgen alten Pfaden durch die Inselmitte RECHTS UNTEN Oft ertränken Passatwolken die kargen Hänge in einem einförmigen Grau. Ohne Wegweiser können sich Wanderer leicht verirren

Was immer meine Tochter Lou nach diesen Wanderferien auf El Hierro auch behaupten mag: Ich glaube nicht an Hexen! Der Verdacht ist lächerlich und beruht auf einem Missverständnis. Eigentlich ist dies die Schuld des Schäfers Joaquín Machín.

Denn gerade, als wir an jenem Freitagmorgen von der Einsiedelei der Heiligen Jungfrau zu unserer ersten Inselwanderung aufbrechen wollen, läuft uns Machín über den Weg. Ein alter Mann mit grünem Hut und einem langen Stock. Eingehüllt in eine Staubwolke, folgt er zwei Dutzend Schafen. An seiner Seite trottet Coco. Da sich Lou sofort küssend auf diesen Hund wirft, wechsle ich ein paar Worte mit dem Hirten. Er nennt mich *hijo*, Sohn. Ich frage nach seinem Alter. Auf Anhieb falle es ihm nicht ein, sagt Machín, aber daheim habe er ein Papier, auf dem sein Geburtsjahr verzeichnet stehe. Mit Sicherheit jedoch sei er der älteste von sechs Schäfern auf El Hierro.

Und ich weiß nicht wieso, plötzlich reden wir von Hexen. „Aqui no hay brujas!", ruft der Alte: Auf El Hierro gebe es keine Hexen. „Antes sí, cuando era joven!" Ich übersetze für Lou: „Er sagt, früher habe es hier Hexen gegeben." Sie schaut mich ausdruckslos an, ruft dann verärgert: „Quatsch!"

Hirte, Hund, Schafe verschwinden hinter einer Wegbiegung, der Staub verfliegt im Wind, wir stehen wieder allein vor der Kapelle der Virgen de los Reyes. Keine Seele weit und breit, was auf El Hierro recht oft vorkommt. Die kleinste Kanareninsel, immerhin 278 Quadratkilometer groß, hat nur 10 000 Einwohner, die sich auf eine Hand voll Dörfer verteilen. Außerhalb von ihnen trifft man selten jemanden.

„Auf geht's!", rufe ich begeistert. In der Ferne rauscht der Ozean, von den Bergen weht uns der Duft wilden Thymians entgegen. Unser Plan? Zu viert wollen wir den Camino de la Virgen bewältigen, einen Prozessionsweg, auf dem die Herreños alle vier Jahre im Juli die Statue ihrer Schutzpatronin von dieser Jungfrauen-Kapelle am Westende der Insel zur Kirche der Inselhauptstadt Valverde im Osten tragen. 28 Kilometer, die über den 1500 Meter hohen Inselgipfel Malpaso und etliche weitere Berge führen. Gar nicht so einfach.

Kenner des Wanderns könnten unser Vorhaben für vermessen halten. Eine vierköpfige Familie aus Paris – Mutter, Vater, zwei Töchter, die eine 18 Jahre alt, die andere gerade sechs. Im Wandern beschränkt sich unsere Erfahrung auf Ausflüge in den Stadtpark und den kürzesten Weg zur nächsten Metro-Station. Daher vertrauen wir auf „leichte Ausrüstung", heute Turnschuhe für alle und für mich einen kleinen Rucksack, der, damit er leicht bleibt, nur eine Flasche Wasser, Kekse, eine Wanderkarte und den Reiseführer enthält.

Letzterer erweist sich sofort als hilfreich. Kaum unterwegs, mault Lou über den steilen Anstieg. Pause, Griff zum Führer, der die Prozession beschreibt: „Zum Rhythmus riesiger Trommeln erklingt die immer gleiche Melodie der *pitos*, primitiver Blechflöten. Nun beginnen die *bailarines*, die Tänzer und Tänzerinnen, ihr großes Tagewerk. Unermüdlich werden sie tanzen, Junge und Alte, bis zum Finale am Abend in Valverdes Kirche."

Es gibt also Leute, erkläre ich, die diesen Berg hinauftanzen. „Wollen wir jetzt weitermarschieren?" Lou schüttelt den Kopf: „Ich habe Durst!" Sie zieht die Wasserflasche aus dem Rucksack, trinkt mit tiefen Zügen. Dann reicht sie die Flasche an ihre Schwester Liora weiter, die sich ausgiebig ihr von verbrannten Kalorien glühendes Gesicht befeuchtet. Ich schaue auf die Karte; nirgends auf unserer Strecke ist eine Quelle, ein Brunnen oder ein Bistro verzeichnet.

An Wasser hat es auf El Hierro eigentlich schon immer gemangelt. Deshalb ist die Jungfrau der Drei Könige hier zur Schutzheiligen geworden. Während einer Dürre vor 400 Jahren trugen Hirten die Statue zum ersten Mal in einer Bittprozession nach Valverde. Als sie dort eintrafen, fing es an zu regnen. Dasselbe Wunder wiederholte sich bei der folgenden Dürre. Vielleicht haben ja auch wir Glück.

Plötzlich wird es kühl. Während wir noch rasten und trinken, senkt sich der Himmel auf uns. Ein scharfer Wind treibt uns Wolkenfetzen ins Gesicht. Oh, là là! Was eben noch ein lauer Augustmorgen auf den Kanaren war, wirkt nun wie ein Novemberabend in der Bre- ›

NEBELBÄNKE. BERGGIPFEL. DURCHATMEN

KARGES BUSCHWERK. BRANDUNG. FREIHEIT

tagne. Lou springt auf und sprintet bergwärts – um sich warmzulaufen!

El Hierro hat ein sonderbares Wetter. Oder vielmehr mehrere Wetter auf einmal. Immer ist es hier irgendwo schön und anderswo trübe, stauen sich auf der einen Seite dunkle Wolken vor schroffen Bergen, während die andere Inselseite in der Sonne schmort.

Und mit dem Wetter wechseln die Eindrücke von der Landschaft. Vorhin, als wir Joaquín Machín trafen, fühlten wir uns im Süden. Weiß leuchtete die Kapelle der Virgen in einer sanfthügeligen Wildnis aus Wacholderbüschen und gelb getrockneten Wiesen. Hier und da reizten bizarre Kakteenformen unsere Fantasie.

Nun hingegen tauchen Pflanzen nur noch einzeln und schemenhaft aus dem Nebel auf, um gleich darauf wieder abzutauchen. Und diese im Wind jagenden Wolkenfetzen! Gespenster in der Rushhour einer Ghosttown! Lou, die ihren Spurt schnell beendet, flieht an meine Seite zurück und versteckt ihre kleine Hand in der meinen. „Geister", flüstert sie. Ja, das habe ich auch gerade gedacht, und nicht etwa Hexen!

Am liebsten wären wir unsichtbar und lautlos. Aber unsere Schritte knirschen gewaltig auf dem Weg aus *jable*, unzähligen schwarzen Lavakügelchen, die unter dem Fuß wegrutschen und jeden Schritt erheblich verkürzen. „Willst du mich nicht tragen?", schlägt meine Tochter vor und klettert auf meine Schultern. „Wo sind Mama und Liora?", fragt sie leise, ihre Lippen nun ganz nah an meinem Ohr. „Vor uns", glaube ich, „hörst du nicht das Knirschen ihrer Schritte?" „Nein, ich höre Glocken." Tatsächlich, ein heller Klang tröpfelt aus dem bauschigen Dunkelgrau. Und eine Hummel brummt verloren durch den Nebel.

Dann bellt jemand neben uns. „Coco!", ruft Lou. „Joaquín!", rufe ich. „Hijo!", ruft er zurück. Welch eine Überraschung! Wie sind Schäfer und Herde nur so schnell hierhin gelangt? Aber vielleicht kommen wir auch nur besonders langsam voran. Joaquín Machín hängt sich mit beiden Händen an seinen langen Stock. Die Gegend heiße La Dehesa, erklärt er. Pures Weideland.

Wie zur Veranschaulichung seiner Worte verziehen sich die Nebelgeister. Unter uns erstreckt sich ein dickes Wolkenmeer, an dessen Rand sich nun die Beschaffenheit von La Dehesa erkennen lässt: Wiesen, unterteilt von flachen Mauern aus „Lesestein". In sich überschneidenden Hängen laufen sie auf die Uferfelsen des wilden Atlantik zu. Eine Landschaft voller Wehmut, die an Irland erinnert.

Vor langer Zeit, erzählt Joaquín Machín, sei er hier in einer Grotte auf ein Massengrab gestoßen: Bimbachen, die Ureinwohner von El Hierro. Da habe er es mit der Angst bekommen: „All die Skelette, aufgereiht wie zu einem Totentanz!" Und dann seien sie verschwunden. „Wie durch Hexerei?", frage ich. „Nein", sagt er, „Deutsche gaben mir Geld und brachten sie weg."

OBEN **Wo führt ein Pfad aus diesem verwunschenen Wald? Und welche Quelle wird endlich unseren Durst stillen? Nahe dem Mirador del Golfo suchen Judith und Liora Wege aus der Wildnis** **LINKS OBEN** **Wo sind wir? In Irland? In Island? Nur Krüppelgewächse, bemoost und farnumwachsen, gedeihen auf den sonst kahlen Hochflächen** **LINKS UNTEN** **Dies war die Grenze der Alten Welt. Nicht weit entfernt von der Felsküste, wo Lou Ausschau nach Amerika hält, verlief bis 1884 der Nullmeridian**

Joaquín, Coco und die Schafe ziehen weiter, ich breite unsere Karte auf dem grasigen Boden aus. El Hierro, fällt mir dabei auf, besitzt die Form eines Wanderstiefels. Als habe die Schöpfung dieser Insel eine besondere Freizeitbestimmung zugeordnet. Eine Vermutung, die sich durch das Fehlen von Alternativen bestätigt: keine einladenden Badestrände, keine Kulturstätten, kein Nightlife.

Dem Wanderer aber schenkt El Hierro berauschende Perspektiven. Nicht nur landschaftliche, auch historische: „Dort", doziere ich und weise auf die ferne westliche Küstenlinie, die Stiefelspitze, „endete einst die Welt. Der erste Nullmeridian, den Ptolemäus, ein antiker Grieche, auf die Karten seiner Zeit zeichnete, verlief durch El Hierro. Danach kam das Nichts!" Meine Frau Judith und Tochter Liora hören gar nicht zu. „Ganz schön heiß", findet Judith. Liora hat sich die Ohren mit Kopfhörern zugestöpselt.

Nur die kleine Lou schaut konzentriert zu mir auf. Sie findet alle meine Geschichten spannend, was sich gewiss aus ihrem Alter erkärt. „Toll", behauptet sie. „Und dort", hake ich nach und weise in Richtung Stiefelhacke, „soll Kolumbus zu seiner zweiten Amerika-Reise aufgebrochen sein, nachdem er auf El Hierro Käse und Fleisch nachgeladen hatte. 1493."

Aber Jahreszahlen bedeuten Lou nicht viel. Also marschieren wir weiter, nun einem Höhenpfad folgend, der in sanften Serpentinen auf einen von Pinien gesäumten Grat zuläuft. Eine Stunde später, um die Mittagszeit, erreichen wir ein Holzkreuz. Cruz de los Hu- ›

SO WEIT DIE SCHULTERN TRAGEN: Auf dem Weg nach San Andrés dirigiert Lou von erhöhter Warte ihren Vater durch das struppige Weideland

milladores – eines der zwölf Etappenziele der Tänzer und Flötenspieler auf dem Prozessionsweg. Was uns betrifft, so werden wir wohl heute nicht viel weiter kommen. Judith bittet um Wasser, wortlos reiche ich ihr das leere Gefäß. Enttäuscht hetzen wir zurück in den Geisternebel und hinab zu unserem Wagen.

Wir wohnen im Norden, am Schienbein des Wanderstiefels. Ein hübsches Steinhäuschen, einsam gelegen, mit weitläufiger Terrasse, von deren Rand sich karges Buschwerk bis zu der steil abfallenden Felsküste erstreckt. Romantisch, nur Brandung und Wind. Manchmal sehen wir Kaninchen durch die Gegend hoppeln.

„Wie wär's mit einem Abenteuerbett?", fragt Lou. Nach dem Abendessen ziehen wir zwei Matratzen auf die Terrasse hinaus, legen eine Bettdecke darauf und wünschen Judith und Liora, die ein Dach über dem Kopf vorziehen, gute Nacht. Sie beginnt wundervoll. Ich döse vor mich hin, Lou zählt Sterne.

Als sie bei 31 anlangt, ertönt ein Schrei. Vielmehr eine Kaskade von Schreien. Sie klingt wie purer Wahnsinn, der sich noch nicht entschieden hat, ob er in irres Lachen oder hysterisches Heulen auslaufen will. „Was war das?", fragt Lou interessiert. Sie liebt alles an der Natur, auch Spinnen, Frösche, Regenwürmer.

Ich habe keine Ahnung. Zu sehen ist nichts, die Nacht ist mondlos. Wir rücken auf unserem Abenteuerbett zusammen, ziehen die Decke bis unter die Nase und lauschen dem mysteriösen Es, das unsere Vernunft gern der Tierwelt zuordnen würde. Aber wie soll man sich ein Wesen vorstellen, das sich so anhört?

„Ich glaube, es kriecht", vermutet Lou. Dagegen spricht, dass die Schreie in blitzschneller Abfolge aus verschiedenen Richtungen eintreffen. Sollte es sich jedes Mal um dasselbe Wesen handeln, kann es nur ein Flieger sein. Und ein sehr schneller obendrein. „Auf einem Besen?", frage ich. „Papa", ruft Lou, „es gibt keine Hexen!" Sie dreht sich auf die andere Seite und schläft ein – während ich noch stundenlang wach liege und mir das Hexenkonzert anhören muss.

Am Morgen fühle ich mich noch immer ratlos. Was war das? Mein Reiseführer tippt auf „die am Abend unüberhörbaren Lachmöwen *(Larus ridibundus)*, die mit ihrem lustigen Keckern wie Lachsäcke mit Flügeln wirken". Nein, nichts an dem Es war lustig. Ich will das Thema beim Frühstück anschneiden, werde aber sofort abgeblockt. „Was nehmen wir heute zu trinken mit?", fragt Liora. Judith hat aus unserer gestrigen Not schon Schlüsse gezogen. Vier Flaschen Wasser beulen den Rucksack aus, dazu Proviant wie Brot, Käse, Äpfel, Kaugummi. „Damit sollten wir durchhalten", meint meine Frau, einen Hauch von Ironie in ihrer Stimme.

Aber war unsere Leistung vom Vortag wirklich so schlecht? Selbst geübte Wanderer müssen sich doch auf El Hierro mit Tages- oder Halbtagesausflügen begnügen. Wildes Zelten ist verboten, wegen der Brandgefahr, und der einzige Campingplatz der Insel liegt derart im Abseits, dass man von ihm aus nur per Auto zum Ausgangspunkt seiner jeweiligen Wanderung gelangt. Von 18 ausgewiesenen Strecken erfordern die wenigsten mehr als fünf Stunden. Für den Camino de la Virgen, die längste dieser Strecken, werden neun bis zehn Stunden veranschlagt – mit Lou also drei Tage.

Deshalb parken wir den Mietwagen heute gleich in der Nähe unseres zweiten Streckenabschnitts und kraxeln zum Malpaso, dem mit 1500 Metern höchsten Inselgipfel. Der Himmel ist klar, die Sonne brennt erbärmlich. Lou klagt über Pudding in den Beinen, will auf die väterlichen Schultern. Endlich der Gipfel, unser Lohn: duftender Pinienschatten für das Picknick und eine Aussicht, wie sie prächtiger nicht sein könnte. 1000 Meter tief stürzt der Blick über die Felskante, fliegt über grüne Wälder, weiße Dörfer, schwarze Jable-Felder, Kegel erloschener Vulkane – 800 soll es auf El Hierro geben! –, bevor er über atlantisches Blau ins Unfassbare gleitet.

Durchbrochen wird der Horizont nur von La Palma, La Gomera und Teneriffa. Von denen El Hierro viel weiter entfernt liegt als nur diese paar Seemeilen. Sie befinden sich in einer anderen Zeitzone, in der Tourismus-Ära, die sie an Europa bindet. El Hierro hingegen ist im Abseits geblieben, bei Tunfischern, Schafhirten und Obstbauern. Schaut die Insel über ihre Ufer hinweg, dann nie nach Spanien, sondern immer nur in Richtung Südamerika. Weil jede Dürre, jede Hungersnot die Herreños auf dem Kolumbusweg nach Venezuela getrieben hat, in ihr Gelobtes Land.

Obwohl – auch El Hierro bemüht sich nun um Touristen, mit Wandern durch die „Biosphäre". Doch den Inselbewohnern scheint ihre neue ökonomische Aus- ›

IBERIA
www.spain.info
www.iberia.de
Kultur
IBERIA
Fliegen
Fliegen
Fliegen
Fliegen
IBERIA
FREU DICH!
DU BIST IN
SPANIEN
ESPAÑA
Sie beginnen, Ihre Reise zu genießen, sobald Sie das Flugzeug besteigen, und haben das Gefühl, als ob Sie bereits an einem unserer 35 Zielorte in Spanien angelangt seien. Freuen Sie sich! Sie fliegen mit Iberia.

PRINZESSIN IM MÄRCHENWALD: Auf weiches Moos gebettet, träumt Lou von der edlen Eingeborenen, die sich einst unglücklich in einen Spanier verliebte

richtung nur schwierig ins Bewusstsein zu gelangen. Gestern Abend wollten wir in Valverde, einer Hauptstadt von 1800 Einwohnern, im besten Restaurant speisen, laut Reiseführer ein wahrer Magnet für Touristen. An der verriegelten Tür hing ein Schild: „Wir öffnen wieder im September". Der Besitzer hatte Ferien genommen, mitten in der Hauptsaison!

Vermutlich wird die Insel noch auf längere Zeit wie ein verschlafenes Dorf wirken. Oder wie ein verwunschenes Königreich: „Hat es hier nie eine Prinzessin gegeben?", fragt Lou, als wir am Nachmittag in einen Märchenwald eintauchen. Der Pfad verliert sich zwischen knorrigen Bäumen, die mit herabhängenden Flechten nach unseren Haaren greifen.

„Doch", antworte ich, „Teseida, eine Prinzessin der Bimbachen. Sie verliebte sich in Fernando, einen spanischen Soldaten. Aber die Spanier waren gerade dabei, El Hierro zu erobern. Deshalb hatte der König die Hand der Prinzessin dem tapfersten seiner Krieger versprochen." „Oh!", ruft Lou entzückt, „wie Pocahontas." „Stimmt", sage ich, „nur geht die Geschichte von Teseida nicht so gut aus. Eines Tages lauerte der eifersüchtige Krieger den Liebenden auf und warf Fernando einen Stein an den Kopf. Der war dann tot. Und Teseida stürzt sich vor lauter Unglück von einem Felsen. Wie du siehst, gibt es auf El Hierro viele hohe Felsen."

Lou schaut betrübt ins Geäst der Märchenbäume. „Wir brauchen ein anderes Ende", meint sie: „Die Liebenden beschließen, ein jeder auf sein Volk einzureden, damit es keinen Krieg gibt. Erleichtert stimmen alle zu. Der König sagt: Fernando, ich gebe dir meine Tochter und das halbe Königreich!" Lou hält inne, überdenkt historische Konsequenzen: „Er gibt ihm die Hälfte mit dem Thron darin." Jetzt stimmt alles. Die Spanier haben El Hierro, und die Bimbachen sind trotzdem froh.

Mit unseren Ferien versöhnt, erklimmen wir einen weiteren Jable-Hang, finden wieder einen Ausblick, der die Welt erklärt: alles in ihr so verschwindend klein, dass es mit unserer eigenen Wichtigkeit auch nicht weit her sein kann. Bewegt wenden wir uns zum Weitergehen, als wieder etwas dazwischenkommt. „Bailadero de las Brujas" steht auf einem Wegweiser, dessen Spitze drohend auf das nächste Wäldchen zeigt. „Hexentanzplatz", übersetze ich. „Wieso?", fragt Lou. „Keine Ahnung." Aber so lässt sie sich nicht abfertigen: „Was steht im Führer?" Nun gut, wenn sie darauf besteht. Seite 300: „Hier oben, so glaubte man, haben sich die Inselhexen vergnügt, und manch eine von ihnen soll auf ihrem Besen bis nach Venezuela geritten sein."

„Venezuela", sagt Lou, „wie schön das klingt! Ist das auch eine Prinzessin?" – „Nein, ein Land. Hatten die Leute hier früher nichts zu essen, zogen sie nach Venezuela. Wahrscheinlich fliegen die Hexen deshalb dorthin: um Verwandte in Übersee zu besuchen." Lou wechselt an die Hand ihrer Mutter und erklärt ihr das freie Leben der Schmetterlinge.

Mit der Abenddämmerung erreichen wir das erste Dorf auf unserer Strecke: San Andrés, ein paar weiß getünchte Häuser am Rande einer Landstraße. Vor der Ortskneipe lehnt ein Stock an der Hauswand, daneben sitzt ein Hund. „Coco!", ruft Lou. Tatsächlich! Ist denn diese Insel eine einzige Weide? Ich gehe hinein, finde Joaquín Machín vor einem Glas, wohl kaum das erste. „Qué tal, hijo?", lallt er fröhlich.

Jetzt will ich es wissen: „Joaquín, gestern Nacht haben vor unserem Haus Hexen geschrien!" Wie sich das angehört habe, will der Schäfer wissen. Ich imitiere die Wahnsinnstöne, ernte verwunderte Blicke seitens der Dörfler am Thresen. „No, Hijo", sagt Joaquín, „eran pardelas!" Schnell schaue ich im Reiseführer nach, trete nach draußen: „Lou, weißt du, wie Herreños ihre Hexen nennen? Gelbschnabel-Sturmtaucher!"

„Ich möchte einen Hund wie Coco", sagt Lou. Erschöpft lasse ich mich auf die Bank vor der Kneipe sinken. Wo werden wir Hund und Hirten wohl morgen antreffen? Auf El Hierro haben Wanderer es nicht leicht, ihrem Schicksal aus dem Weg zu gehen. ▮

GEO-Autor **Michael Stührenberg**, 53, und Fotograf **Christoph Engel**, 41, hatten beim Wandern über El Hierro nur ein Problem: Sie trafen niemanden, was einer Reportage ja nicht unbedingt gut tut. „Als wir dem Schäfer Joaquín begegneten", so Stührenberg, „waren wir so gerührt, dass wir uns nicht mehr von ihm trennen wollten."

TITANIUM™
TESTED TOUGH
Gert Boyle Chairman
x Gert Boyle

Empfang in heiligen Hallen: Für die Lobby des Hotels »Villa del Conde« stand eine der ältesten Kirchen Gran Canarias Modell

SIEG DEN PALÄSTEN!

Mit der Technik des 21. Jahrhunderts schaffen Hoteliers auf den Kanaren die Illusion einer fantastischen Vergangenheit: Sie heißen ihre Gäste in gotischen Prunksälen willkommen, in marokkanischen Kasbahs oder auch mal in einem »echten« Fischerdorf – mit Halbpension

TEXT: OLAF TARMAS   FOTOS: HORST UND DANIEL ZIELSKE

Ein Abend auf der Plaza vor der Kirche. Ein lauer Wind weht, Musik rieselt aus unsichtbaren Lautsprechern. Eine Gruppe spanischer Touristen hat sich vor einer Bar Tische und Stühle zusammengerückt, man bestellt Wein und Tapas. Ein deutsches Paar flaniert mit seiner kleinen Tochter von Restaurant zu Restaurant.

Gleicher Ort, gleiche Zeit, drei Meter tiefer. Durch gekachelte, neonbeleuchtete Gänge flitzen Hotelpagen, Handwerker und Zimmermädchen mit frischer Wäsche. In mehreren Großküchen wird hier das Essen für die Bar und sämtliche Restaurants zubereitet, die sich hinter Kirchen- und Rathausfassade der Plaza verbergen.

Die Illusion ist unterkellert: Das Hotel „Villa del Conde“ auf Gran Canaria ist über der Erde ein Fassaden-Potpourri aus Repliken kanarischer Kolonialbauten – einschließlich einer Nachbildung der Basilika von Agüimes. Logistik, Technik und Personal aber, alles, was das Dorf-Ambiente stören könnte, wurde dezent unter die Erde verbannt.

Das Villa del Conde ist der vorläufige Höhepunkt einer Entwicklung, die vor 15 Jahren begann und durch den dramatischen Gästerückgang seit 1999 nochmals verschärft wurde: das diskrete Verschwinden des Massentourismus hinter Kulissen, die sein Gegenteil suggerieren wollen – gewachsene dörfliche Strukturen, ländliche Idylle, individuelle Orte. Wer die Costa de Meloneras in Maspalomas entlangspaziert, der kann den allmählichen Übergang von klotzig aufgetürmten Bettenburgen in lasziv ausgebreitete Resort-Landschaften Schritt für Schritt verfolgen. Auf die senkrecht hochgezogenen Scheiben und Riegel mit wabenartigen Balkonfassaden folgen alsbald schneeweiß getünchte Bungalow-Schachteln, schon ein wenig im Gelände zerstreut, aber noch mit nüchtern-sachlicher Ausstrahlung. Dann erste, zaghafte Schritte in Richtung postmoderner Erlebnisarchitektur: Den ›

VILLA DEL **CONDE**

ZWISCHEN DOPPELZIMMER UND IDYLL: Viele der Gebäude sind alten Häusern im nahen Agüimes nachempfunden, um die zentrale Plaza gruppieren sich Restaurants und Bars wie in einem richtigen Dorf. Doch unter dem Steinpflaster huschen Hotelpagen und Zimmermädchen mit Gepäckwagen durch neonbeleuchtete Gänge, wird das Essen in mehreren Großküchen zubereitet

Kuben wurden blau-weiß gestreifte Zipfeldächer verpasst, später sogar kanarisch anmutende Dachschindeln aus Ton. Schließlich das Villa del Conde, die perfekte Dorfkulisse in Terrakotta und Pastell, die unvermittelt in eine tropische Pool-Landschaft übergeht.

Mehr Fläche, mehr Dekor, mehr Luxus für den einzelnen Gast: Das ist die Formel, die der angeschlagenen Uraubsdestination Gran Canaria neuen Glanz verleihen soll. Sonne und Meer nämlich können Pauschaltouristen in der Türkei, Tunesien oder Ägypten preiswerter haben. In der Flucht in den Luxus sehen viele Tourismusexperten die einzige Chance, dem Image als Massenziel zu entkommen und im Erholungswettbewerb wieder besser mitzuhalten.

Die Betreiber jedes neuen Hotelresorts versuchen daher, die Konkurrenz mit noch mehr Quadratmetern pro Gast zu übertrumpfen. Edle Materialien – Naturstein von den kanarischen Vulkanhängen, Travertin, traditionelle Kacheln – sollen die Einrichtungen aufwerten. Das Zauberwort aber ist „Dorfatmosphäre". Sorgfältig haben Architekten an der Simulation dessen gearbeitet, was der Südküste von Gran Canaria im Baurausch der 1970er und 1980er Jahre abhanden gekommen ist: Authentizität.

Bei allem Komfort und aller Sauberkeit wird deshalb großer Wert auf Unregelmäßigkeiten gelegt. Die Fliesen in den Zimmern des „Cordial Mogán Playa" in Puerto Mogán erwecken den Eindruck eines zufällig über Jahre gewachsenen Flickwerks – das sich allerdings in jedem Zimmer wiederholt.

Auch kommt keine der Hotelanlagen ohne eine Pseudo-Patina aus: Die nagelneuen Resorts müssen ehrwürdiges Alter ausstrahlen, um heimelig zu wirken. Dazu werden Techniken angewandt, die aus deutschen Wohnzimmern wohlvertraut sind: Wischtechnik in Terrakotta- und Orangetönen, Kunst-Rost und Beize.

In einigem muss sich der Gast da der Inszenierung fügen. Auch wenn die Anla-

ZITADELLE IN DER OASE: Wären da nicht der Außenfahrstuhl und die frische Farbe, man könnte die im Dezember 2005 auf Teneriffa eröffnete Anlage aus der Ferne für eine alte Berber-Festung halten. Im Inneren des 250-Millionen-Euro-Objekts entfalten sich weitere Kunstwelten: Es gibt eine Bar mit dunklen Ledermöbeln, eine Bibliothek im Kolonialstil des 17. Jahrhunderts und ein Becken mit japanischen Koi-Karpfen

gen mediterrane Lockerheit ausstrahlen, wird der Gast darum gebeten, sein Badehandtuch „aus ästhetischen Gründen" nicht über das Balkongeländer zu hängen. Kontrolle über seine Balkonbeleuchtung hat er ebenfalls nicht, da die Dorffassade gleichmäßig illuminiert bleiben soll. Das Licht schaltet sich automatisch an und aus, egal, ob man gerade lesen oder schlafen möchte.

Und auch eine gewisse Unüberschaubarkeit ist ein wichtiger Bestandteil dieser virtuellen Dörflichkeit. Natürlich fehlt es im Villa del Conde nirgends an den vorgeschriebenen grünen Rettungsweg-Symbolen, aber Hinweisschilder auf die nächste Toilette oder den kürzesten Weg zur Kirchenreplik sucht man vergebens. Francisco Fernandez, in dem Fünfsternehotel für die Gästebetreuung zuständig, ist sogar ein wenig stolz darauf, dass man sich in seiner 56 000 Quadratmeter großen Anlage durchaus verlaufen kann. Erst nach und nach erschließen sich dem lustwandelnden Gast alle Gänge, Winkel und Aussichtsplätze.

Der Erlanger Kulturgeograph Werner Bätzing verfolgt die Entwicklung zur virtuellen Idylle mit Skepsis. „Wenn sich Form und Funktion so widersprechen wie bei modernen Gebäuden, die vorgeben, aus dem 17. Jahrhundert zu sein, entsteht zwangsläufig Kitsch. Natürlich sind solche Anlagen komfortabler als die Bettenburgen der vorigen Generation. Aber letztlich sind Dorfkulissen eine fingierte Realität, die allzu glatt ist, um dort echte Erfahrungen zuzulassen." Je perfekter der Schein, so Bätzing, desto gründlicher werde der Gast um wirklich authentische Urlaubserlebnisse gebracht – und kehre am Ende selt- ›

CORDIAL MOGÁN **PLAYA**

STIL-PURISTEN SEHEN HIER ROT: Wer von der Rezeption mit ihren zierlichen Belle-Epoque-Pavillons in die darunter liegende Glitzerdisco im Stil von »Saturday Night Fever« gelangen möchte, kann auf einer Holzbrücke über einem rauschenden Wasserfall Rast machen. Puerto de Mogán war ursprünglich ein abgelegenes Fischerdorf, inzwischen klettern Apartmentkomplexe die Felsen empor

sam unbefriedigt aus der schönen neuen Ferienwelt zurück.

Doch wie viel Wirklichkeit wollen Urlauber überhaupt? Für viele ist gerade die Abschirmung ein zentraler Bestandteil der Erholung. Und niemand wird daran gehindert, in die Wirklichkeit aufzubrechen und das Dorf Agüimes zu besuchen, das in den Bergen Gran Canarias gelegene Vorbild für das Villa del Conde. Im übrigen entfalten Fünfsterneservice, fantasievolle Pool-Landschaften, luxuriöse Spa-Bereiche mit Möglichkeit zu Thalasso-Therapien die ihnen innewohnende Überzeugungskraft.

Für die Marburger Ethnologin Marita Metz-Becker, die seit 30 Jahren die Entwicklung des Tourismus auf Gran Canaria verfolgt, kommt es deshalb weniger auf die architektonische als auf die soziale Integration der neuen Hotelresorts an. Die kanarisch anmutenden, nicht höher als viergeschossigen Bauten des 2004 eröffneten Cordial Mogán Playa in Puerto Mogán – ebenfalls mit kleiner „Kirche" und „Rathaus" – empfindet sie nicht als kitschig, sondern als dezent. „Die müllübersäten Auberginenplantagen vorher waren jedenfalls erst recht keine Augenweide", ergänzt sie schmunzelnd.

Das Feriendorf Puerto de Mogán ist für Marita Metz-Becker das Musterbeispiel für einen behutsamen Tourismus, der die Anwohner einbezieht, anstatt sie zu überrollen. Nicolás Villalobos, der junge, enga-

gierte Manager des neuen Hotels, setzt auf Gäste, die sein Resort als Ausgangspunkt für eigene Aktivitäten in der noch wenig erschlossenen Umgebung nutzen: „Wir haben kein Interesse, eine All-inclusive-Enklave zu sein. Unsere Gäste können bei uns am künstlichen Strand und im Wellnessbereich ausspannen – und ansonsten wandern gehen, mit den Fischern aufs Meer fahren oder in den kleinen Restaurants im Dorf essen. Nur wenn es dem Dorf Puerto de Mogán gut geht, geht es auch uns gut."

Wie sieht die Zukunft aus? Dass architektonisch durchaus noch eine weitere Dimension der Künstlichkeit erschlossen werden kann, zeigt das Luxushotel „Abama" auf Teneriffa, das im Dezember 2005 eröffnet wird. Wassermelonenrot und mit der Anmutung einer afrikanischen Wüstenzitadelle ragt es an der schroffen Westküste in den Himmel. Wer abends in einem der zehn Hotelrestaurants sitzt und vorbei an palmengesäumten Toren, Erkern und Zinnen auf den Atlantik blickt, wähnt sich weit, weit weg, in einer Oase, in einer Karawanserei. So konsequent, beinahe streng das Äußere der Anlage komponiert ist, so vielfältig ist ihr Innenleben. In den Höfen, Winkeln und Terrassen finden sich unter anderem eine westafrikanisch dekorierte Bar, eine Bibliothek im Kolonialstil des 17. Jahrhunderts, eine englische Sportbar mit dunklen Ledermöbeln und ein riesiges Becken mit japanischen Koi-Karpfen. Erstaunlicherweise fügt sich der Stilmix zu einer harmonischen Einheit; selbst der gläserne Außenaufzug fällt nicht aus dem Rahmen.

Dabei ist die Zitadelle nur der Nukleus eines riesigen, 160 Hektar großen Areals mit künstlich aufgeschüttetem Meeresstrand in einer Privatbucht, mit profitauglichem 18-Loch-Golfplatz, Bungalows und Villenviertel mit Butlerservice. Eine hinter Kunststoff-Felswänden verborgene Meerwasser-Entsalzungsanlage speist einen Fluss, der sich durch das Anwesen schlängelt und am Steilufer spektakulär ins Meer stürzt. Auch eine eigene ›

PALM **BEACH**

GING HIER NICHT EBEN MISTER BOND?
Der Hamburger Hotelier Theo Gerlach hat das 1975 eröffnete Hotel konsequent in seinen Ursprungs-Stil zurückversetzen lassen – kühle Kuben, gebrochen durch Zackenmuster auf den Teppichen, grellfarbenes Barmobiliar und Zimmerdekors im Stil der 1970er Jahre. Mit dem Retro-Chic möchte Gerlach ein designorientiertes Jungpublikum ansprechen

Bootsanlegestelle und ein Hubschrauberlandeplatz fehlen nicht. In einem Dorf in den Bergen will das Hotel überdies Kurse in traditionellem kanarischem Handwerk anbieten.

Auf die Frage, wo genau das Dorf denn sei, antwortet Hoteldirektor Domingo del Campo: „Oh, es ist noch nicht fertig. Wir bauen noch daran.“ Eigens vom Hotel angeheuerte Bauern, Töpfer, Hirten und Meier sollen ab 2007 Mais anbauen, Gefäße töpfern, Schafskäse produzieren – und die alten Techniken auch den Hotelgästen vermitteln. Das gewaltige Areal am Hang des Vulkans Teide könnte dann den Traum aller Hotelmanager wahr werden lassen: den Gast, der sein künstliches Paradies den ganzen Urlaub über nicht mehr zu verlassen braucht.

Und was wird aus den alten Bettenburgen? Theo Gerlach, der Hamburger Besitzer des 1975 eröffneten „Palm Beach“ in Maspalomas, wagte einen mutigen Ausfallschritt: Er thematisierte die Ursprungsdekade seines blütenweißen Doppelriegels am Playa del Inglés und verwandelte ihn in ein Design-Strandhotel im Retro-Look der 1970er Jahre. Bizarre Barmöbel in Rot und Lila, gewagte Zackenmuster auf den Teppichen und erfrischend korallen- oder zitronenfarbene Zimmerdekorationen sollen seit 2003 eine stilbewusste junge Klientel anlocken.

Noch ist offen, ob das Konzept aufgeht: Der Löwenanteil besteht nach wie vor aus Stammgästen, die der familiären und aufmerksamen Betreuung durch Gerlach seit Jahrzehnten verbunden sind, Design hin oder her. Wichtiger als der Schnickschnack auf den Zimmern ist diesen zumeist deutschen Kunden allemal ihr gewohnter Platz am Pool – oder die Tatsache, dass es auch am neuen Fünfsternebuffet die gewohnten Kartoffelpuffer mit Apfelmus gibt. Denn auch das ist retro – aber sehr authentisch. ❙

Die Fotografen **Horst** (59) und **Daniel** (33) **Zielske** arbeiten seit elf Jahren zusammen, pro Jahr reist das Vater-Sohn-Team 100 000 Kilometer. Autor **Olaf Tarmas** (37) versicherte sich bei einem Schauer mit einem Blick aus dem Hotelzimmer, dass zumindest das Wasser echt war – und es auf dem Nachbarbalkon ebenfalls regnete. **Die Adressen der Hotels finden Sie im Reiseservice, Seite 119 und 133.**

EINFACHE FAHRT, TODESANGST INKLUSIVE

Seit das spanische Festland stärker abgeschottet wird, stranden afrikanische Flüchtlinge auf ihrem lebensgefährlichen Weg ins gelobte Europa immer öfter an den Küsten der Kanaren

TEXT: KAROLINE KLEIN

Charity kennt den Auftakt zu ihrem neuen Leben. Sie wird mit 30 anderen Afrikanern in einem Boot sitzen, die Kinder eng an ihrer Seite. 18 oder 20 Stunden lang werden sie über das Meer fahren. Irgendwo vor Fuerteventura wird dann ein Boot der spanischen Küstenwache auftauchen, um sie zu bergen. „Und an Land", sagt die Nigerianerin, „rufe ich das Rote Kreuz an." Charity und ihre Kinder werden trockene Kleidung bekommen, Essen, ein sauberes Bett, und das ist erst der Anfang vom Leben im Paradies. Vom Leben in Europa.

Noch träumt Charity nur davon. Mit Dutzenden anderer Schwarzafrikaner wohnt sie in einer heruntergekommenen Absteige in der Altstadt von Tanger und wartet. 90 Kilometer liegen zwischen der zweitgrößten Kanareninsel und der Küste Afrikas. Bis vor kurzem kamen viele Migranten über die Meerenge von Gibraltar nach Europa. Seit Spanien hier die Kontrollen verschärft hat, schiffen Schlepperbanden ihre Kunden lieber zu den Kanaren. Die Route über den offenen Atlantik ist fünfmal so lang, aber längst nicht so gut bewacht.

1997 legte die erste *patera* auf Fuerteventura an. Seither sind die hölzernen Boote von Jahr zu Jahr baufälliger geworden – und voller. Allein im Jahr 2004 griff die kanarische Küstenwache mehr als 7500 Flüchtlinge auf. Wie viele es unbemerkt schaffen, weiß niemand. Auch nicht, wie viele ertrinken oder an Unterkühlung sterben oder über Bord geworfen werden. Über 20 000 Afrikaner sollen sich illegal auf den Kanaren aufhalten.

„Mit Putzen verdient man in Europa 2000 Euro oder noch mehr, hat man uns in Marokko erzählt", sagt Victoria, ebenfalls aus Nigeria. Die Dokumentarfilmerin Lourdes Picareta hatte sie zusammen mit anderen Frauen interviewt, die vor dem Elend in ihrer Heimat geflüchtet sind. Victoria hat geschafft, worauf Charity bisher nur hoffen kann. Ihr gelang die Überfahrt – und sie durfte bleiben. Kaum auf Fuerteventura angekommen, brachte die Nigerianerin dort einen Sohn zur Welt, deshalb wird sie nicht ausgewiesen.

Auch Charity gebar bereits zwei Kinder, seit sie vor Jahren ihre Heimat verlassen hat. Sie hofft, dadurch eines Tages die Abschiebung zu verhindern. Schwangere und Mütter dürfen in Europa bleiben, das hat sich unter den Migranten herumgesprochen. Viele der Väter und vermeintlichen Ehemänner sind kaum mehr als flüchtige Bekannte.

Für den Direktor des Roten Kreuzes auf Fuerteventura, Gerardo Mesa Noda, ist freilich klar: Frauen, die in seinen Heimen unterkommen, werden in Europa weiter auf der Flucht sein. „Sie sind von der Mafia hierher gebracht worden", sagt er –

Die Flüchtlinge träumen von

und kommen oft nicht mehr von ihr los. Viele der Afrikanerinnen haben Knebelverträge mit Schlepperbanden unterschrieben, in denen sie sich verpflichten, von Europa aus 20 000 Euro oder mehr an ihre Gläubiger zurückzuzahlen. Ein großer Teil der Frauen, die wie Charity und Victoria als Zimmermädchen oder Putzfrau arbeiten wollen, enden als Prostituierte.

Die Mitarbeiter des Roten Kreuzes stellen keine Fragen zum Woher

Endstation: Kurz nach der Aufnahme kenterte das grüne Boot, nur 29 der 36 Passagiere überlebten. Mitarbeiter der Guardia Civil versorgen ein gerettetes Kind

und Wohin. Was würde es nützen? Denn auch das hat sich in Afrika herumgesprochen: Wer die Wahrheit sagt, wird eher wieder ausgewiesen als jemand, der schweigt oder lügt. Deshalb kommen die meisten Migranten als *sinpapeles* – ohne Ausweis und ohne Gepäck. Sie erfinden sich eine andere Heimat für das neue Leben, sie erzählen von Verfolgung, Misshandlung, Folter, weil sie wissen, dass schiere Armut den Europäern nicht reicht.

Der Kongolese Zambi etwa hat auf Fuerteventura eine Arbeit gefunden, illegal auf einer Baustelle. Geld bekommt er dafür nicht, nur Essen. 25 Menschen saßen in der morschen Nussschale, mit der Zambi die Insel erreichte. Drei Boote waren in Tarfaya, einem Ort in der Westsahara, zusammen gestartet. Eines kenterte.

Jobs als Zimmermädchen oder Obstpflücker – doch die meisten landen im Auffanglager

Zambi musste zusehen, wie die Ertrinkenden in Todesangst ihre Arme in die Höhe reckten.

Die wenigsten Flüchtlinge nämlich können schwimmen. „Ich hatte mich aufgegeben“, sagt Zambi. Das Überleben verdankt er der spanischen Küstenwache, die sein Boot an Land holte. Die Guardia Civil, eigentlich auf Streife, um die Flüchtlinge aufzuspüren und zurückzuschicken, wird immer öfter zu deren Lebensretter.

Dass sie auf einer Insel, 1200 Kilometer entfernt vom europäischen Festland, ankommen, trifft viele der Geschleusten wie ein Schock. Der Traum von Europa endet für die meisten im Auffanglager El Matorral, einer ehemaligen Kaserne in der Nähe des Flughafens. Das Gelände ist hermetisch abgeriegelt und für Journalisten nicht zugänglich.

Noch bis Mitte 2004 wurden Flüchtlinge in Fuerteventuras altem Flughafen untergebracht. Bis zu 1300 Menschen lebten dort zusammengepfercht auf 1500 Quadratmetern, ohne Tageslicht, ohne frische Luft. Sie schliefen auf dem Boden oder auf Gepäckbändern, durften weder Besuch empfangen noch telefonieren. 250 Menschen sollten sich eine Dusche teilen, 170 eine Toilette. Zumindest in der Theorie, in der Praxis hatten die sanitären Anlagen längst versagt.

Auf Fuerteventura fühlen sich die Einheimischen von der Regierung in Madrid im Stich gelassen. Jeder hat hier Angst vor Wasserleichen, die an Fuerteventuras endlose weiße Strände gespült werden. Die Insel lebt gut von ihren mehr als 1,5 Millionen Besuchern pro Jahr. Elend und Tod passen nicht ins Konzept der *isla tranquila*. Die Wracks der Pateras werden deshalb verbrannt, die Motoren auf dem Schwarzmarkt verhökert. Auf dem Friedhof von Morro Jable sind einige der anonymen Flüchtlinge bestattet. *Inmigrante No. 1* bis *Inmigrante No. 12* steht auf den grauen Grabplatten, unter denen ihre Asche liegt. „Ruhe in Frieden, Immigrant Nr. 12“, hat jemand von Hand in den feuchten Beton der letzten Platte geschrieben.

„Völkermord“ warf Mario Cabrera, Chef der Inselverwaltung von Fuerteventura, der marokkanischen Regierung vor. Sie nehme den massenhaften Tod der Immigranten in Kauf. Die Behörden in Rabat kontern, sie hätten allein 2004 über 26 000 Menschen an der Flucht gehindert. Immer wieder gibt es Gerüchte, Marokko mache die Sorgfalt seiner Kontrollen von Zugeständnissen der EU abhängig. Beweisen lässt sich das jedoch nicht.

Selbst wenn die marokkanischen Streifenpolizisten mit äußerster Strenge vorgehen, die Schlepper agieren flexibel. Fahrtrouten und Strategien der Banden ändern sich ständig. Eine der skrupellosesten Methoden ist die „einfache Fahrt“, bei der den Passagieren das Boot ohne Steuermann gestellt wird. Die Flüchtlinge erhalten ein paar vage nautische Hinweise, dann werden sie in einer klapprigen Patera sich selbst überlassen.

Andere Schleuser kassieren bei ihren Passagieren ab und lassen sie nach zehn Stunden auf See wieder an der marokkanischen Küste an Land gehen. Sie sagen ihnen, dies sei jetzt Europa, sie sollten sich gut verstecken. Die Menschenschmuggler verschwinden, die Flüchtlinge sitzen im marokkanischen Nirgendwo, noch ärmer als zuvor, sogar um ihren letzten großen Traum gebracht. Den Traum vom Paradies Europa. ∎

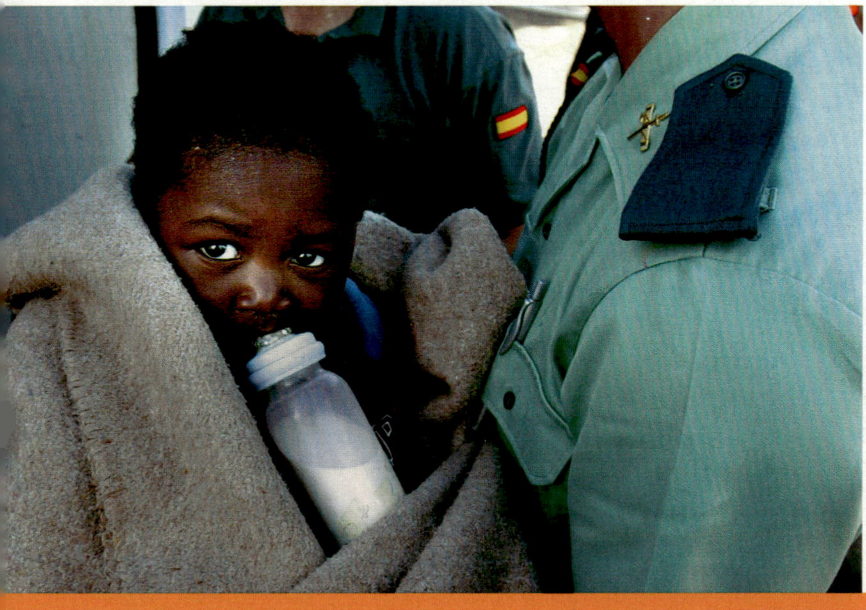

Karoline Klein, 31, lebt als freie Journalistin in Berlin. Sie schreibt vor allem über Themen aus Spanien und Südamerika.

Atlantisches Ballett: Vor dem Valle Gran Rey pflügt ein Bryde-Wal durch eine Schule Delfine, umschwirrt von Gelbschnabel-Sturmtauchern

Walheimat La Gomera

Vor den Kanarischen Inseln leben 26 Arten von Delfinen und Walen – so viele wie kaum irgendwo sonst in den Ozeanen. Und wie könnte es anders sein: Sie sind auch hier bedroht. Vom Fährverkehr, von Marinemanövern. Ein paar einsame Forscher kämpfen für ein Schutzgebiet für die Meeressäuger

TEXT: ANDREAS WEBER

Ein Bryde-Wal durchstößt die glatte See und atmet aus

3,5 Seemeilen S von La Gomera, 16. April 2005, 16.02 Uhr

Vielleicht hat die Musik das Eis gebrochen. Hat das Tier zum Antworten gebracht, da unten in der aufgewühlten See. Der Flötenspieler sitzt mittschiffs auf den Boden gekauert, die Haare lang, die Augen geschlossen. Melodiefetzen zerfliegen in Wind und Gischt. Atlantikwellen senden rollende Stöße durch das kleine Holzboot mit dem Trupp von Praktikanten. Ein Dutzend Walforscher auf Zeit, barfuß, in Shorts und Goretex-Jacken.

Lange passiert nichts. Das Boot schlingert, der Musiker spielt. Doch irgendwann quellen Töne aus dem Lautsprecher des Hydrophons, das hinter dem Heck pendelt: schluchzende, glucksende Laute, Heulen und Hallen, Stöhnen und Seufzen. Töne, zugleich nah und entfernt, als klänge der Ozean selbst.

Fast hätten sie den Wal verpasst, als er zum Luftholen auftaucht. Seit das Hydrophon heult, suchen zwölf Augenpaare den gezackten Horizont ab. Bis endlich Nick einen Blas entdeckt. Eine spektakuläre Fontäne, zerrissen vom Wind, ausladend, hoch wie ein Baum. „Blow, blow", schreit der Engländer und gestikuliert mit seinen von der Sonne rosig gekochten Armen. Die anderen reißen die Köpfe herum, klettern auf das tanzende Vordeck, starren die schier endlose Masse Körper an, die sich da vor ihnen an die Luft wälzt. Mehr, immer mehr rollt in den Blick. Stahlblau, ein Spiegel des Wassers an diesem kalten Aprilmorgen. Grau marmoriert wie die kabbelige Oberfläche der atlantischen Wellenrücken, die einer nach dem anderen heranrollen und die „Ascención del Señor" weit in die Höhe tragen.

„Das ist ein Blauwal, ein Blauwal, habt ihr verstanden, ein Blauwal!", brüllt Fabian Ritter am Heck und springt auf.

Dann krümmt sich der riesige Rumpf abwärts. Mit einem leisen Schlag der breiten Fluke taucht das Tier zurück in die unruhige See, hinab, als wäre es ein Teil von ihr. Nur noch die Wellen sind da, ihre Schläge, plötzlich viel stärker zu spüren. Und der Wind, der den Schaum sich brechender Kämme über das Wasser bläst.

Biologe Fabian Ritter notiert eine Sichtung

In See vor Lanzarote, 24. Mai 2002, 2.12 Uhr

Roter Dämmer hat den Leitstand der Fregatte geflutet. Lüfter rauschen und blasen verbrauchte Luft hinaus auf das dunkle Meer, den Geruch, der von durchgeschwitzten Uniformhemden aufsteigt, von Soldatenrücken, die sich tief im Schiff über Monitore beugen.

Irgendwo unter ihnen ist das U-Boot. Es hat sich versteckt in den schwarzen Abgründen, hat sich still hinabsinken lassen in eine Schlucht zwischen den Felsnadeln, mit denen sich der Inselsockel in den Grund des Atlantiks krallt und die das Sonarecho zu einem unscharfen Brei zerstreuen. Das Boot ist unsichtbar für das laute Ping, das rhythmisch suchend das Wasser durchtastet. Wieder und wieder zerflackern die kreiselnden Monitore im Gefechtsraum der Fregatte zu formlosem Gestöber. Nichts. Kein Sonarkontakt zu dem Stahlzylinder mit seinen tödlichen Torpedorohren.

3 sm S von La Gomera, 16. April 2005, 16.47 Uhr

Fabian Ritter lässt die Ascención wenden. Er will die Verfolgung des Blauwals aufnehmen. Schroff stampft das Boot gegen Wind und Wellen, jäh reißt es den Bug empor auf einer rasenden Fahrstuhlfahrt, die atlantische Dünung hinauf, ihre Täler steil hinab. Spritzwasser klatscht nach hinten. Manche der Männer und Frauen an Bord starren in die zerrissene Weite, ganz im Bann der Begegnung. Andere liegen am Boden, würgend in ihr Schicksal ergeben.

Die Passagiere aus Deutschland, England und Italien kreuzen in einem der an Meeressäugern reichsten Gewässer Europas. Sie haben einen zweiwöchigen Walkurs gebucht – wissenschaftlich begleitet vom Biologen Ritter, organisiert vom Berliner Verein M. E. E. R. e. V. In den Händen halten sie Klemmbretter mit durchnässten Datenblättern. Monica, die zierliche Italienerin, die Walforscherin werden möchte, spricht Notizen in ein Diktafon.

Einen Blauwal hat die Gruppe nicht unbedingt gebucht. Er ist auch in den Gewässern der Kanarischen Inseln eine Rarität: Vielleicht ein paar hundert der Kolosse durchpflügen noch den Nordatlantik. Auch Ritter hat nur wenige gesehen. Dem ersten begegnete der junge Biologe 1997, zwei Jahre, nachdem er seine Diplomarbeit auf La Gomera begonnen hatte. Kaum einer hatte hier mit solchen Tieren gerechnet. „Es gab Delfine, klar", erinnert sich Ritter. Die Kunde von ihnen zog ihn selbst hierher: Eines Nachts, als das öde Studium ihn wieder besonders quälte, träumte er, dass die Delfine ihn zu sich riefen.

Auf La Gomera regierten damals Freaks und Selbstfinder, Mystiker und Tagträumer, und die hatten das Schwimmen mit den Meeressäugern längst in ihr Erleuchtungsprogramm integriert. Noch heute kleben in den Schaufenstern Zettel, die Beladenen „Delfin-Lösungen" anbieten: „Integration von Delfintherapie, NLP; schamanischer, spiritueller und Ritual-Arbeit sowie delfinisch-systemischer Aufstellungen." „Aber keiner der Delfintherapeuten hatte sich die Mühe gemacht, in ein Bestimmungsbuch zu schauen", meint Ritter.

Und so ist der Berliner immer wieder auf die Aussteigerinsel zurückgekehrt. Was

Fast auf jeder Ausfahrt begeistern zutrauliche Fleckendelfine die Beobachter

Whale-Watching ist lukrativ. Pro Jahr wächst das Geschäft um 13 Prozent

als Diplomarbeit begann, wuchs zu einem wissenschaftlichen Großprojekt – und zu einer ökologischen Pionierleistung. Ritter entdeckte, dass die Kanaren ein internationales Drehkreuz der Wale sind. Eine Region, wo sich so viele und so verschiedene Meeressäuger begegnen wie an wenigen anderen Stellen der Weltmeere.

In See vor Lanzarote, 24. Mai 2002, 4.34 Uhr

Weil sie das U-Boot auch nach Stunden nicht findet, entscheidet sich die Schiffsführung, eine neue Technik einzusetzen: LFAS, *low frequency active sonar*. Das ist ein ultrastarker Suchschall, der aus einer unter dem Schiffsboden aufgehängten Kugel mit der unvorstellbaren Lautstärke von 230 Dezibel ins Wasser hinaus explodiert. Eine Schallwucht, gegen die das Triebwerk eines Tornado-Kampfjets säuselt wie ein Haarföhn.

Vier sm SO von La Gomera, 16. April 2005, 16.47 Uhr

Als sie schließlich umkehren, als sie mit ihrem ausgedienten Fischerboot im Atlantik vor dem aufbrausenden Wind kapitulieren müssen, begegnet ihnen eine Schule Rauzahndelfine. Hoch über ihren Köpfen fliegen die Tiere durch die transparenten Kämme der anmarschierenden Wellen, wieder und immer wieder, ein Ballett der Leichtigkeit, während das Boot schwer durch die Dünungstäler stampft.

26 Arten, ein Viertel aller Wal- und Delfinspezies, haben Ritter und ein paar andere Forscher in den letzten zehn Jahren gesichtet: Riesen wie Blau-, Finn-, Buckel- und Seiwale pflügen durch die warmgemäßigten Gewässer zu Fortpflanzungsgründen weiter im Süden, Pottwale stoßen ihre unförmigen, ölgefüllten Riesenschädel durch die Oberfläche, wenn sie von der Jagd auf Tiefseekalmare schnaubend auftauchen.

Was bei Ritters Ankunft pauschal als „Delfin“ galt, entpuppte sich als rare Mi-

Meeresforscher versuchen, aus den Lauten der Tiere auf deren Verhalten zu schließen

Große Tümmler bewegen sich oft so synchron, als wären sie unsichtbar miteinander verbunden

An ruhigen Tagen schweben die Tiere über einem Spiegel aus blauem Glas

schung von mehr als einem Dutzend Arten kleinerer Zahnwale. Vor Teneriffa, so stellte sich heraus, leben einige hundert der bis zu sechs Meter langen Grindwale in einer fast einzigartigen, ortstreuen Population. Ritter begegnete Tümmlern in Hunderte Individuen starken Schulen, er bekam Schnabelwale, Orcas, sogar Zwergpottwale zu sehen.

So viele Arten prosperieren vor den Kanaren, weil an den Unterwasserhängen des Archipels, anders als in den leeren Weiten des übrigen Atlantik, nährstoffreiches Wasser emporströmt und die Nahrungskette speist. Zudem fallen die Vulkaninseln so steil in die Tiefsee ab, dass viele Tiere, die sonst nur im offenen Ozean zu sichten wären, hier nah an der Küste schwimmen. Weil der Inselkegel den Passatwind ablenkt, der hier oft das Meer peitscht, öffnet sich südlich von La Gomera ein windstilles Beobachtungsfenster, das an fast allen Tagen des Jahres offen bleibt.

In See vor Lanzarote, 24. Mai 2002, 4.35 Uhr

Gleich einem akustischen Blitzschlag jagt die Schallwelle durchs Meer, fast fünfmal so schnell wie durch Luft, eine vernichtende Druckwand, unhörbar über Wasser, aber darunter lebensgefährlich für alles, was Trommelfell und Gehörknochen hat: tödliche Blendung für alle Wesen, die in den schwarzen Räumen der Tiefsee durch Schall sehen wie Menschen mit den Augen. Mörderisch für die Herde von Schnabelwalen in der Nähe. Schnabelwale sind scheue und kaum bekannte Wesen, deren spitze Schnauze in der Regel nur im Unterkiefer wenige Zähne aufweist. In den Abgründen des Inselschelfs spürt der Familienverband tausend Meter tief nach Tintenfischen, als das Sonar die Tiere trifft.

3,8 sm SSO von La Gomera, 16. April 2005, 17.30 Uhr

Trotz der Dünung steht Ritter aufrecht auf dem Achterschiff der Ascención, balanciert

Skelett eines Schnabelwals im Museum auf Lanzarote

Vidal Martín (links) in der Museumswerkstatt

Grindwale leben das ganze Jahr über zwischen Teneriffa und La Gomera

mit den Beinen wippend die Schläge der See aus. Inzwischen ist der 37-Jährige Mitglied im wissenschaftlichen Ausschuss der IWC, der Internationalen Walkommission – und die Meeressäuger auf den Kanaren sind kein esoterisches Vergnügen mehr, sondern ein Massenmarkt, der jährlich allein vor Teneriffa eine Viertelmillion Schaulustige anzieht.

Whale-Watching ist ein erfolgreicher Wirtschaftszweig. Seine Wachstumsraten von weltweit jährlich 13 Prozent machen andere Tourismusbranchen neidisch. Viele ehemalige Walfangnationen verdienen heute mit Schauen mehr als einst mit Schlachten. Aber auch friedliche Neugier kann verheerend sein und die Tiere aus ihren Nahrungsgründen vertreiben. Vor Teneriffa kreuzen oft Dutzende von Barken, manche davon mit Holzverkleidung auf Piratenschiff getrimmt; Schlagermusik dröhnt, Sangria fließt in Strömen.

1995, als Ritter mit seiner Arbeit beginnt, ist es den wenigen Interessierten noch erlaubt, zu den Walen ins Wasser zu gehen. An schönen Tagen fahren die Forscher hinaus und lassen sich ins Meer gleiten. Zusammen mit den Tieren schweben sie über einem Abgrund aus blauem Glas. Die Forscher spüren, wie pulsierende Klicks ihren Körper durchdringen, als bestünde er vollkommen aus Flüssigkeit. Die Schwimmer sind Gäste in einer unfassbaren Welt, aufgehoben über einem Nichts, das sie nicht verschlingt, sondern trägt, voller Zärtlichkeit.

Manchmal schießen die Tiere nervös davon, dann kommen sie neugierig näher,

Rasante Forschung: Natacha Aguilar versucht, das mysteriöse Leben der Schnabelwale zu ergründen

Abwärts: Ein Flukenschlag treibt den Pottwal hinunter

Delfine sind schnell. Fähren schneller

um die Besucher zu inspizieren, und die vagen Silhouetten gewinnen in der milchigen Dämmerung scharfe Umrisse. Ritter offenbaren sich stille Geheimnisse: Schwebend im blauen Zwielicht sieht er eine Schnabelwal-Mutter ihr Junges säugen, sieht, wie die Milch aus ihren Zitzen an der Bauchseite als schwerelose weiße Wolke ins Wasser dringt. Er beobachtet ein Nordkaper-Weibchen, eines von 300 verbliebenen Tieren seiner Art, das mit einem Kalb leise durchs Wasser zieht. Viele Tage hintereinander begegnet er einem Rauzahndelfin, der sein totes Junges im Maul durchs Wasser schleppt, es behutsam immer wieder an die Oberfläche stupst in starrköpfiger Beharrlichkeit.

Ritter sieht nicht nur schöne Dinge. Er findet Delfine, in herrenlose Netze verstrickt, an verschlucktem Plastik erstickt, an Angelhaken aufgespießt. Und schon auf einer seiner ersten Anfahrten zur Insel muss der Biologe erleben, wie seine Fähre mit einem Wal kollidiert.

Statistisch wird jeder Grindwal vor Teneriffa fast zweimal pro Jahr von einem Schiff gerammt. Bis zu 20 Tiere lassen so ihr Leben. Die Reedereien aber überbieten sich mit immer schnelleren Fähren. Hinten offen und seltsam unfertig, wirken die Fahrzeuge in ihrer Bauweise aus Blechprofilen wie schnell hingehauene Vorstadt-Einkaufszentren. Ihre Doppelrümpfe pflügen mit bis zu 80 km/h durchs Wasser – viel zu schnell selbst für die rasantesten Schwimmer unter den Meeressäugern. Die Jet-Ferries werfen die traditionelle Infrastruktur über den Haufen: Im Hafen von La Gomeras Valle Gran Rey wurden im letzten Jahr ganze Berge weggebrochen, um Material für eine gigantische Mole zu gewinnen. Hinter der Betonmauer ist das Meer nicht mehr zu sehen. Demnächst wird hier der weltgrößte Trimaran seine Autofracht an den Strand spucken.

Doch eine der größten Gefahren ist unsichtbar. Sie kommt von den grauen Schemen der Nato-Schiffe weit draußen auf See. Ihr Sonar, das akustische Ortungssystem, das die immer besser getarnten U-Boote aufspüren soll, arbeitet mit Frequenzen, die für Wale lebensgefährlich sind.

In See vor Lanzarote, 24. Mai 2002, 4.36 Uhr

Wie eine Feuerwalze aus Schall blendet das Brüllen der Tongeber die fressenden Schnabelwale in ihrer ewigen Nacht. Es erschüttert die empfindlichen Innenohren und jagt die Gruppe auseinander. In Panik reagieren die Wale wie ein Schwimmer: Sie lassen sich emporschießen. Mit mächtigen Flukenschlägen rasen sie zur Hunderte Meter entfernten Oberfläche, orientierungslos, nur weg vom gleißenden Lärm. Und diese an extreme Tiefe angepassten Wesen trifft das Schicksal, das auch einen zu schnell aufsteigenden Taucher ereilen würde: Der übersatt in ihren Geweben gelöste Stickstoff perlt aus wie in einer Sprudelflasche, die geschüttelt wurde, bis sie platzt. Es ist eine Explosion im Kopf, eine Detonation im ganzen Körper. Die Blasen reißen Löcher ins Gehirn, in die Leber, in die Adern.

5 sm SSO von La Gomera, 16. April 2005, 18.47 Uhr

Draußen, in der Ascención del Señor, wirkt die Vulkaninsel klein und bedeutungslos, das Meer überwältigend und unverwundbar. Die Dünung rollt in Schichten und Stockwerken an. Kurze Windseen haben sich über die atlantischen Langläufer geschoben. Das Boot gleitet blaue Treppen hinauf und wieder hinunter. Vor dem Bug sinkt das Licht in transparenten Schlieren in eine blaugrüne Tiefe hinab.

„Unser Ziel ist ein totales Schutzgebiet vor der Küste von La Gomera", erklärt Ritter. Dafür macht er viel Werbung – und schafft sich viele Feinde, wenn er die Tatenlosigkeit der Inselregierung kritisiert, ihre lauen Bestimmungen, die mangelnde Überwachung des Whale-Watching, den Umstand, dass es nicht einmal eine Tiefenkarte der Bodengründe um La Gomera gibt. Einen Träumer nennen sie ihn hier, einen Fantasten. Einen deutschen Sonderling, der auf eigene Faust in spanischen Gewässern einen Meerespark durchsetzen will.

„Er kennt die Gesetze nicht", sagt Erika Urquiola vom regionalen Umweltministerium und lächelt nachsichtig. Ritter ignoriere die vielen Sachzwänge einer vor allem touristisch eingestellten Region. Die Regeln internationaler Hoheitsgewässer. „Wir

Aufwärts: Raue See animiert Delfine zur Akrobatik

FABRICA ATI / ph. Martin Parr / Contrasto
V wie Venetien
Die Berge in Venetien sind eine Einladung an Skifahrer: 554 km Abfahrtspisten und über 1.080 km Langlaufloipen, eine Strecke, die so lang ist wie ganz Italien: von Bozen bis Palermo. Die weltberühmten Skigebiete sind mit 218 Liftanlagen ausgestattet, um jeden Urlaub zum Traumurlaub zu machen. V wie Venetien, Urlaub groß geschrieben. Regione del Veneto / Assessorato alle Politiche dell'Agricoltura e del Turismo
Veneto
Zwischen Himmel und Erde
Unione Europea
http://turismo.regione.veneto.it

Keine Rettung: Nach einem Militärmanöver treiben Schnabelwale leblos an den Strand

Die Brandung umspült Dutzende toter Tiere

dürfen doch kein Schutzgebiet auf einer internationalen Schifffahrtsroute errichten", sagt Urquiola.

Die ökologische Initiative ist mittlerweile vom Einzelkämpfer Ritter an einen anderen privaten Verein übergegangen. Freilich ist auch die SECAC, die „Gesellschaft zur Erforschung der Wale auf den Kanaren", das Werk eines Einzelgängers. Ihr Gründer Vidal Martín wanderte als junger Mann, als seine Altersgenossen sich ihre erste Vespa kauften, stundenlang den Strand von Lanzarote entlang, allein in der weißgewaschenen Einsamkeit von Kies und Wellen. Erst wenn die Überreste eines angespülten Delfins oder Wals vor ihm lagen, machte er Halt und sammelte die Knochen sorgfältig ein.

Vier Jahrzehnte später hat sich Martíns Traum erfüllt. Das neue Walmuseum auf Lanzarote öffnete am 22. April 2005 seine Türen, ein prunkvolles Mausoleum der Meeressäuger, gesponsert von einem reichen Hotelbetreiber. Im letzten Jahr hat die SECAC ein millionenschweres Forschungsprojekt im Rahmen des europäischen LIFE-Programms eingeworben. Endlich wird die Walforschung auf den Kanaren systematisiert. Martíns rechte Hand, die Italienerin Antonella Servidio, saust inzwischen in einem neuen, schnittigen Zodiac-Boot über die Wellen, wenn sie und ihre Kollegen vor den Küsten von La Gomera und Lanzarote Reviere abfahren, um die Populationsdichte von Walen und Delfinen zu bestimmen – oder in Netzen gefesselte Schildkröten zu retten.

Puerto Calero, Lanzarote, 24. Mai 2002, 6.47 Uhr

Das klingelnde Mobiltelefon reißt Antonella Servidio aus dem Schlaf. Als sie auf die Uhr schaut, weiß sie, dass etwas geschehen sein muss. Es ist Martín. „Komm schnell", sagt er. „Hier sind Massen von Walen gestrandet."

Servidio streift rasch ein Kleid über und rennt zum Auto. An der Küste bietet sich ihr ein Bild, das sie kaum glauben mag, so unwirklich erscheint es. Im Wellenschlag schwingen Körper leblos hin und her, massig und grau und still. Es sind so viele, dass die Italienerin sie zuerst nicht zählen kann. Aber sie sieht am vorstehenden Kiefer mit den markanten Zähnen, dass es Schnabelwale sein müssen. Als sie aufblickt, nimmt sie eine weitere Reihe massiver grauer Körper wahr: Kriegsschiffe verdecken den Horizont hinter der Bucht.

Mit zunehmendem Tageslicht treffen andere Forscher ein, Fischer, Freiwillige. Kühllastwagen knirschen durch den Kies. Mühsam säbeln Helfer die drallen Köpfe der Tiere ab und fahren sie zur Fischereikooperative. Dort werden sie seziert. Die Schnabelwale sind gerade erst gestorben, so viel steht schnell fest. Alle auf einmal.

Vier sm SO von La Gomera, 16. April 2005, 21.30 Uhr

Im Windschatten der Insel beruhigen sich die Bewegungen der Ascención. Monica sitzt auf dem Vordeck, die Hände an den Stumpf des Klüverbaums geklammert, und wird vom Boot wie auf einer Schaukel emporgehoben. Immer wieder lassen sich Delfine von der Bugwelle mitziehen, öffnen schnaufend ihre Blaslöcher und jagen dann fast bewegungslos durchs Wasser, als würden sie durch unsichtbare Stränge von seiner Energie gespeist.

„Die Tiere sind so großzügig und geduldig", sagt die angehende Walforscherin. „Bei allem, was wir ihnen getan haben." Ein wenig später, als die Sonne versinkt, tauschen Himmel und Ozean die Farben. Der Horizont verblasst, das Meer zerspringt zu einer Fläche aus silbernen Scherben, in der sich alle Silhouetten auflösen.

EPILOG

Untersuchungen spanischer und britischer Forscher haben ergeben, dass die Köpfe der Schnabelwale perfekte Resonanzkörper für die im neuen Sonar verwendete Frequenz sind. Die Anatomie der Kieferknochen und bestimmter ölgefüllter Hohlräume am Kopf verstärkt wie der Klangkörper einer Violine den Schalldruck und leitet ihn direkt ins Innenohr. Desorientiert sterben die Wale beim panikartigen Aufstieg an der Taucherkrankheit.

Weil Schnabelwale in der tiefen Hochsee fern von Land leben, wurden von manchen Arten bisher auf der ganzen Welt erst wenige tote Exemplare oder gar nur Knochenfragmente gefunden. Vor El Hierro stattete der Biologe Mark Johnson von der Woods Hole Oceanographic Institution Schnabelwale mit Messgeräten aus, die an Saugnäpfen befestigt sind. So konnte er zeigen, dass die scheuen Tiere in den Tälern unterseeischer Gebirge leben – genau an den Orten, in die auch U-Boote gelenkt werden, um nicht gefunden zu werden.

Anders als die US-Navy, die nach der Strandung Dutzender Wale auf den Bahamas 2002 eine Gefährdung durch Sonareinsatz zumindest eingesteht, geben europäische Streitkräfte nicht zu, dass ihre Manöver Wale töten können. Auch im Frühjahr 2005 fand wieder eine Militärübung vor Fuerteventura statt. Nur Stunden später trieben zwei Schnabelwale leblos an den Strand. I

GEO-Autor **Dr. Andreas Weber**, 37, hat Meeresbiologie studiert. In seinen Reportagen und Essays versucht er immer wieder zu ergründen, warum Natur uns bewegt. Und welchen Wert sie hat. Er lebt mit Frau und zwei Kindern in Berlin.

La Gomera...
fühlen...
erleben...
geniessen...
Hotel Jardín Tecina & Tecina Golf...natürlich anders!
Hotel
Jardín Tecina
LA GOMERA ★★★★
Tecina golf
LA GOMERA
HOTEL JARDÍN TECINA Tel.: +34 902 222 140
tecina@fredolsen.es [www.jardin-tecina.com]
TECINA GOLF Tel.: +34 902 222 130
tecinagolf@fredolsen.es [www.tecinagolf.com]

OBEN Kurze Linke: Im Ring unter freiem Himmel gibt Autor Markus Wolff dem Sandsack seiner Sparringspartnerin den nötigen Rückhalt. Vor allem bei weiblichen Gästen ist Boxen sehr beliebt **UNTEN** Massenauslauf: Einmal pro Woche starten die Club-Gäste zum Halb-Marathon oder zum Lauf über fünf oder zehn Kilometer

NUR NICHT AUSRUHEN!

Gut möglich, dass Sie beim Lesen über den Sportclub »La Santa« auf Lanzarote aus der Puste kommen. Schließlich müssen Sie mitschwimmen, -laufen, -boxen. Teilen Sie sich den Text über das vermutlich sportlichste Hotel der Welt also gut ein, und achten Sie darauf, dass Sie zwischendurch genug trinken. UND NUN – LOS!

TEXT: MARKUS WOLFF FOTOS: STEFAN WARTER

Erster Tag, und dann gleich Boxen! Auf der anderen Seite – was soll schief gehen? Meine Taktik: Wie Ali gegen Foreman die Schläge der ersten Runden zunächst in den Seilen abfangen und den verausgabten Gegner dann durch überraschende Punchs niederstrecken. In der Hitze des Nachmittags geht es hinaus zum Kampfplatz, nur wenige Meter von der Laufbahn der Leichtathleten entfernt. Keine schillernde Anlage, eher die Version ehrliches, kubanisches Boxcamp. Ein dachloses Stahlgerüst, unter dem zwei „Everlast"-Säcke wie in Zeitlupe schwingen. Direkt daneben der Ring.

Zum Kampf kommt es dann aber gar nicht, weil Kursleiterin Jacqueline alle 16 Boxanfänger (acht Frauen, acht Männer) nebeneinander stellt und wir zunächst auf die Luft und schließlich auf Jacquelines kissenähnliche Handschuhe, die Pratzen, eindreschen müssen. „Yap! Yap! Upper cut!" Jacquelines Kommandos kommen im Stakkato-Stil. Gerade! Gerade! Aufwärtshaken! Kaum prallt mein rechter Handschuh in ihre Pratze, berührt Jacqueline blitzschnell mit der anderen meine Stirn – das demütigende Zeichen, dass ich im Ernstfall nun benommen in meine Ecke torkeln würde. Sofern ich diese noch fände.

Es ist mein zweiter Nachmittag im Club La Santa, und trotz schlechter Deckung wächst langsam der Spaß an Europas vermutlich bekanntestem Sportclub. Das war gestern noch nicht zu erwarten. „La Santa? Oh, là là!", hatte der Taxifahrer am Flughafen gesagt und mit gespielt angestrengter Miene zwei imaginäre Hanteln gestemmt. Knapp 20 Minuten lang bahnte er sich dann mit sportlichem Dauerhupen den Weg von Lanzarotes Hauptstadt Arrecife im Osten zur Westküste der Insel, wo die Landschaft aussieht wie ein missglückter Zaubertrick zur Begrünung der Erde: karger Boden, auf dem Steine wachsen. Schließlich stoppte der Wagen.

La Santa, Paradies für Aktivurlauber – das hatte nach einer strahlend schönen Anlage geklungen, in der sich Menschen mit federndem Gang bewegen und selbst der Rezeptionist während der Abfertigung noch schnell zehn Liegestütze macht. Nun stand das Taxi vor einer Beton gewordenen Enttäuschung. Die hellen Wände verwittert, das Grün des Club-Logos verblasst, die Blätter der Palmen so schlaff wie ein Marathonläufer nach dem Zieleinlauf. Auch federte niemand. Lediglich ein Reiner-Calmund-Double, aus dem die Luft entwichen schien, schlurfte in Badelatschen durch das gekachelte Ganglabyrinth.

Einige Stunden später, beim Abendessen, wirkte der Club noch immer wie eine beliebige Hotelanlage. Es gab dicke Menschen und dünne Menschen, Kinder und Omas, schweigsame Paare und lachende Gruppen. Wer Halbpension gebucht hatte, aß in einem zweckmäßig gestalteten Raum und trank Säfte aus Einwegbechern. Überraschenderweise saßen an den Tischen aber vorwiegend Stammgäste. ›

OBEN Frühstücksappell: Um Viertel vor acht gibt ein Instrukteur der Betreuungsmannschaft »Green Team« seine letzten Anweisungen für den Duathlon, eine schweißtreibende Mischung aus knapp 15 Kilometer Radfahren und 5 Kilometer Laufen

35 SPORTARTEN WERDEN ANGEBOTEN. MANCHE SCHAFFEN ACHT KURSE AM TAG

Wie Bernd Raabe, Nachbartisch links, drahtiger Ingenieur aus Baden, der sich mit seinem Sohn Jan einen familieninternen Wettkampf um den Titel „Häufigster Club-Besucher" liefert. Zwischenstand 9:7 für Vater Raabe. Oder Iris Lanzendörfer, Nachbartisch rechts, Informatikerin aus Berlin, drei Wochen La Santa ihr jährliches Muss.

„Stimmt", sagte Frau Lanzendörfer, „am Erscheinungsbild könnten sie vielleicht etwas tun." Dabei klang sie allerdings so nachdenklich, als sei ihr der Zustand des Gebäudes gerade zum ersten Mal aufgefallen. Dann erzählte sie von den sechs bis acht Kursen, die sie täglich besuche, und wie wenig sie daher auf das Drumherum achte. Man müsse sich nur auf die Idee einlassen: Sport von morgens bis abends! Noch am selben Abend buchte ich zwei Unterrichtseinheiten „Boxen für Anfänger".

„Yap! Yap! Upper cut!", ruft die Holländerin Jacqueline also, klopft mit der Pratze wieder an meine Stirn und moniert in ruhig gesprochener Endlosschleife mangelnde Verteidigung: „Your defense sucks!" Die Trainingseinheit geht über gefühlte 100 Runden. Danach wird die Boxlaufbahn vorzeitig beendet. Wer sich für eine Alternativkarriere entscheidet, kann sich von den Mitarbeitern des „Green Team" beraten lassen, die an grün-weißen T-Shirts und einheitlich verbrannten Nasenspitzen zu erkennen sind.

Wie ein Großteil der Gäste stammen die meisten Team-Mitglieder aus Dänemark. Blonde, blauäugige Modell-Athleten, die den Urlauber glauben lassen, er sei in einem animierten Sportkatalog mit leicht morbider Kulisse gelandet.

Das Bauchmuskelwunder Lisbeth Pedersen, 29, zum Beispiel, eigentlich Juristin, arbeitet für ein Jahr im „Sports Booking". Hier können sich die Gäste für die vorwiegend kostenlosen Kurse eintragen, die den gesamten Tag lang so fließend ineinander übergehen, als handele es sich um einen Staffel-Wettkampf. Auch für die Arbeit am Buchungsschalter ist gute Kondition von Vorteil – die Liste der Sportmöglichkeiten ist lang. Wer alle aufzählen wollte, als es La Santa als „Ort, an dem die meisten Sportarten zur selben Zeit stattfinden" sogar ein Jahr lang ins Guinness-Buch der Rekorde schaffte, brauchte Luft für 64 Disziplinen. Heute sind es immer noch mehr als 35 – von Aerobic bis Wasserball. Vor der Arbeit, von sechs bis acht Uhr, trainiert Lisbeth für die EM-Qualifikation über 800 und 1500 Meter. Danach berät sie wieder Gäste. „Heute Abend ist ein Kajakrennen", sagt sie. „Interesse?" Ich nicke und verliere zwei Stunden später in der von schwarzem Lavagranulat umgebenen Lagune gegen einen 69-jährigen Briten.

Die Arme sind schwer, die Schultern schmerzen. Der Weg zum Zimmer führt am Pool vorbei. Ausgestreckt auf einer Liege, überbrückt Iris Lanzendörfer die Pause zwischen ihrem sechsten Kurs (Yoga) und dem siebten (Spinning, Mittelstufe – in Gruppen zu Techno-Musik auf Heimtrainern strampeln).

Eigentlich hatte sie sich La Santa vor ihrem ersten Besuch noch anstrengender vorgestellt. Schließlich sei der Club in dem Fernsehbeitrag, durch den sie auf ihn aufmerksam wurde, als Fitness-Kaserne beschrieben worden. Sportdrill. Nur für Verrückte. Toll! Sie habe sofort gebucht. Schon am Tor kam ihr beim ersten Besuch eine joggende Mutter mit Kinderwagen entgegen. Kursleiter und Gäste seien dann aber doch weniger verbissen gewesen als erwartet.

Ein neuer Tag. Bei geöffnetem Fenster ist dieser in La Santa daran zu erkennen, dass sich ins Rauschen der Wellen eine leicht sphärische Musik mischt. Beim Frühstück wird Ingenieur Raabe später erzählen, es handele sich seit Club-Eröffnung 1983 um dasselbe Band, das allmorgendlich zur Frühgymnastik gespielt werde (ob das für oder gegen den Club spricht, wissen wir beide nicht. Zumindest spricht es für die Haltbarkeit des Bandes). Rund 50 Gäste haben sich wie Statisten auf einer Freiluftbühne in der Pool-Landschaft verteilt, heben synchron die Arme, biegen sich nach links, bücken sich nach vorn. Nach rund 15 Minuten ist die Ouvertüre vorüber, und das eigentliche Club-Schauspiel beginnt.

Gewählt werden kann zwischen zwei Rollen: Wer eine passive möchte, benötigt lediglich ein Handtuch, mit dem er sich – unterbrochen von kurzen Besuchen an der Pool-Bar – von früh bis spät unter die afrikanische Sonne legt. Fortgeschrittene, wie die Freundin des dänischen Gewichthebers, schaffen das auch ohne Pausen. Wer sich für einen aktiven Part entscheidet, klemmt sich den Tennisschläger einer Aktentasche gleich unter den Arm und marschiert im Büroschritt Richtung Platz, schreitet breitbeinig ins Fitness-Studio, als gehe es zum Shootout mit Wyatt Earp, oder begibt sich mit rudernden Armen und um den Hals gelegtem Handtuch zum olympischen Pool.

Mein Tag sieht so aus: In der muffigen Luft der Badminton-Halle verliere ich im dritten Spiel gegen einen mienenlosen Dänen, blocke und pritsche mich mit Spielpartner Jan als „Team Schnitzel" zum Turniersieg im Beachvolleyball und kraule 50 Meter im Olympia-Pool, davon 30 in Würde. Nur den Kraftraum zu betreten wage ich nicht. Dieser ist dunkel und stickig, und Männer mit glühenden Köpfen und schlauchdicken Adern stöhnen, als seien sie an den Geräten angekettet.

Am Abend schmerzen alle Muskeln, vorwiegend die, von deren Existenz mir nichts bekannt war. Dennoch ist ein Besuch im „Sports-Café" Pflicht, in dem wir uns wie Kriegsveteranen von den Siegen und Niederlagen des Tages erzählen und uns mit den Athleten verbunden fühlen, deren Bilder die Wände zieren. ›

GANZ OBEN Lass uns ein paar Hürden nehmen! Eine Läuferin macht an einem Hindernis Dehnübungen **OBEN** Luft holen: Triathlon-Teilnehmer am Start **UNTEN** Auf der grünen Wiese: Die Dänin Lenette Olesen animiert auf »The Lawn« zum Streetdance **GANZ UNTEN** Jeder eine große Nummer: Wettkampf-Teilnehmern wird die Startzahl aufs Bein geschrieben

LINKS OBEN Hier geht's rund: Fußball auf dem Kleinfeld steht täglich auf dem Programm **LINKS MITTE** Fäuste in die Höh! Boxtraining **LINKS UNTEN** Fliegender Start: Kajakrennen finden auf der clubeigenen Lagune statt **RECHTS** Schwarze Asche und Vulkanschlacke säumen den Leidensweg. Der Schwabe Thomas Hellriegel (Mitte) bereitet sich auf Lanzarote für den Ironman-Triathlon auf Hawaii vor

Das Sports-Café ist die hell beleuchtete Ruhmeshalle des Clubs. Keine Fenster, was nicht stört, weil sie ansonsten längst unter den signierten Porträts der Club-Prominenz verschwunden wären. Europameister, Weltmeister, Olympiasieger – die nicht zur Erholung, sondern zum Trainieren in den Club La Santa kamen. Radkönig Miguel Indurain, Sprinter Linford Christie, Franziska van Almsick. Und noch kürzlich, so ein Gast, sei Bjarne Riis mit seinem

EUROPAMEISTER, WELTMEISTER,

Radteam CSC hier gewesen. Überlebenstraining auf der Insel. „Mussten alle mitmachen. Selbst die Sekretärin." So erzählt jeder, wen er wann in La Santa getroffen habe. Claudia Bieder aus Rostock hatte neben dem Leichtathleten Kofi Prah an der Bar gesessen und war obendrein Heike Drechsler im Fitness-Studio begegnet. Dieses Erlebnis wird allerdings sofort von Ingenieur Raabe in den Schatten gestellt, der zur Weihnachtszeit gleich mehrfach mit Deutschlands erfolgreichster Weitspringerin in den Club geflogen war. „Also, natürlich nur in derselben Maschine."

Die nächste Möglichkeit, einen prominenten Sportler zu sehen, bietet sich beim Abendessen. Über einen Teller Nudeln gebeugt, sitzt dort Thomas Hellriegel, 34, Deutschlands erfolgreichster Ironman. Allein achtmal ist er auf Hawaii gestartet, sechsmal hat er nach 3,86 Kilometer Schwimmen, 180 Kilometer Radfahren und 42,2 Kilometer Laufen als bester Deutscher das Ziel erreicht. 1997 sogar als Sieger. In einer Woche geht er wieder an den Start und wird anschließend drei Tage kaum Treppen steigen und erst nach einer Woche wieder richtig gehen können. „Klar", sagt er und wälzt seinen badischen Akzent über den Satz, „das ist schon brutal."

Also kommt er meist zweimal jährlich zum Trainingsaufbau nach Lanzarote, weil die Verhältnisse ähn- ›

OBEN **Baggern für »Team Schnitzel«: Mit verbissenem Einsatzwillen und furchtloser Flugakrobatik sicherte sich GEO-Special-Redakteur Markus Wolff beim Beachvolleyball-Turnier den ersten Platz**

SO VIEL SPORT MACHT SÜCHTIG. IM ENDORPHINRAUSCH VERGEHEN DIE TAGE WIE IM FLUG

lich wie auf Hawaii seien. Wenn auch nicht gleich. „Lanzarote ist schwieriger." Mehr Höhenmeter, stärkerer Wind. 300 Watt habe das Display am Rennrad gestern angezeigt, was im Normalfall einen Stundenschnitt von 40 Kilometern bedeuten würde. Hier habe es für den Mann, den sie eigentlich „Hell on wheels" nennen, nicht mal für 20 km/h gereicht.

Natürlich könne er im Club auch mal einige Tage lau machen. „Aber dann gibt's auf Hawaii was auf die Zwölf." Deshalb sehen die meisten seiner Tage aus wie dieser: Sonnenbrille und Piratentuch aufsetzen, dann Radfahren (4 Stunden), Schlafen (1 Stunde), Schwimmen (4 Kilometer), Laufen (15 bis 20 Kilometer), Essen, Schlafen. „Also, gute Nacht!"

Meine endet lange vor Sonnenaufgang. Eine medizinisch vermutlich unbekannte Form des Monster-Muskelkaters hat den Körper befallen. Dennoch erscheinen die Stunden bis zum nächsten Kurs wie eine störende Pause. Um Punkt 7.30 Uhr geht es in den schmucklosen Frühstücksraum. Auf einmal erscheint dieser wie die gar nicht so uncharmante Kantine eines Leistungszentrums, in dem Trainingspartner ihr Tagespensum vergleichen („Und, heute Body Toning und den 8-Kilometer-Hill-Run?" „Nee, ich mache Spinning und den Aquathlon").

Um 7.45 Uhr beginnt der Duathlon. 2,5 Kilometer laufen, 14,8 Kilometer Rad, 2,5 Kilometer laufen. Start ist am Stadion. Vorbei am Pool, an dem bereits die Frau des Gewichthebers liegt wie ein auf dem Grill vergessenes Steak haché. Ich gehe mit der auf die Wade geschriebenen Nummer 18 ins Rennen. Schon nach 100 Metern bewahrheitet sich Hellriegels Satz, dass Hawaii nichts im Vergleich zu Lanzarote sei. Der Puls rast unter der Schädeldecke. Nach elf Minuten, 54 Sekunden steige ich als Elfter von 24 Teilnehmern aufs Rennrad. Zum ersten Mal innerhalb der Woche geht es raus aus dem Club, am Meer entlang, das mit gewaltigen Wellen gegen das karge Ufer schlägt. Durch das ausgestorben wirkende Dorf La Santa, eine nicht enden wollende Steigung hinauf nach Tinajo. Die Straße zieht sich, die Beine werden schwer, der verdammte Schnürsenkel verfängt sich im Zahnkranz (Entschuldigung für die Wortwahl, aber Menschen in Grenzbereichen reden so), oben im Kreisverkehr wenden, einen Becher Wasser über den Kopf gießen, wieder runter nach La Santa, freundlich zwei Konkurrenten zuwinken, die auf ihren eigens mitgebrachten Rennmaschinen an meinem Leihrad vorbeischießen. Im Club noch einmal wechseln, eine halbe Runde im Stadion laufen, dann 1,1 Kilometer die Straße hinunter und wieder hinauf. Das Herz rast wie ein Metronom am Anschlag. Gut möglich, dass der Körper in Extremsituationen besondere Reserven freisetzt – allerdings nicht donnerstags zwischen 7.45 und 8.45 Uhr. Wieder im Stadion, noch 200 Meter, noch 100, Ziel erreicht in 58 Minuten, 53 Sekunden! Was für eine lausige Zeit, was für ein großartiges Rennen!

Die übrigen Tage werden wie im Endorphinrausch verbracht. Ich hole mir lachend einen Hüftschaden beim Golf und knie triumphierend in Tennisasche. Zu aus Lautsprecher dröhnenden Kommandos trete ich auf dem Kunstrasenplatz „The Lawn" wie ein Duracell-Hase auf der Stelle und suche dreimal täglich in meinem Zimmer nach einem frischen T-Shirt wie ein Drogensüchtiger nach Stoff. Es erscheint mir selbstverständlich, dass im Club-Supermarkt die Scheine in der Kasse mit Energieriegeln beschwert werden und ich noch am Abfahrtstag in meinem Kühlschrank sechs isotonische Durstlöscher finde. Bevor ich fragen kann, was eigentlich eines der Time-Sharing-Apartments auf der Anlage kostet, kommt das Taxi zum Flughafen. **I**

Markus Wolff, 34, ist GEO-Special-Redakteur. Am meisten schmerzte ihn, dass er ausgerechnet in seiner Paradedisziplin Minigolf **Stefan Warter**, 44, unterlag. Dabei ist der in Berlin lebende Fotograf eigentlich ganz andere Geschwindigkeiten gewohnt. Seine Spezialitäten sind Profisport und Autos.

Komm zur Insel der Kontraste
Keine andere Insel kann Ihnen so viele unterschiedliche Landschaften auf so begrenztem Raum bieten: von Dünen und Stränden zu ausgedehnten Palmenhainen, von den Wäldern des Gipfels zu den Tiefen des artenreichen Meeres. Entdecken Sie die jahrhundertealte Kultur der Dörfer und Städte. Geniessen Sie Gran Canaria das ganze Jahr über!

WASSERMANGEL IM ÜBERFLUSS

Den Kanaren geht das Wasser aus, der Grundwasserspiegel der Inseln sinkt, das Öl für Entsalzungsanlagen ist empfindlich teuer. Und einen Königsweg aus dieser Krise gibt es noch nicht

TEXT: KARIN FINKENZELLER

Dunkel und schwer rollen die Wolken über die Klippen von Famara hinauf zu den Peñas del Chache. Der Wind zerrt an David Riebolds Blouson und Hosenbeinen, als der britische Chemielehrer und Agronom über die baum- und strauchlose Ebene auf dem höchsten Punkt Lanzarotes zu einer in der Entfernung aufragenden Konstruktion stapft. Zwei mannshohe Eisenstangen sind in den Boden betoniert, dazwischen ist ein feinmaschiges Plastiknetz aufgespannt, wie man es von Kartoffelsäcken kennt. Wassertropfen glitzern in den Maschen. Immer wieder gleiten einzelne ab, rollen das Gewebe hinunter in eine Rinne und von dort in einen Kanister. „Es funktioniert", triumphiert Riebold, als sei er gerade auf Gold gestoßen.

Wasser ist ein kostbares Gut auf den Kanarischen Inseln. Auf derselben Breite wie die Sahara gelegen, empfangen große Teile des Archipels selten Regen: Auf den beiden östlichen Inseln Lanzarote und Fuerteventura fallen nur 100 bis 200 Millimeter pro Jahr, kaum mehr als in Wüstenrandgebieten. Und die Niederschläge werden geringer. Längst können die natürlichen Wasservorräte auf der Mehrzahl der Inseln nicht mehr den Bedarf von zwei Millionen Einheimischen und zehn Millionen Urlaubern decken, die jedes Jahr mehr als 500 Millionen Kubikmeter Wasser benötigen. Ein Tourist auf Teneriffa verbraucht täglich 449 Liter – mehr als dreimal so viel wie in seiner deutschen Heimat.

Einst stillten die Eilande ihren ganzen Durst aus den Wolken: In der kalten Höhenluft um die vulkanischen Bergrücken kondensiert die Meeresfeuchte, die stete Passatwinde von Nordosten vor sich her blasen. Auf den Hängen entstanden Nebelwälder: Speziell angepasste Bäume „kämmten" mit langen Nadeln und dichtem Laub feine Tropfen aus den Dunstschleiern. Die Humusschicht, die sich unter den Stämmen bildete, sammelte das Nass, leitete es ans Grundwasser weiter und speiste damit sogar kleine Bäche.

Dieser Wasserspeicher ist das Vorbild für Riebolds Wolken-Melkmaschine. Freilich will der Brite kein Trinkwasser gewinnen, sondern den natürlichen Schwammeffekt der Nebelwälder wieder starten. Mit jedem seiner Netze ließen sich Schösslinge so lange wässern, bis sie groß genug sind, um selbst Nass aus den Wolken zu filtern.

Auf den Kanaren hat nur ein Bruchteil der ursprünglichen Gebirgshaine überlebt. Besonders dramatisch ist die Lage auf Lanzarote. An den Berghängen gediehen früher dichte Wälder. Doch die Bäume und Büsche, die einst Nässe vom Himmel in den Boden umleiteten, wurden durch Vulkanausbrüche zerstört oder schon vor geraumer Zeit von den Insulanern als Brennmaterial abgeholzt.

Den wenigen Regen fingen die Bewohner bis in die 1960er Jahre in Zisternen auf. Als die Menschen zahlreicher wurden, mussten Tankschiffe sie mit Trinkwasser versorgen, bis 1964 auf Lanzarote die erste Meerwasser-Entsalzungsanlage Europas ihren Betrieb aufnahm. Heute brummen auf allen Kanareninseln mehr als 250 kleine und große, öffentliche und private Entsalzungsanlagen. Mit 240 Millionen Kubikmetern decken destillierte Atlantikfluten inzwischen die Hälfte des jährlichen Süßwasserbedarfs.

Doch die Entsalzung von Meerwasser ist einer der energieaufwendigsten Industrieprozesse. Für einen Kubikmeter verbrauchen die Anlagen fast einen Liter Brennstoff.

Windmühlen haben längst

Zurzeit jagen die Inseln 180 000 Tonnen Diesel pro Jahr durch die Schlote der Entsalzungsanlagen. Wasser und Energie sind in Spanien allerdings hoch subventioniert. Dazu kommen Fördermittel aus Brüssel, denn der Archipel ist als

In Trichter gepflanzte Weinstöcke werden durch Nebel befeuchtet, den die Vulkanschlacke nachts speichert (linkes Bild). Reiner Luxus dagegen die künstlichen Seen auf Golfplätzen

strukturschwache Grenzregion ausgewiesen. Aus diesen Gründen kostet ein aufwendig entsalzter Kubikmeter Atlantik hier gerade einmal 60 Cent – deutsche Wasserwerke verlangen für dieselbe Menge Wasser das Doppelte bis Dreifache.

Entsalztes Wasser über mehr als 300 Höhenmeter in die Berge zu fördern, ist wegen der teuren Pumpen freilich unrentabel. Bis heute müssen die Landwirte dort das Nass über altertümliche Zuleitungen in vorher ausgehandelten Mengen auf ihren dürren Boden leiten. Jahre mit wenig Regen lassen die Bewässerungskosten in die Höhe schnellen – wie 2004, als eine winterliche Dürre auf La Palma den Kubikmeterpreis mehr als verdreifachte. Mancher Landwirt war damals dem Ruin nahe.

Anders als in Deutschland sind Brunnen und Zisternen fast ausschließlich in privater Hand. Das System ist verworren und schwer überschaubar – ein 500 Jahre altes Erbe der spanischen Eroberer, die bewährten Vasallen als Belohnung ihrer kriegerischen Dienste Nutzungsrechte für Land und Wasser übereigneten. Im Laufe der Jahrhunderte wurden diese vererbt, verkauft oder weiterverschenkt. Das Wasserrecht kann heute an Landbesitz gekoppelt oder davon unabhängig sein, es kann einem Einzelnen gehören, aber auch einer zerstrittenen Erbengemeinschaft, einer Agrargenossenschaft, einer Aktiengesellschaft, einer Gemeinde.

In vielen Fällen kontrollieren wenige Eigentümer einen Großteil der Quellen – und sie bestimmen den Preis. Wie die aus Norwegen stammende Reederfamilie Olsen, die ihr Geld nicht nur mit Fährlinien zwischen den Inseln, sondern auch mit einem Quasi-Monopol über die Brunnen von La Gomera verdient. Der Markt mit der Ressource ist lukrativ: Im Oktober 2005 erwarb eine Holding den Wasserversorger Entemanser auf Teneriffa für 75 Millionen Euro. Auch Kommunalverwaltungen müssen solchen Firmen Wasser abkaufen, ehe sie es an die Endverbraucher leiten können.

Um den Bedarf zu decken, trieben Baufirmen immer tiefere Stollen in den Felsgrund. Bis zu sechs Kilometer messen diese Tunnel, die das Gestein von Gran Canaria und Teneriffa perforieren wie Löcher einen Schwamm und Wasser von den Hunderten Tiefbrunnen im Bergland an die Küste leiten. Zwischen 1973 und 1997 stieg auf Gran Canaria die Länge dieser unterirdischen Röhren um ein Viertel – die Menge des geförderten Wassers sank im gleichen Zeitraum um 23 Prozent.

Überall fällt der Grundwasserspiegel dramatisch, auf La Palma in der Umgebung der Stollen jedes Jahr um vier Meter. In einigen Lagen auf Teneriffa und Gran Canaria ist das Bodenwasser seit dem vergangenen Jahrhundert um 500 Meter nach unten verschwunden. In manche Quellen drängt dann Salzwasser nach. Viele alte Windräder, die einst Wasser förderten, stehen deshalb inzwischen nutzlos in der Landschaft. Durch undichte Leitungen geht zudem ein großer Teil des Trinkwassers verloren.

Die Vegetation der Kanaren teilt sich so zunehmend in zwei Landschaften: An vielen touristisch wichtigen Küstenregionen wuchern üppig exotische Pflanzen, leuchtet das glatte Grün immer neuer Golfplätze – gesprengt mit teuer entsalztem Atlantik-Nass, bisweilen mit geklärtem, aber nicht immer völlig geruchsfreiem Abwasser. Im Landesinneren dagegen breitet sich Halbwüste aus.

nicht mehr die Kraft, das Wasser aus der Tiefe zu holen. Viele Brunnen versalzen

Alternativen zum kostspieligen Süßwasser aus dem Atlantik sind rar. Innovative Projekte erfordern oft endlose Demarchen bei den Behörden. Dabei haben manche durchaus touristisches Potenzial. Der Nebelfänger Ricbold gilt mittlerweile als Vorbild. „Proyecto David" nennt man seinen Versuch anerkennend.

Den Garten im steilen Tal zwischen seinem Haus und dem entwaldeten Bergmassiv hat der Brite mit viel Sorgfalt in eine Arche Noah für heimische Pflanzen verwandelt. In ihr siedeln immer mehr der selten gewordenen Tiere auf Lanzarote – sogar Frösche quaken in den Büschen. Im Jahr 2000 hat der Inselrat die grüne Oase als lokales Kulturerbe anerkannt – als Anziehungspunkt für Naturinteressierte auf einem sonst fast baumlosen Eiland. ❙

Karin Finkenzeller, 37, arbeitet als Spanien-Korrespondentin für die „Financial Times Deutschland" in Madrid.

EIN PLATZ AN DER SONNE

Für viele Deutsche sind die Kanaren ein Sehnsuchtsziel – nicht nur in den Ferien. Zehntausende Emigranten versuchen hier einen Neuanfang, angelockt von mildem Klima und südlicher Lebensart. Und der ist nicht immer leicht, erzählen fünf, die es geschafft haben

TEXT: ANDREAS WENDEROTH FOTOS: FRANZ KILLMEYER

Horizonterweiterung: Wenn die Rechtsanwältin Alice Baumann auf Lanzarote spätnachmittags ihre Kanzlei schließt, kann sie blaumachen – an der nahe gelegenen Mole des alten Hafens von Arrecife

ALICE BAUMANN

Rechtsanwältin auf Lanzarote

Wenn sie nach Deutschland kommt, sehnt sie sich nach ihrer kleinen Insel. Sie heiratete auf der ersten Burg von Lanzarote, Castillo de Santa Bárbara. Ihre Klienten sind oft Deutsche, die hier Häuser kaufen

Ab und zu eskaliert ein Nachbarschaftsstreit. Und vor zwei Jahren hat ein Deutscher seine Exfreundin erschossen. Sonst passiert wenig in der deutschen Gemeinschaft auf Lanzarote. Hätte sich Alice Baumann auf die Verteidigung straffällig gewordener Landsleute spezialisiert, müsste sie wahrscheinlich den Beruf wechseln. Aber die 29-jährige Anwältin betreut in erster Linie Immobiliensachen, Bau-, Kauf-, Mietverträge und Grenzfeststellungsklagen. Eigentlich ein sicheres Geschäft. „Doch in den letzten Jahren investieren die Deutschen hier weniger", sagt sie.

Alice Baumann kam nach Lanzarote, als sie sechs war. Die Mutter hatte ihre Model-Agentur in Düsseldorf gerade verkauft und nach einer Weltreise beschlossen, mit den Kindern auf der Vulkan-Insel zu leben. Alice Baumann besuchte zuerst eine englische Schule, dann das spanische Gymnasium. Nach dem Studium in Madrid kehrte sie nach Lanzarote zurück. „Ich brauche das dörfliche Leben", gibt sie zu. Zweimal im Jahr fliegt sie zurück in ihr Geburtsland, um mit ihrer Tochter die Großmutter zu besuchen. Wie fast alle Deutschen auf den Kanaren ist sie froh, wenn sie wieder auf ihrer Insel steht. In Deutschland gehen ihr die Menschen zu unfreundlich miteinander um.

Jeden Tag fährt Alice Baumann eine Viertelstunde mit dem Auto von ihrem Dorf in die Insel-Hauptstadt Arrecife, die nicht schön ist, aber die Infrastruktur bietet, die eine Anwältin braucht. Sie teilt ihre Kanzlei mit zwei spanischen Kollegen. Hat fast keine deutschen Freunde mehr, aber sehr viele deutsche Klienten: „Deutsche bedeuten mehr Aufwand. Sie haben höhere Erwartungen an einen Anwalt, brauchen mehr Betreuung. Mehr Telefonate, mehr Faxe", sagt sie. Deutsche seien unsicherer als zum Beispiel Engländer, gingen von der Annahme aus, die Dinge müssten so laufen, wie sie es von zu Hause kennen. „Aber hier ist alles anders", sagt Alice Baumann. Und dann muss sie eben erklären, ja, es kann schon vorkommen, dass ein Gericht zwei Monate für eine Sache benötigt, die in Deutschland vielleicht in einem halben Tag erledigt wäre. „Wer hier nicht aufgewachsen ist, hat schon Schwierigkeiten mit der Mentalität."

Kindererziehung zum Beispiel. Alice Baumann erwartet mit ihrem spanischen Ehemann, einem Bauunternehmer, ihr zweites Kind. Der Vater mischt sich wenig in die Erziehung ein, dafür aber die Schwiegermutter. Ist deren Enkelin bei Tisch nicht artig, erzählt die Oma vom „bösen Mann mit dem Sack". Eine Drohung, die nicht ins pädagogische Konzept von Frau Baumann passt. Die Schwiegermutter hält dagegen, sie kenne sich schließlich aus mit Kindern, habe ja selbst sieben erzogen. Das heißt, eigentlich spricht sie von *criar*, was nicht erziehen, sondern eher großziehen, züchten bedeutet. Große und gesunde Kinder zu haben, darum gehe es den Spaniern. „Das Mental-Psychologische spielt hier eine untergeordnete Rolle", sagt Alice Baumann.

BENEDICTA VON LEVETZOW

Leiterin einer deutschen Schule auf Gran Canaria

Sie kam als Kind hierher. Eigentlich sollte es nur ein Abenteuer sein, für ein paar Jahre. Dann heiratete sie einen Spanier, bekam Nachwuchs, blieb. Heute verwaltet sie eine Schule – mit künstlerischem Talent

Manchmal vermisst sie den Jahreszeitenwechsel, Frühling und Herbst sind hier ja fast gleich. Und auch die ewigen Passatwolken, die sich im Tal fangen, vom Volksmund *panza de burro*, Eselsbauch, genannt, stören sie. Oft bleiben sie eine ganze Woche, lastend grau, beinahe wie in Deutschland, dann muss Benedicta von Levetzow in die Berge flüchten. Und Besuche von Theater und Konzerten? Keine Zeit dafür. Obwohl kulturell einiges geboten werde. „Nur, dass man es oft erst hinterher erfährt", sagt die 54-Jährige und lächelt.

1964 machte sie mit ihrer Mutter und den beiden Schwestern auf Teneriffa Urlaub. Ihre Mutter war damals Grundschullehrerin bei Köln, frisch geschieden, und als die sonnenreichen Tage zu Ende gingen, fragte Benedicta sie: „Warum kannst du nicht hier Lehrerin sein?" Jemand hatte mitgehört, der von zwei deutschen Familien wusste, die einen Privatlehrer suchten.

Ein Jahr später ist ihre Mutter dann los, der alte grüne VW Käfer voll gepackt bis unters Dach. Die Mädchen folgen im Flugzeug. Es soll ein Abenteuer sein, für zwei, drei Jahre höchstens, ein wenig Spanisch lernen und dann zurück. Jahrelang ist die Kölner Wohnung noch untervermietet. Dann stellen die Behörden die Mutter vor die Wahl: Entweder sie komme zurück oder sie verliere ihren Beamtenstatus. Aber inzwischen leitet Benedictas Mutter auf Teneriffa eine Dependance der offiziellen deutschen Schule von Santa Cruz.

Benedicta von Levetzow ist fast noch ein Kind. Am Strand schlafen, die nackten Füße aus dem Autofenster baumeln lassen, wie im Paradies kommt ihr

das vor. Dann, als 15-Jährige im Bikini, wird sie am Strand mit Steinen beschmissen, weil die spanischen Mütter Angst um ihre Söhne haben. „Ich war ja die böse Ausländerin", sagt sie, auch wenn sie eigentlich ziemlich brav war. Mit 21 heiratet sie einen Spanier, mit dem sie fünf Kinder hat und viele Probleme. „Man macht sich nicht so klar, was es im Alltag heißt, mit einem Macho verheiratet zu sein." Krankhafte Eifersucht, erinnert sie sich, der Versuch, ihr Leben zu kontrollieren. Aber sie schätzt die Geborgenheit in seiner Familie und versucht lange, vielleicht zu lange, die guten Seiten ihrer Verbindung zu sehen.

Nach 18 Jahren werden die beiden schließlich geschieden, „wegen Unvereinbarkeit der Charaktere", lautet der Antrag. „Das werden sie beweisen müssen", sagt der Scheidungsrichter mit Blick auf ihren Bauch. Sie ist wieder schwanger.

Eigentlich wollte Benedicta von Levetzow Künstlerin werden, aber irgendwann brauchte ihre Mutter eine Kindergärtnerin für die Schule. Später unterrichtete sie nebenbei noch Kunst, dann übernahm sie die Vorschule. Inzwischen hat sie ihre Mutter als Schulleiterin abgelöst. Zu ihrer Arbeit gehört, den Einsatz der sechs Lehrkräfte zu planen, aber auch Glühbirnen zu wechseln oder den Hof zu fegen.

Dennoch: Benedicta von Levetzow hat es nie bereut. Obwohl es Dinge gibt, die sie stören. Früher, sagt sie, sei man von wildfremden Canarios in deren Haus eingeladen worden. Doch der Massentourismus zerfresse allmählich, was die Insel einst ausgezeichnet habe. Neulich hat sie zu einem sturen Taxifahrer gesagt: „Sie fahren wohl zu viele Deutsche herum ..." ›

DR. HANS BÄTER

Zahnarzt auf Teneriffa

Der Gedanke an sonnendurchflutete Tage hat ihn nicht losgelassen, seit er das erste Mal hier war. Heute fährt er mit dem Motorrad zweimal täglich für zwei Stunden zu seiner Praxis, und das reicht ihm zum Glück

Die ersten drei Jahre hatte er seine Praxis in Teneriffas Hauptstadt Santa Cruz, mitten im Zentrum. Geschäftsträchtig, eigentlich. Trotzdem war es fast ein Reinfall. Kaum ein Tourist fand den Weg. Zu viel Verkehr, keine Parkplätze. Dr. Hans Bäter zog um nach Candelaria, das damals 4000 Einwohner zählte. Heute, zehn Jahre später, sind es 28 000. Bäters Praxis liegt einige Meter vom Strand entfernt. Da kommen alle vorbei.

Morgens geht Bäter eine Stunde ans Meer, dann zwei Stunden zur Arbeit, nach dem Essen hält er ein Mittagsschläfchen, und irgendwann am späten Nachmittag braust er noch mal mit seinem schwarzen Motorrad für zwei Stunden in die Praxis. „Reicht, um nicht zu verhungern", sagt er und lässt eine Reihe perlweißer Zähne inmitten des sorgsam gestutzten Vollbarts aufblitzen. Sein Vermögen hat Bäter früher gemacht. In Lauenburg, wo er eine Praxis mit vier Behandlungsstühlen hatte, eine Million Umsatz, aber auch Magengeschwüre und Melancholie. Und das Gefühl, dass etwas im Leben fehlte. Der Gedanke an sonnendurchflutete Tage hatte ihn nie losgelassen, seit er 1962 auf dem Kühlschiff „Marie Horn" das erste Mal nach Teneriffa gekommen war.

Bei der Bundeswehr hatte sich der gelernte Schriftsetzer zum Funker ausbilden lassen. Zwölf Jahre fuhr er insgesamt zur See, unterbrochen von Zeiten, in denen er sein Abitur nachholte und Zahnmedizin studierte. Beim letzten Hamburger Fischreeder heuerte er schließlich als Funker an und fuhr dann als Zahnarzt auf einem Fischereischutzboot des Bundes. Weil sein Herz für die Matrosen mit ihren kaputten Zähnen schlug, gründete er den Verein „Zahnärzte für die Seefahrt".

Schon Anfang der 1980er Jahre versuchte Bäter, eine Zulassung für Teneriffa zu bekommen, aber Spanien war noch nicht in der Europäischen Gemeinschaft und Bäter zu optimistisch. Ein Jahr zappelte er herum, dann musste er zurück nach Deutschland. Aber er blieb hartnäckig, versuchte es so lange, bis es klappte. Und hat es, „trotz eines etwas gewöhnungsbedürftigen Rechtssystems", nie bereut.

Es ist heiß in der kleinen schmucklosen Praxis, die schwarzen Jalousetten sind halb heruntergezogen, der Ventilator dreht hochtourig. Bäter schwitzt unter seinem weißen Kittel, aber wie viel besser ist das als zu frieren. An der Wand über den grauen Kacheln hängt ein Schild: „Unser Zahnersatz wird von einem deutschen Meisterlabor auf Teneriffa hergestellt." Wer zu Bäter kommt, zahlt bar, „wie beim Friseur", in der Zeitung wirbt er mit „deutscher Wertarbeit und spanischen Preisen".

Er ist befreundet mit dem Bürgermeister des Nachbarortes, manchmal trifft er sich mit Kollegen, die hier „echte Kollegen" seien und nicht „Neidhammel" wie in Deutschland. Einmal brach ihm in der Lauenburger Praxis ein Wasserrohr, erinnert sich Bäter. In der

Zeitung kam eine Meldung, weil auch das Möbelgeschäft darunter betroffen war. „Eigenwerbung verboten", ereiferten sich andere Zahnärzte telefonisch. Was, bitte schön, sollte man mit solchen Menschen anfangen?

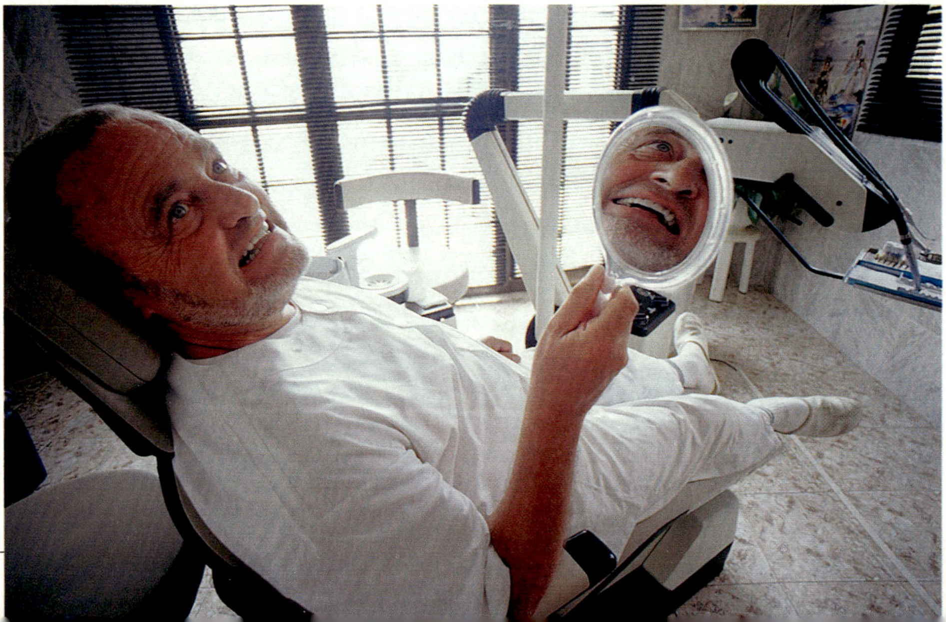

HILDEGARD HAHN

Malerin und Bildhauerin auf Gran Canaria

Es war eine Flucht nach dem Tod ihres Mannes. Durch das Meer und das Licht hat sie Ruhe gefunden und die Weite zum Durchatmen, die sie im Schwarzwald vermisste. Viele ihrer Werke sind vom Ozean inspiriert

Zwei Tage vorher hatte sie geträumt, wie sie das Leichentuch heben würde. Und gehofft, es bliebe ein Albtraum. Hildegard Hahn ist 34 Jahre und gerade dabei, sich in Deutschland als Künstlerin zu etablieren. Da erhält sie am Abend des 30. November 1972 den Anruf aus der Klinik. Es liegt kein Bedauern in dieser Stimme, kein Mitgefühl: ihr Mann, ein Verkehrsunfall, dass sie zur Identifizierung vorbeikommen möge. Nach zwölf Jahren Ehe ist Hildegard Hahn allein mit drei Kindern.

Eigentlich will sie nach Kreta, um zu vergessen, aber sie bekommt keinen Flug. Nach Lanzarote sind noch Sitze frei: Vulkanberge und das Gefühl, die Zeit gehe anders, hier zeige sich, wie sich die Erde auf- und abbaut. Aber die Kinder sollen aufs deutsche Gymnasium. Sie wechseln nach Gran Canaria: das Licht, das Meer und endlich nicht mehr die Berge des Schwarzwaldes, die so viel abschneiden, ihr den Blick verstellen und den Horizont. „Fuß fassen", sagt Hildegard Hahn, „wollte ich nie." Vier Jahre hatte sie vor zu bleiben. Inzwischen sind es 30. Frau Hahn träumt noch immer von ihrem Mann.

Las Palmas. Hildegard Hahn, 67, sitzt im Wohnzimmer ihres Hauses. Zwei Stühle im Bauhaus-Stil, ein Tisch aus einem runden Sägeblatt, das sie in einem Steinbruch fand. „Man braucht nicht viel hier", keine Winterkleidung, keine Heizung. Sie lebt bescheiden von der Hinterbliebenenrente. Und ist frei für ihre Kunst. In der Ecke steht ein Stück Schiffskiel. Ringsherum sind graue Basaltsteine aufgestellt, mit der Schleifmaschine bearbeitet.

Der Anfang war nicht leicht. Hildegard Hahn hatte wenig Kontakt zu Deutschen, zum Kaffeekränzchen bei den Damen des Konsulats ging sie nur ein paar Mal. Touristinnen hatten damals einen schlechten Ruf. Als sie eines Tages belästigt wurde, sagte man ihr bei der Polizei: Anständige Frauen haben abends nicht auszugehen. Auch die Kunstwelt empfing sie nicht mit offenen Armen – simpel, farbig, emotional war damals der kanarische Mainstream.

Zunächst wurde Hahns Werk fast nur in der alten Heimat ausgestellt: Berlin, München, Mannheim, Stuttgart. Das Freiburger Augustinermuseum kaufte eine Arbeit, in großen Sammlungen ist sie vertreten. Erst mit den 1990er Jahren kam der Durchbruch auch auf den Inseln. 2004 war Hildegard Hahn auf der Dak'Art in Dakar dabei. Doch weil sie sich nicht mit den Kunstkritikern einlasse, sagt sie, verbaue sie sich Chancen. Zu intellektuell seien ihre Werke, werde ihr immer wieder vorgeworfen. „Was ist intellektuell daran, Steine und Glasscherben zu sammeln?", fragt die Künstlerin.

Für eine Arbeit, die den Atlantischen Ozean darstellen soll, hat sie täglich Glasscherben aus der Brandung gesammelt, aus den stumpf geschliffenen blauen, grauen und weißen Splittern wird sie später ein künstliches Meer zusammensetzen. Einheimische, die sie bei ihren Strandwanderungen beobachten, erklären sie für verrückt. ❯

WOLF-WALTER ERNST

Yacht-Reeder auf Gran Canaria

Eigentlich sollte es nur ein Stop-over sein, auf dem Törn in die Karibik. Dann eröffnete er mit seiner Frau eine Segelmacherei, heiratete später eine Einheimische. Sein neues Leben habe ihn gelassen gemacht, sagt er

An Feiertagen trägt er kanarische Tracht, was ihm selbst eine Weile recht merkwürdig vorkam. Aber das Dorf erwartete es von ihm, und inzwischen hat er sich daran gewöhnt. Mit Deutschen trifft er sich privat fast nie. Hineinbegeben wollte er sich in die hiesige Mentalität, mehr als nur ein Gast sein. Einer von ihnen. Es gab Anfangsprobleme, natürlich. Der Exmann seiner Frau drohte, ihm mit der Machete den Kopf abzuschlagen. Inzwischen sind sie befreundet.

Heute wohnt Wolf-Walter Ernst mit seiner Frau im Haus ihres Onkels, umgeben von einer katholischen Großfamilie, die eine Weile brauchte, um den überzeugten Atheisten zu akzeptieren. Drinnen hat er sein Arbeitszimmer und die Segelpokale. Und wenn es zu eng wird, fährt er in seine *finca*, eine Art Schrebergarten.

Dort liegt er dann am Fuße des Berges in seiner aus Fischernetzen gefertigten Hängematte, zwischen Palmen und Kühlschränken. In zwei Jahren kann Ernst die Rente beantragen. Wahrscheinlich wird er dennoch weiter arbeiten als Besitzer einer Charterfirma mit sieben Booten und als Korrespondent der Zeitschrift „Yacht". Durch die große braune Hornbrille mit den getönten Gläsern schaut er in einen wolkenlosen Himmel.

Im August 1992 kam er hierher, wollte eigentlich gar nicht bleiben. Die Abfindung als Abteilungsleiter in einer Exportfirma für Industrieanlagen im Rücken, segelte er mit seiner damals zweiten Frau nach Gran Canaria – eine Zwischenstation auf dem Weg in die Karibik sollte es sein. Mitte November, wenn die Hurrikansaison vorbei ist, wollten sie weiter, irgendwo jenseits des Atlantik eine Segelmacherei aufmachen. Doch dann sprang Ernst für die Wintersaison als Skipper auf einem anderen Schiff ein. Und schon bald war es Mai und zu spät für die Karibik. Seine Frau eröffnete die Segelmacherei kurz entschlossen in Puerto Rico im Süden Gran Canarias. Beide verliebten sich in die Inseln. Ernst holte seine Söhne aus erster Ehe nach, schickte sie, „damit sie sich schnell integrieren", auf die spanische Schule. Später trennte er sich von seiner Frau, heiratete eine Einheimische.

Ernst baumelt in seiner Hängematte. Bei allem, was er an den Canarios schätzt, hat er eine Weile gebraucht, um mit ihrem Arbeitsbegriff umzugehen. „Unzuverlässig", hat er zunächst in sich hineingeschimpft – bis er es besser wusste. Bootsüberführung aus dem Mittelmeer zum Beispiel. Die Schiffe kommen in katastrophalem Zustand an und sollen schon drei Tage später in eine Charter gehen. „Der Ton ist ganz wichtig." Wer zu fordernd auftritt, weiß Ernst, wird blockiert. Also völlig unverkrampft am Ende des zweiten Tages mal nachfragen, ob die beauftragten Firmen denn noch vorhaben, zu kommen, und siehe da, vielleicht erscheinen sie am dritten Tag überraschend dann doch, pochen nicht, wie in Deutschland, auf den Dienstschluss und arbeiten bis Mitternacht, um den Termin zu erfüllen. „In den 13 Jahren hier bin ich wesentlich gelassener geworden", sagt Ernst. ❙

Andreas Wenderoth, 40, schreibt regelmäßig für GEO. Die alte Hafenmole von Arrecife war für ihn der beste Platz zum Entspannen nach Tagen voll langer Gespräche. GEO-Fotograf **Franz Killmeyer**, 52, betrat für diese Reportage zum ersten Mal den Boden der Kanarischen Inseln und war von deren „rauer Ur-Schönheit" besonders angetan.

KLAUS LINGENAUBER
Art Director, GEOlino

BRATHÄHNCHEN IM WÜSTENSIMULATOR

Klaus Lingenauber schwört auf die wellige Weite von Maspalomas

GRAN CANARIA
Maspalomas

Jeden Morgen quetschten wir uns in den gemieteten Kleinwagen und fuhren zum Strand mit den sagenhaften Dünen am Südzipfel Gran Canarias. Die Wüstenimitation von Maspalomas verschluckt ihre Besucher schnell und lässt keinen Blick zu auf das verbaute Umland mit seinen Hotelburgen. Durch die aufgestaute heiße Luft in den Sandtälern marschierten wir zum kühlen Atlantik – eine Art Wüstenexpedition mit Meergang. Schwimmen, schlafen, wandern. Mittags gab es Brathähnchen an der Promenade. Zwei Wochen lang. Großartig!

Wo? Maspalomas ist der älteste Ferienort an der Südküste von Gran Canaria, die Dünen sind Teil eines acht Kilometer langen Sandstrandes. Schwimmen? Problemlos möglich

Strand aufs Herz

Wo ist der Sand am feinsten, die Brandung am wildesten, das Meer am blausten? Sieben GEO-Mitarbeiter verraten ihre Lieblingsplätze

TENERIFFA

Lago Martiánez

Der Lago Martiánez in Puerto de la Cruz ist nur dem Namen nach ein See. Tatsächlich ist er die Kombination all dessen, was man von einem perfekten Strand erwartet: gefahrloses Baden (in Meerwasserbecken), zuckerfeiner Sand (in kanarischem Vulkanschwarz), viel Schatten (kühl), Liegen (bequem) und eine Bar nur ein paar Schritte entfernt. Weil ein perfekter Strand an der schroffen Nordküste der großen Kanareninsel von Natur aus nicht zu haben war, hat man ihn Anfang der 1970er Jahre angelegt. Das Design stammt von César Manrique, dem Künstler, Umweltschützer und Traditionalisten von Lanzarote. Sein Markenzeichen sind Steingärten, wellige *landscapes*, eingebettete Pools und Freiflächen, harmonisch und ausgeglichen. So findet man direkt vor der Uferstraße von Puerto de la Cruz eine künstliche Badelandschaft, die für das urspanische Sommerritual von *sol y playa* alles bietet. Schöner hätte es die Natur auch nicht schaffen können. Na ja, zumindest nicht überall.

Wo? An der Uferstraße von Puerto de la Cruz.

Schwimmen? In einem künstlich angelegten Meerwassersee, vier Becken für Erwachsene und drei für Kinder

UNNATÜRLICH SCHÖN

Bernd Schwer könnte Tage am künstlich angelegten Lago Martiánez verbringen

BERND SCHWER

Redakteur, GEO SAISON

LA GRACIOSA
Playa de las Conchas

Mein Wort darauf: Der schönste Strand der Kanaren liegt auf La Graciosa, der Anmutigen, und ist vom Hauptort Caleta del Sebo nur über eine lange, wellige Sandpiste zu erreichen. La Graciosa ist flach, weshalb schon Hügel zu Bergen geadelt werden. Wie die 157 Meter hohe Montaña Bermeja. An ihrem Fuß befindet sich mein Lieblingsstrand: eine riesige, feinkörnige, weiße Fläche. Bei Hochbetrieb stecken darin zwei oder drei Sonnenschirme, unter denen junge, langhaarige Spanierinnen mit jungen, langhaarigen Spaniern liegen. Viel zu tun gibt es nicht, was wundervoll ist. Man kann mit den gewaltigen Wellen Katz und Maus spielen oder sich in aller Ruhe überlegen, ob die gegenüberliegende Mini-Insel eher einem aus Ton gebrannten Biber oder einer Pizza Calzone gleicht. Hin und wieder fährt das große „Glass Bottom Boat" vorüber, auf dem die Passagiere nicht ahnen, was ihnen gerade entgeht, weil sie durch den Glasboden ins Meer statt auf die Playa de las Conchas schauen.

***Wo?** Im Nordwesten von La Graciosa (eine Fähre verkehrt täglich mehrmals zwischen Orzola im Norden Lanzarotes und La Graciosa; Hin- und Rückfahrt 15 Euro).*

***Schwimmen?** Die Brandung an der Playa de las Conchas ist gefährlich. Nur für geübte Schwimmer!*

SCHÖN DIE WELLE MACHEN

MARKUS WOLFF
Redakteur, GEO Special

Markus Wolff liebt an der Playa de las Conchas, dass die Wogen hochschlagen – und dennoch nichts passiert

HART AM WIND

ANGELIKA FUCHS
Redaktionsassistentin, GEO WISSEN

Angelika Fuchs reizt die steife Brise von Sotavento, Fuerteventura

FUERTEVENTURA
Sotavento

Früher hat sich fast mein ganzes Leben um Speed-Surfing gedreht. Ich nahm an deutschen und internationalen Wettkämpfen teil und kam dabei immer wieder an einen Ort zurück: die Strände von Sotavento auf Fuerteventura, Mekka europäischer Surfer und Kiter. Einmal jährlich findet hier das Finale des Speed-Worldcups statt, bei dem Weltrangsportler ihren Platz verbessern und Geschwindigkeitsrekorde brechen wollen. Die Bedingungen sind ideal, denn die Passatwinde auf Fuerteventura ziehen im Sommer durch die Täler und gewinnen dabei an Stärke. Sie blasen über das heiße Land auf das Meer und schaffen so eine Art natürlichen Föhn. Mehr als 40 Knoten, also rund 74 km/h, zu erreichen, ist für Speed-Surfer dann kein Problem. Einen Platz unter den ersten zehn konnte ich hier allerdings nie belegen. Dafür habe ich immerhin für Nachwuchstalente gesorgt: meine zwei Töchter.

Wo? Die Strände von Sotavento erstrecken sich im Osten der Halbinsel Jandía über rund 20 Kilometer. Schwimmen? Problemlos möglich

ARNO NEHLSEN
Dokumentar, GEO

NICHTS TUN, NIRGENDS

Arno Nehlsen kann an den Playas de Corralejo der Versuchung nicht widerstehen, tagelang zu faulenzen

FUERTEVENTURA
Playas de Corralejo

An diesem Strand verhält man sich am besten dem Geist des Ortes entsprechend und macht das, was alle machen: nichts, gar nichts. Man verbringt seine Tage in reiner Untätigkeit, hier, wo der Atlantik wie blaues Glas schimmert und ganzjährig nicht kälter als 17 Grad wird, wo endlose Dünen aus ockerfarbenem Sand das vulkanische Gestein bedecken und die Küste und den Strand formen. Die aktivsten Menschen sind noch die Strandspaziergänger oder die Schwimmer im Meer. Die meisten stehen jedoch nur herum und plaudern oder liegen da, schlafend, dösend. Das ließe sich vielleicht nicht für den Rest des Lebens machen, aber für zwei Wochen mit Leichtigkeit.

Wo? Die Playas de Corralejo dehnen sich südlich von Corralejo über sieben Kilometer aus.
Schwimmen? Problemlos möglich

LA GOMERA
Playa del Inglés

Trotz der Trommler, die sich mit Gedröhn dem Wellengesang entgegenstemmen, trotz der Aussteiger, die ihre Aloe-vera-Salben feilbieten, trotz der nackten Menschenleiber, die in der Hochsaison die Schwarzsandflecken versiegeln, trotz der versunkenen Mondtänzer, die sich mit bunten Perlen im Haar und Bierflasche hin und her wiegen – in der Stille, ist sie einmal gekommen, ist der Zauber dieses Stückchens Erde fühlbar. Wenn die Abendsonne den Horizont erreicht und der schönste Sonnenuntergang der Kanaren die Existenz zu einem Äonenteilchen schmelzen lässt, dann beginnt irgendwie jeder dem fernen, anderen Ufer entgegenzufliegen.

Wo? Nördlich von La Playa.
Schwimmen? Bei Seegang gefährlich

Hania Luczak lässt sich durch die Stille der Playa del Inglés verzaubern. Wenn sie denn einkehrt

BITTE MAL RUHE!

HANIA LUCZAK
Redakteurin, GEO

PETER FLAK
Dokumentar, GEO

STEILE DÜNUNG

Peter Flak schätzt die textillose Freiheit an der Playa de las Monjas – dem »Nonnenstrand«

LA PALMA

Playa de las Monjas

Der Weg durch eine Bananenplantage zur Küste ist mit einer Schranke versperrt. Kein Zeichen, kein Hinweis, dass am Ende des Pfades ein herrlicher, wenngleich auch ungesicherter und nicht ausgewiesener Strand liegt. Treppen führen hinunter in eine schmale, schwarze Felsmuschel mit gleißend weißer Gischt. Dies ist trotz gelegentlicher Steinschlaggefahr der erklärte Lieblingsstrand der „Individual-Reisenden“. Auch hier noch, auf engstem Raum, gilt der Grundakkord der Insel: keine affektierten Selbstdarsteller, kein Sehen und Gesehenwerden, kein Flanieren, keine Anmache, dafür Entspannung pur. Wer nun denkt, das sei alles zu monochrom und langweilig, der irrt. Wenn nördlich der Azoren ein Wintersturm getobt hat, steht auch bei Sonnenschein und glatter See einige Tage später eine Dünung in der Bucht, die sich zu hohen Brechern aufbaut. Ins Wasser gehen dann nur exzellente Schwimmer oder Betrunkene. Alle anderen rücken auf den wenigen trockenen Steinen näher zusammen. Die deutschen Pärchen mit den verbrannten Schultern, die Liebhaber der tätowierten Lederhaut, die Hippies, die hier seit Jahrzehnten mit ihren Hunden die einzige Höhle besetzt halten. Die Playa de las Monjas wird dann zu einem erfrischenden Amphitheater.

***Wo?** An der Südost-Seite von La Palma, rund zwei Kilometer südlich von Puerto Naos.*

***Schwimmen?** Wellengang kann bisweilen jegliches Baden verhindern* **I**

Der weite Weg
der Samen

Das Spiel der Triebe
wachstum
fortbewegung
wettlauf ums
überleben
Die Pumpe im Baum

GEOkompakt Nr.5
Die Grundlagen des Wissens
Heft Nr. 5
Jetzt im
Handel
Wie Tiere und Pflanzen ihr Überleben meistern
Geheimnis Natur
• Sexualität: Das Wettrüsten der Geschlechter
• Wachstum: Das Wunder der Verwandlung
• Kommunikation: Das Rätsel der Wahrnehmung
www.GEOkompakt.de

GEO REISE-SERVICE

KANARISCHE INSELN

DIE WICHTIGSTEN TIPPS UND ADRESSEN FÜR DIE REISE

INHALT

WEGMARKEN FÜR SIEBEN SCHATZINSELN

Fuerteventura hat die schönsten Strände, Gran Canaria die lebhafteste Metropole, Teneriffa die höchsten Berge. Wie soll man sich da für eine Insel entscheiden? Am besten gar nicht – besuchen Sie einfach mehrere. Inselhüpfen ist bequemer, als Sie glauben

Landesnatur

Die Kanarischen Inseln liegen im Atlantik, rund 1100 Kilometer vom spanischen Festland und 90 Kilometer vom afrikanischen Kontinent entfernt. Geographisch gehören sie zu Afrika, politisch zu Spanien und damit zur EU.

Der Archipel besteht aus sieben Hauptinseln und ist in zwei Provinzen unterteilt: Zur **Ostprovinz** gehören Gran Canaria, Lanzarote und Fuerteventura sowie der Archipiélago Chinijo mit La Graciosa und weiteren Mini-Inseln. Zur **Westprovinz** gehören Teneriffa, La Palma, La Gomera und El Hierro. Insgesamt leben rund 1,9 Millionen Menschen auf den Kanaren, dazu kommen pro Jahr etwa 10 Millionen ausländische Urlauber.

Alle Inseln sind vulkanischen Ursprungs, doch jede hat ihren eigenen unverwechselbaren Charakter. Von Ost nach West werden sie feuchter und grüner, das geologische Alter nimmt nach Westen hin ab. Lanzarote und Fuerteventura sind mit 20 Millionen Jahren am ältesten. **Lanzarote** ist gespickt mit dunklen, erst vor knapp 200 Jahren entstandenen Vulkanen. Deren von Wasser und Wind abgetragene Kegel ragen nicht einmal 700 Meter auf und sind deshalb zu niedrig, um den feuchten Nordostpassat zu „melken". Nur wenig höher ist das wüstenhafte **Fuerteventura**. Die Insel hat das wärmste Klima, verfügt über die schönsten Strände und hervorragende Surfspots. **Gran Canaria**, die Namensgeberin des Archipels, ist reich an unterschiedlichen Landschaften: Hier findet man flirrende Dünen und im Winter schneebedeckte Gipfel, Almen und subtropische Täler. **Teneriffa** mangelt es zwar an schönen Naturstränden, doch dafür hat diese Destination den 3718 Meter hohen Teide und die zerklüfteten Schluchten des Teno und Anaga. Die grünsten Inseln des Archipels sind **La Palma** mit einem riesigen Erosionskrater, **La Gomera** mit dem ausgedehntesten Lorbeerwald und **El Hierro**, auf deren Hochebenen man sich nach Irland versetzt fühlt.

Information

Spanisches Fremdenverkehrsamt in Deutschland: **Kurfürstendamm 63, 10707 Berlin, Tel. 030/882 65 43, Fax 882 66 61,** Regionalbüros in Düsseldorf (**Tel. 0211/680 39 81, Fax 680 39 85**), Frankfurt (**Tel. 069/72 50 38, Fax 72 53 13**) und München (**Tel. 089/53 07 46-0, Fax

53 07 46 20); in Österreich: Walfischgasse 8 (Tür 14), 1010 Wien, Tel. 01/512 95 80, Fax 512 95 81; in der Schweiz: Seefeldstr. 19, 8008 Zürich, Tel. 044/253 60 50, Fax 252 62 04.

Wetter & Reisezeit

Nicht umsonst heißen die Kanaren **„Inseln des ewigen Frühlings"**: Schmuddelwetter gibt es hier kaum, es ist ganzjährig mild. Die Temperaturen schwanken an der Küste zwischen 18° und 22° C im Winter und zwischen 24° und 29° C im Sommer. Im Gebirge ist es freilich kühler, auf Teneriffa und La Palma, seltener auf Gran Canaria, fällt im Winter in den Gipfellagen sogar Schnee.

Auf allen Inseln gilt der Gegensatz zwischen frischem Norden und wärmerem Süden. Hierfür verantwortlich ist der vorherrschende Nordostpassat: Bei seinem Lauf über den Atlantik reichert sich der Wind mit Feuchtigkeit an, die er in Form von Wolken heranträgt. Sobald diese auf Gebirge stoßen, stauen sie sich zu Bänken, die sich erst im Tagesverlauf auflösen.

Die aktuelle Wettervorhersage für jede Insel erfährt man im Internet unter **www.weathercanaryislands.com**. Über Wind, Wellen und Gezeiten informiert die Website **www.meteosurfcanarias.com** (engl./span.), die mit ihren animierten Vorhersagetafeln und Webcams nicht nur für Surfer interessant ist.

Anreise

Von allen größeren Flughäfen Mitteleuropas starten Linien- und Ferienflieger zu den Inseln. Nur La Gomera und El Hierro werden nicht direkt angeflogen, da sie keinen internationalen Airport besitzen. Die **Flugdauer** beträgt zwischen vier und fünf Stunden; ein Hin- und Rückflug kostet je nach Saison, Abflughafen und Gesellschaft zwischen 250 und 550 €, erheblichen Rabatt gibt es bei Last-Minute- bzw. Schnäppchen-Flügen. Zur **Einreise** reicht ein gültiger Personalausweis oder Reisepass. Beachten Sie den **Zeitunterschied**! Bei der Ankunft auf den Kanaren müssen Sie die Uhr eine Stunde zurück- und auf dem Rückflug eine Stunde vorstellen!

Konsulate

Deutsches Konsulat, Las Palmas de Gran Canaria, Calle Albareda 3, Tel. 928 49 18 80, www.las-palmas.diplo.de; Österreichisches Honorarkonsulat, Playa del Inglés, Gran Canaria, Hotel Eugenia Victoria, Avda. Gran Canaria 26, Tel. 928 76 25 00; Schweizer Konsulat, Las Palmas de Gran Canaria, Domingo Rivero 2, Tel. 928 29 34 50.

Überwintern

Wer sich länger auf den Kanaren aufhalten und mehr als nur zwei Koffer mitnehmen will, kann seine Fracht über **GeoLogistics** verschiffen lassen (**Hamburg, Tel. 040/237 13-0, Fax 237 13-629, www.geo-logistics.com**). Reiseveranstalter bieten für Langzeiturlauber Sondertarife in bestimmten Hotels; billiger wird der Aufenthalt, wenn man Apartments von privat auf Monatsbasis mietet. Eine gute Info-Börse sind die vor Ort erscheinenden deutschsprachigen Zeitschriften wie **info-Canarias** (**www.infocanarias.com**), das **Wochenblatt** (**www.wochenblatt-kanaren.com**) und die **Kanarische Rundschau** (**www.kanarische-rundschau.com**).

Inselverkehr

Untereinander sind die Inseln durch eine Vielzahl von **Fähr- und Fluglinien** verbunden. Diese sind stark auf die beiden Hauptinseln ausgerichtet, d. h., es gibt viele Verbindungen nach Gran Canaria und Teneriffa, doch wenige oder gar keine zwischen den anderen Inseln. Schnellfähren von **Fred. Olsen** (**www.fredolsen.es**) verkehren mehrmals täglich zwischen Agaete/Gran Canaria (mit Buszubringer von und nach Las Palmas) und Santa Cruz/Teneriffa. Von dort besteht ein Bustransfer nach Los Cristianos, von wo Fähren nach La Gomera (San Sebastián), La Palma (Santa Cruz) und El Hierro (Puerto de la Estaca) starten. Außerdem bedient Fred. Olsen den Shuttle-Service an der Meerenge zwischen Lanzarote (Playa Blanca) und Fuerteventura (Corralejo).

Mit den Schiffen der Reederei **Trasmediterránea** (**www.trasmediterranea.es**), die auch die Verbindung mit Cádiz auf dem spanischen Festland aufrechterhält, kommt man einmal in der Woche von Gran Canaria via Teneriffa nach La Palma (und zurück) sowie nach Lanzarote. Die kleine Schnellfähre der Reederei **Garajonay Express** (**www.garajonayexpres.com**) fährt von Teneriffa (Los Cristianos) nach La Gomera (San Sebastián, Playa Santiago und Valle Gran Rey).

Amphitheater für die Sinne: Im Tal von Agaete auf Gran Canaria duften Zitrusfrüchte, Papayas, Mangos und Kaffee

LEKTÜRE FÜR DIE KANARISCHEN INSELN

REISEFÜHRER: Erst im Urlaub merkt man, welcher Reiseführer vor Ort geschrieben wurde. Als besonders zuverlässig erweisen sich die Bände des Verlags **Reise Know-How**, die alle ein bis zwei Jahre in einer aktualisierten Auflage erscheinen; jeder Insel ist ein Einzelband gewidmet.
Sehr zu empfehlen sind auch die Führer aus dem **Peter Meyer Verlag**. 2005 erschienen in aktualisierter Auflage Bände über El Hierro, La Palma, La Gomera und Teneriffa, jeweils mit ausführlichem Kartenatlas.
Die Führer aus dem **Michael Müller Verlag** haben den Vorzug farbiger Abbildungen. Am aktuellsten (2005) sind die Ausgaben über Gran Canaria und La Palma.
Wer vor allem wandern will, ist mit der Buchreihe aus dem **Bergverlag Rother** gut bedient; speziell für Gomera ist der Wanderführer von **Goldstadt** zu empfehlen.
Vor Ort: Die **Librería del Cabildo**, der Buchladen der Inselregierung in Las Palmas de Gran Canaria, führt ausschließlich Bücher zum kanarischen Archipel, viele auch in deutscher Sprache (Calle Cano 24, Stadtteil Triana, Tel. 928 38 15 39, www.libreriadelcabildo.com).

SACHBÜCHER: **Richard Pott, Joachim Hüppe, Wolfredo Wildpret de la Torre: Die Kanarischen Inseln. Natur- und Kulturlandschaften**, Verlag Eugen Ulmer 2003, 39,90 €. Die isolierte Insellage in der Nähe zu Afrika, der Vulkanismus und die Vielfalt an Mikroklimaten haben eine Flora hervorgebracht, die dem Archipel den Beinamen „Galápagos der Botanik" bescherte.
Gabriele Heßmann, Sabine Threimer: Kanarische Küche, Hoelker 2005, 14,95 €. Bebildertes Kochbuch mit Klassikern von allen Inseln. Die Palette reicht von pikanter Mojo-Sauce bis Bienmesabe, dem süßen Mandeldessert.

BELLETRISTIK: **Kanarische Inseln. Ein Reisebegleiter**, Hrsg. Gregor Gumpert, Insel Taschenbuch, 2004, 10 €. Ein literarischer Bilderbogen von Agatha Christie bis Alexander von Humboldt.
Rafael Arozarena: Mararía, Lübbe Verlag, 2000, 8,90 €. Der literarisch vorerst beste Kanaren-Roman handelt von Liebe, Wahnsinn und Verrat im archaischen, vortouristischen Lanzarote.
Harald Braem: Tanausú. König der Guanchen, Zech Verlag, 3. Aufl. 2003, 17,45 €. Der Freitod des letzten Königs der Insel La Palma (1492) ist Ausgangspunkt dieses Romans über die Conquista und die versunkene Kultur der Altkanarier.

WEBSITES

www.canarias.org Portal der Provinzregierung mit ausführlichen Informationen zu jeder Insel (spanisch und englisch)
www.insulae-fortunatae.com Private Homepage eines deutschen Biologen mit gut aufbereiteten Beiträgen zur Besiedlungsgeschichte, zu den Ökosystemen und der Unterwasserwelt der „Glücklichen Inseln"
www.canariasfoto.com Fotogalerie mit über 1800 Bildern
www.institutum-canarium.org Deutschsprachige Website mit Beiträgen zu Archäologie und Geschichte sowie einer Online-Galerie prähispanischer Felsbilder
www.mma.es Die Homepage des spanischen Umweltministeriums mit Informationen über die vier Nationalparks auf den Kanaren (nur spanisch)

Etwa 50 Prozent teurer als die Fähren sind die interinsularen Flüge. Alle Inseln verfügen über Flughäfen, die über die regionalen Airlines **Binter** (www.binternet.com) und **Islas Airways** (www.islasairways.com) bedient werden.
Auf jeder Insel verkehren **öffentliche Busse**, wobei Gran Canaria und Teneriffa gut, die anderen Inseln dagegen nur unzureichend erschlossen sind. Jede Insel hat ihre eigene Busgesellschaft mit eigenen Tarifen; kostensparend ist der Kauf einer Karte für mehrere Fahrten.
Taxis sind reichlich vorhanden, der Preis (meist günstiger als in Deutschland) wird mit dem Taxameter berechnet; Zuschläge zahlt man für Fahrten zum Fähr- und Flughafen, in der Nacht sowie an Sonn- und Feiertagen.

Einheimischer Exportschlager: Weihnachtsstern

Mietwagen sind schon ab 25 € pro Tag zu haben. Es gibt eine Vielzahl konkurrierender Unternehmen; zuverlässig ist die kanarische, auf allen Inseln vertretene Firma **CICAR** (www.cicar.com).

Geld & Reisekasse

Die Kanarischen Inseln sind kein Billigreiseziel, das **Preisniveau** entspricht etwa dem deutschen. Nur Zigaretten, Benzin, Obst und Gemüse sind preiswerter. Für ein Zimmer bzw. Apartment muss man mit mindestens 25 € pro Nacht rechnen; die in diesem GEO Special angegebenen Übernachtungspreise beziehen sich auf die günstigste Reisezeit (Sommermonate). Ein dreigängiges Menü mit Getränk kostet in touristisch nicht erschlossenen Orten um 7 €, in den Ferienzentren oft das Dreifache.
Geldautomaten (**telebancos**) sind reichlich vorhanden; gängige Kreditkarten wie VISA und Mastercard werden akzeptiert.

Telefon

Die **internationale Vorwahl** für Gespräche von Deutschland, Österreich und der Schweiz nach Spanien lautet **0034**, dann folgt die neunstellige Nummer des Anschlussinhabers. Die Ortsvorwahl ist in die Teilnehmernummer integriert: Nummern der Ostprovinz (Gran Canaria, Lanzarote, Fuerteventura) beginnen mit 928, jene der Westprovinz (Teneriffa, La Gomera, La Palma, El Hierro) mit 922.
Vor Ort telefoniert man am besten mit **Telefonkarten** (**tarjetas telefónicas**), die auf der Post und in Tabakläden erhältlich sind. Für Vieltelefonierer, die auch im Urlaub nicht auf das **Handy** verzichten wollen, empfiehlt sich eine spanische Prepaid-Karte, mit der innerhalb Spaniens keine Roaming-Gebühren anfallen und für ankommende Gespräche keine Kosten entstehen.

Zoll

Aufgrund der steuerlichen Sonderstellung der Kanarischen Inseln innerhalb der EU gelten folgende Mengenbeschränkungen: Pro Person dürfen 200 Zigaretten oder 100 (Schweiz: 50) Zigarillos oder 50 Zigarren oder 250 g Tabak ausgeführt werden; außerdem: 1 l Spirituosen mit einem Alkoholgehalt von mehr als 22 Prozent oder 2 l Wein, 50 g Parfüm und 0,25 l Eau de Toilette.

Spezialveranstalter

Als Ziele für den Badeurlaub sind die Kanaren in den Katalogen aller großen Veranstalter präsent. Die landschaftlichen Höhepunkte und Unterschiede lernt jedoch besser kennen, wer sich die Inseln zu Fuß oder mit dem Rad erwandert. Bei jedem Inselporträt auf den folgenden Seiten nennen wir örtliche Veranstalter. Hier eine Auswahl von Reiseangeboten, die man von zu Hause aus buchen kann:
Gomera Trekking Tours (**Nürnberg, Tel. 0911/207 87, www.trekkingreisen.de**) trägt das Programm schon im Namen, ist aber auch auf La Palma, El Hierro, Teneriffa und Lanzarote tätig. Speziell für Familien mit Kindern konzipiert ist eine 14-tägige Reise nach La Gomera, bei der neben leichten Wanderungen, einer Schnorcheltour und einem Bootsausflug mit einer Delfin-Expertin auch eine Schnitzeljagd mit Schatzkarte und GPS-Gerät auf dem Programm steht.
Der **DAV Summit Club** (**München, Tel. 089/642 40-0, www.dav-summit-club.de**) bietet auf Gran Canaria, Teneriffa und La Gomera zweiwöchige Wanderreisen nach dem „Twin-Konzept" an: Von einem festen Quartier aus werden täglich eine kurze, leichte und eine lange, anspruchsvollere Tour unternommen.
In Kooperation mit der TUI veranstaltet die **Alpin-Schule Innsbruck ASI** des österreichischen Alpenvereins (**Natters, Tel. 0043-512/54 60 00, www.asi.at**) auf allen Kanaren (mit Ausnahme von El Hierro) Insel-

Sein Lied ging um die Welt: Kanarengirlitz, Urahn des Kanarienvogels

Bühne der Winde: Passatwolken auf den Höhen von La Gomera

wanderungen für jeden Anspruch. Ausgesprochen alpinen Charakter hat eine achttägige Teneriffa-Reise, bei der tägliche Gehzeiten von bis zu sechs Stunden zu bewältigen sind und der Teide bestiegen wird.
Wikinger-Reisen (Hagen, Tel. 02331/90 46, www.wikinger.de) ist auf allen sieben Inseln aktiv: mit Studien- und Standortwanderreisen, mit Wandertrekking von Ort zu Ort (Teneriffa, La Gomera, Gran Canaria, El Hierro) und Touren auf Trekkingrädern (Lanzarote/Fuerteventura). Wer lieber allein wandert, findet ein großes Angebot an sorgfältig und umfassend ausgearbeiteten individuellen Wanderreisen.
Durch die Wälder und Gebirge von Teneriffa, La Gomera und Fuerteventura führt die zweiwöchige ornithologische Tour von **Dr. Koch Reisen (Karlsruhe, Tel. 0721/15 11 51, www.dr-koch-reisen.de)** – mit dem Ziel, Kanarenschmätzer, Teidefink und Lorbeertaube zu sichten.
Wer möglichst vielen verschiedenen Arten von Meeressäugern begegnen möchte, kann mit **Wellenreiter Reisen (Heidelberg, Tel. 06221/187 13 29, www.wellenreiterreisen.de)** nach La Gomera reisen. Während der einwöchigen Segelschiffreisen mit dem 40-Meter-Zweimaster „Catherina" sind Wal- und Delfinsichtungen nahezu garantiert; die Reiseleitung hat Susanne Braack vom Verein M.E.E.R. e. V. (siehe Seite 70). Mithilfe beim Segeln, in der Kombüse oder bei der Ankerwache wird gern gesehen.
In der Gruppe Spaß haben, lautet das Motto von **ActiVida Tours (Waldems, Tel. 06126/58 18 18, www.activida.de)**. Speziell an Alleinreisende richten sich Angebote wie zwei Wochen „ActivFun" auf La Gomera mit Wander- und Mountainbiketour, Bootstauchgang, Segeltörn und Salsakurs.
Bei den Törns mit **Arkadia Segelreisen (Hamburg, Tel. 040/28 05 08 23, www.arkadia.de)** steht das Training im Vordergrund: Die meist einwöchigen Reisen an Bord der Yacht „Arkadia II" (12,90 m, für max. acht Personen plus Skipper) sind für Segler konzipiert, die die praktische Prüfung für den Sportküstenschifferschein ablegen möchten. Doch auch Anfänger sind willkommen im Revier zwischen Gran Canaria, Teneriffa und La Gomera; Ausgangshafen ist Puerto de Mogán.
Novizen lernen mit **ABC Wassersport (München, Tel. 089/53 30 12, www.abc-wassersport.de)**, wie man eine Jolle segelt. Nach zwölftägigem Kurs in Puerto Rico an der Westküste Gran Canarias kann die Prüfung für den „Sportbootführerschein Binnen mit Motor" abgelegt werden.

ABENTEUER IM WILDEN WESTEN

Das Bild von der Tourismusmaschine stimmt höchstens am Strand. Wenige Kilometer landeinwärts wartet ein anderes Gran Canaria auf den Entdecker: mit schroffen Schluchten, unzugänglichen Buchten und Dörfern, die sich an steile Klippen zu klammern scheinen

Nicht allzu oft geben die Dunstschleier den Roque Nublo (links), einen der höchsten Gipfel Gran Canarias, frei

GRAN CANARIA
Fläche: 1560 km^2, die drittgrößte Insel des Archipels
Höchste Erhebung: Pico de las Nieves, 1949 m
Küstenlänge: 256 km
Einwohner: 790 360
Hauptstadt: Las Palmas de Gran Canaria, 310 439 Einwohner

TOURISTENINFORMATION
Patronato de Gran Canaria, Las Palmas, Calle León y Castillo 17, Tel. 928 21 96 00, Fax 928 21 96 01, www.grancanaria.com
Centro Insular de Turismo, Playa del Inglés, Centro Comercial Yumbo, Tel. 928 77 15 50, Fax 928 76 78 48, www.maspalomas.com
Oficina de Información Turística, Puerto Rico, Avda. de Mogán s/n, Tel. 928 56 00 29, Fax 928 56 10 50, www.mogan.es

WEBSITES
www.vivecanarias.com Kultur- und Veranstaltungskalender, auch auf Deutsch
www.grancanaria-info.de Insel-Magazin mit Reisetipps von A–Z
www.gran-canaria-info.com Großes, überwiegend englischsprachiges Portal mit Online-Reiseführer, Suchmaschine, Directory, Forum
www.maspalomas-tonight.com Restaurants, Bars, Pubs, Discos, Geschäfte – alles, was der vergnügungssüchtige Urlauber braucht (deutsch, englisch, spanisch)

Von Bettenburgen gesäumte Badestrände, Shopping-Center, Vergnügungsmeilen – dieses Bild verbinden viele mit Gran Canaria. Tatsächlich ist fast die gesamte Südküste der Insel, von Bahía Feliz im Südosten bis Puerto de Mogán im Südwesten, zubetoniert. Wahr ist aber auch, dass sich nur wenige Kilometer landeinwärts ein anderes Gran Canaria entdecken lässt: Durch tiefe Schluchten winden sich Bergstraßen zur **Cumbre** hinauf, der knapp 2000 Meter hohen Gipfelregion im Zentrum der Insel. „Versteinertes Gewitter" nannte der spanische Schriftsteller Miguel de Unamuno die Felsspitzen, Steilabstürze und zerklüfteten Krater dieser Gebirgslandschaft. Mancherorts mildern Palmenhaine und Kiefernwälder die Schroffheit, auf sattgrünen Hängen weiden Schafe und Ziegen.

Im Juni 2005 wurden der Westen und weite Teile des Zentrums zum **Biosphärenreservat** der Unesco erklärt. Ein Gebiet, das rund 40 Prozent der Inselfläche umfasst, in dem aber nur 2,4 Prozent der Bevölkerung leben. Unter Naturschutz steht auch die wilde, nahezu unberührte **Westküste**: verschwiegene dunkle Buchten, die man nur zu Fuß erreicht, tiefe Barrancos, verlassene Dörfer und Gehöfte. Von der Panoramastraße aus, die sich zwischen Mogán und Agaete durchs Gebirge windet, bieten sich immer wieder grandiose Ausblicke auf die Felsklippen tief unten, gegen die der Atlantik brandet, und aufs Meer bis hinüber nach Teneriffa.

Dank großzügiger EU-Programme sind die Bergstraßen in bestem Zustand. Um die Landflucht zu stoppen, werden aber auch andere Initiativen gefördert. So wurden die lang vergessenen **Caminos Reales** („Königswege"), die historischen Verbindungswege zwischen den Bergdörfern, wieder begehbar gemacht. Meist gepflastert und in kräfteschonenden Serpentinen angelegt, sind sie seit dem Sommer 2005 markiert und mit Schildern versehen. Wanderer gelangen nun sorgenfrei zu den höchsten Gipfeln der Insel: zum **Roque Nublo** („Wolkenfels"), den die Ureinwohner als heilig verehrten, und zum windgepeitschten **Pico de las Nieves** („Schneegipfel"), zu Stauseen und durch Kiefernwälder, in denen Flechten wie Feenhaar von den Zweigen hängen.

Lohnende Etappenziele sind vielfach die kleinen Dorfbars, die neben dem Insel-Rum aus Arucas meist weitere **Spezialitäten** der Region verkaufen: zum Beispiel **queso de flor** aus dem Norden der Insel. „Blumenkäse" heißt das wohl eigenwilligste Molkereiprodukt der Kanaren, weil die Schafsmilch nicht mit tierischem Lab, sondern mit der Blüte einer Distel fermentiert wird. Ist der Käse 30 Tage in einer Höhle gereift, zergeht er auf der Zunge wie Butter und entfaltet einen leicht herben Geschmack. Probieren lässt sich auch **bienmesabe**, Mandelcreme mit Berghonig, aus dem Bergdorf Tejeda.

Wein wird auf Gran Canaria ebenfalls angebaut, wohlschmeckende Tropfen aus den Regionen rund um Fataga und Santa Brígida mit klangvollen Namen wie Ansite, Gran Mogarén und Tigayga – eine Huldigung an die prähispanischen Vorfahren.

Ferienzentren

Rings um eine 250 Hektar große Dünenlandschaft entstand im „sonnensicheren" Inselsüden die **Costa Canaria**, an der sich von Ost nach West Ferienstädte aneinander reihen: Auf **San Agustín**, den Wohnort vieler auf der Insel ansässiger Ausländer, folgt die Touristenhochburg **Playa del Inglés** mit heißem Nachtleben und Spaniens größter Schwulenszene. Am Rande einer Palmenoase entstand das exklusive Resort **Maspalomas-Meloneras** mit 18-Loch-Golfplatz. Weiter westlich, wo die Küsten schroffer und die Strände schmaler sind, wurden Ferienorte in gedrängter Terrassenbauweise den Hang hochgetrieben. Sie nennen sich **Patalavaca**, **Puerto Rico** und **Playa de los Amadores**, **Playa de Tauro** und **Taurito**. Im Westen liegt **Puerto de Mogán**, das in seiner Mischung aus nachgebautem Fischerdorf und neuem Yachthafen als „kanarisches Venedig" vermarktet wird (siehe Seite 58).

Anschauen

LA CUMBRE: Von **Cruz de Tejeda** (1510 m) bietet sich ein Panoramablick über die zerklüftete Gipfelregion. Der höchste Pass der Insel markiert die Grenze zwischen dem feuchten Norden und dem trockenen Süden. Spektakulär ist ein Spaziergang längs der Wetterscheide: Über den Kamm schwappende Wolkenkaskaden verflüchtigen sich auf der Südseite innerhalb von Sekunden. Ein markierter **Rundweg** (PR-GC 60, ca. 5 Std.) führt vom Hotel Refugio längs der Abbruchkante eines gigantischen Erosionskraters zum **Mirador Degollada Becerra** und weiter auf den Roque Nublo; zurück geht es über das Taldorf La Culata. Markierte Wanderwege starten in Tejeda, einem Bergdorf mit preiswerten Unterkünften, in Artenara und Ayacata. Zu buchtenreichen, attraktiven **Stauseen** in der Berglandschaft führen die frisch asphaltierte **Serpentinenstraße** GC-605 (Ayacata–Mogán) und die GC-505 (via Barranquillo Andrés). Die GC-606 schraubt sich vom Weiler El Carrizal zum Stausee Parralillo hinab.

VALLE DE AGAETE: Das schönste Tal der Insel! Von Agaete an der Nordwestküste führt eine Straße zehn Kilometer weit ins Tamadaba-Gebirge hinauf, flankiert von üppigem subtropischen Grün. Papayas, Avocados, Orangen und Zitronen gedeihen hier sowie – einmalig auf den Kanaren – Kaffee. Eine Kostprobe frisch gerösteten Agaete-Kaffees lässt sich im Restaurant **Casa Romántica** auf halber Talstrecke genießen. Vom Ende der Straße in El Sao verläuft ein Königsweg zum Höhlendorf **El Hornillo** und weiter in den Tamadaba-Wald (ca. 3,5 Std.). Konditionsstarke Wanderer können von dort auf einem alten, steil angelegten Pilgerweg wieder ins Agaete-Tal hinabsteigen (insgesamt 5,5 Std.).

BARRANCO DE GUAYADEQUE: Immergrün ist das „Tal des fließenden Wassers", das sich von der Bischofsstadt Agüimes im Osten zehn Kilometer landeinwärts zieht. Noch heute leben die Bewohner in Höhlen, das **Museo de Guayadeque** am Taleingang erzählt von ihren altkanarischen Vorfahren (**Di–Sa 9–17, So 10–18 Uhr, 2,90 €**). Im Weiler **Cuevas Bermejas** wurde auch eine Kapelle in die Felswand integriert; daneben öffnet eine Grottenbar, in der man sich mit Ziegenkäse stärken kann.

LAS PALMAS: Die Inselhauptstadt ist die größte Metropole der Kanaren (siehe Seite 34). Sie besitzt eine stimmungsvolle Altstadt, die **Vegueta**, mit mehreren sehenswerten Museen: darunter das **Museo Canario** mit interessanten Sammlungen aus vorspanischer Zeit (**Dr. Verneau 2, www.elmuseocanario.com, Mo–Fr 10–20, Sa–So 10–14 Uhr, 3 €**), das Kolumbusmuseum **Casa de Colón** (**Colón 1, www.casadecolon.com, Mo–Fr 9–19, Sa–So 9–15 Uhr, Eintritt frei**) und das **Centro Atlántico de Arte Moderno**, eine Galerie der modernen Kunst mit Bibliothek und wechselnden Ausstellungen (**CAAM, Los Balcones 11, www.caam.net, Di–Sa 10–21, So 10–14 Uhr, Eintritt frei**). Der autofreie, rund drei Kilometer lange Stadtstrand **Playa de las Canteras** mit feinem, hellem Sand ist durch ein vorgelagertes Riff vor gefährlicher Brandung und Strömung geschützt. Im nahen **Parque Santa Catalina** trifft man sich zum Domino und Schach unter freiem Himmel und beobachtet vom Café aus die Passagiere der im Hafen liegenden Kreuzfahrtschiffe.

Blüten am Meer: Hausfassaden und Bougainvilleen im Touristendorf Puerto de Mogán sind farblich abgestimmt

Übernachten

ZENTRALES BERGLAND:

Hotel El Refugio

Cruz de Tejeda, Tel. 928 66 65 13, Fax 928 66 65 20, www.hotelruralelrefugio.com, DZ ab 55 € inkl. Frühstücksbuffet

In rund 1500 Meter Höhe gelegen, ist das komfortable Hotel ein guter Ausgangspunkt für Wanderungen. Die zehn im kanarischen Stil eingerichteten Zimmer werden im Winter beheizt. Im Restaurant – besonders schön ist das Kaminzimmer im hinteren Gebäudeteil – gibt es regionale Spezialitäten wie herzhafte Eintöpfe und Lammkoteletts, zum Abschluss **huevos moles**, eine originelle Eiersüßspeise.

Las Tirajanas

San Bartolomé, Oficial Mayor José Rubio, Tel. 928 12 30 00, Fax 928 12 30 23, www.hotellastirajanas.com, DZ ab 80 € inkl. Frühstücksbuffet

Granit, Marmor und Edelholz – für ein exklusives Wohngefühl wurde im edlen Berghotel an nichts gespart. Das Beste sind die Panoramafenster, durch die man von früh bis spät am wechselnden Naturschauspiel teilhaben kann, über Schluchten hinweg reicht der Ausblick bis aufs Meer. Der Spa-Bereich mit halb überdachtem Pool, Sauna und Jacuzzi ist zum Talkessel

Süßes Lächeln: Mandel-Honig-Gebäck in Tejeda

geöffnet. Gäste können Mountainbikes leihen und an geführten Wandertouren teilnehmen, im Hotelshop gibt es Wanderschuhe und -stöcke.

NORDEN:

Villa del Monte

Santa Brígida, Castaño Bajo 9, Tel. 928 64 43 89, Fax 928 64 15 88, www.hotelvilladelmonte.com, DZ ab 65 € inkl. Frühstücksbuffet

An der Grenze zur Bergregion liegt die Residenz mit sportivem Charakter, gemütlich und leger. Es gibt nur sieben großzügige Zimmer, teils mit Himmelbett. Treffpunkte sind der Wintergarten, das Kaminzimmer und die Hausbar mit Selbstbedienung. Auf Wunsch wird ein vorzügliches „Langschläferfrühstück" (bis 11 Uhr) serviert, angeboten werden auch Abendmenüs bei Kerzenschein. Die Besitzerin Petra Wonisch gibt ihren Gästen kompetente Tipps für Radrouten und unterhält eine Reparaturwerkstatt, was ihr viele Bike-Stammkunden eingebracht hat.

Afrikanisches Licht in der Bischofsstadt: Über die Gassen von Agüimes ragt die Kuppel der Kirche San Sebastián

SÜDEN:

Gran Hotel Villa del Conde

Maspalomas-Meloneras, Tel. 928 56 32 00, Fax 928 56 32 22, www.lopesanhr.com, DZ mit Halbpension ab 190 €

Palm Beach

Maspalomas, Avda. del Oasis s/n, Tel. 928 27 10 32, Fax 928 14 18 08, www.hotel-palm-beach.com, DZ mit Halbpension ab 131 €

Cordial Mogán Playa

Puerto de Mogán, Avda. de Canarias, Tel. 928 72 41 00, Fax 928 72 41 01, DZ mit Halbpension ab 120 €

Lesen Sie dazu „Sieg den Palästen!" auf Seite 58.

Los Palmitos

Maspalomas, Barranco Los Palmitos 22, Tel. 928 14 21 00, Fax 928 14 11 14, www.lospalmitos.com, DZ mit Halbpension (obligatorisch) ab 156 €

Am Ende der Schlucht, die sich von der Costa Canaria zwölf Kilometer landeinwärts windet, liegt oberhalb einer Palmenoase das Sport- und Parkhotel. Mit Naturstein verkleidet, fügt es sich bestens in die Felslandschaft ein. Die 47 Zimmer bieten Blick ins Grüne, attraktiv ist der sich zur Schlucht öffnende Spa-Bereich mit Pool, Jacuzzi, türkischer und finnischer Sauna. Es gibt sechs Quarzsandtennisplätze und für Golfer ein Putting und Pitching Green (Benutzung inklusive). Unmittelbar am Haus starten Wanderwege, ein kostenloser Shuttle-Bus bringt Gäste zum Maspalomas-Strand und zu den Golfplätzen des Südens.

LAS PALMAS:

Reina Isabel

Alfredo L. Jones 40, Tel. 928 26 01 00, Fax 928 27 20 47, www.bullhotels.com/de, DZ mit Meerblick ab 160 € inkl. Frühstücksbuffet

Man geht durch den wunderbaren Wintergarten, quert die autofreie Promenade und ist schon am Canteras-Strand! Das traditionsreiche Viersternehotel (224 Zimmer) ist eine gute Wahl für alle, die nicht nur baden, sondern auch das Kulturangebot der Metropole nutzen möchten: Zu Fuß, immer am Meer entlang, erreicht man das Auditorium, in dem das ganze Jahr über Klassik- und Jazzkonzerte stattfinden. Das Hotelrestaurant im achten Stock bietet Weitblick über die gesamte Bucht.

Fataga

Néstor de la Torre 21, Tel. 928 29 06 14, Fax 928 29 27 86, www.hotelfataga.com, DZ ab 80 € inkl. Frühstücksbuffet

Ideal für einen Stopover in der Großstadt: gegenüber dem Hauptmarkt, nahe der Einkaufsstraße Mesa y López und nur 500 Meter vom Strand entfernt. Die 95 Zimmer auf sieben Etagen unterscheiden sich in Farbe und Ausstattung; jene vom Typ „Evolución" betritt man durch ein offenes Bad, das nur durch eine Glaswand vom minimalistisch eingerichteten Schlafbereich abgetrennt ist. Reisende mit Laptop wissen zu schätzen, dass es im ganzen Haus Netzzugang ohne Kabel gibt.

Jahrhunderte blicken auf die Besucher hinab: Das Museo Canari in Las Palmas stellt die Überreste vorspanischer Insulaner aus

Essen & Trinken

NORDEN:

Casa del Vino

Santa Brígida, GC-15 (Ortszentrum), Tel. 928 64 42 45, Di–Fr 10–18, Sa/So 10–15 Uhr

In dem restaurierten Herrenhaus kann man alle Inselweine verkosten und kaufen – vom frisch-fruchtigen „Wein des Jahres" bis zu dem im Eichenfass gelagerten Malvasier. Zu den Weinen aus dem klassischen Anbaugebiet um Santa Brígida (Herkunftsbezeichnung „Monte Lentiscal") kamen in den letzten Jahren verstärkt Weine aus dem Süden dazu (Herkunftsbezeichnung „Gran Canaria"). Gute Begleiter sind die deftigen Käse- und Schinken-Tapas.

SÜDEN:

Tu Casa

Puerto de Mogán, Playa, Tel. 928 56 50 78, tgl. 11–23 Uhr

Eine erfreuliche Ausnahme von der Fastfood-Gastronomie, die am Strand von Puerto de Mogán vorherrscht, ist dieses Relikt aus vortouristischer Zeit: Auf der beschatteten Terrasse des 100 Jahre alten Hauses genießen die Gäste frischen Fisch, Tapas und Salat. Abends ist das Angebot feiner: Spezialität des italienischen Kochs sind Rinderfilet mit Trüffeln und Fisch „al cartoccio" (mit Garnelen gespickt und in Alufolie gebacken).

El Mundo

Playa del Inglés, Avda. de Tirajana (Ed. Tenesor), Tel. 928 76 10 63, Di–Sa 13.30–16 und 19–23, So 19–23 Uhr

Kreative Küche in einem auf schwarze und rote Farbtöne beschränkten Ambiente. Zur Wahl stehen Fisch-Couscous und Gemüse-Curry mit Chutney, mexikanische Hühnerbällchen und orientalische Krabben-Pasteten.

OSTEN:

El Viento

Pozo Izquierdo, Avda. Punta Tenefe 2, Tel. 928 12 10 52, tgl. 10–24, Fr und Sa bis 2 Uhr

Dutzende von Surfer tummeln sich in der Bucht von Pozo Izquierdo, Gran Canarias bestem Starkwindrevier, wo im Juni/Juli Worldcup-Rennen stattfinden. Im Restaurant dominiert cooles Design aus Beton, Glas und Holz, im Hintergrund ertönt Chill-out-Musik, auf der Karte stehen einfache Gerichte wie „Pizza Freestyle" mit Rucola oder Gemüse-Carpaccio. Einen Vorgeschmack auf Wind und Wellen gibt die Webcam unter **www.cutre.com**.

Tagoror

Barranco de Guayadeque, Montaña de las Tierras 21, Tel. 928 17 20 13, www.restaurante-tagoror.com, tgl. 11–23 Uhr

Im Oberlauf der Guayadeque-Schlucht hat Señor Bartolo ein riesiges Labyrinth aus Gängen und Sälen in einen pyramidenförmigen Tuffsteinberg geschlagen. Darin serviert er klassisch-kanarische Landküche: salzige kleine Runzelkartoffeln mit pikanter Sauce (**papas arrugadas**

Erinnert an amerikanische Diner und Pariser Bistros: Restaurant El Mundo im Urlaubszentrum Playa del Inglés

con mojo), Brei aus geröstetem Getreide (**gofio**) und Fleisch vom Holzkohlegrill.

LAS PALMAS:

La Marinera

Paseo de Las Canteras 2, La Puntilla, Tel. 928 46 88 02, www.lamarineraycasacarmelo.com, tgl. 12–24 Uhr

An der Spitze des Kaps, das im Norden die Canteras-Strandpromenade begrenzt, sitzt man nahe an den wilden Wellen und schaut den Surfern zu, die sich in die Brandung werfen. Das Restaurant zeichnet sich durch frische Fischküche aus: vorweg marinierter Tunfisch, danach gegrillter Papageifisch (**vieja**), dazu kanarischer Wein. Zur spanischen Mittagszeit (ab 14 Uhr) ist La Marinera rappelvoll: Wer entspannt sitzen will, sollte früher kommen oder reservieren.

Tipps für Aktive

WANDERN: Dank markierter Wege können Wanderer sich auch ohne Führer und Gruppe orientieren. Hilfreich für alle, die nicht mit dem Mietauto unterwegs sind, ist die quer durchs Inselzentrum verlaufende **Buslinie 18**: von Maspalomas über San Bartolomé und Tejeda nach San Mateo; Infos unter **www.globalsu.net**.

RADFAHREN: Konditionsstarke Mountainbiker leihen Räder in Playa del Inglés bei **Free Motion** (**Hotel Sandy Beach, Alféreces Provisionales 9, Tel. 928 77 74 79, www.free-motion.net**) oder **Happy Biking** (**Avda. Italia 2, Tel. 928 76 68 32, www.happy-biking.com**).

TAUCHEN: Jeder Ferienort hat eine Tauchbasis; bekannt ist das **Diving Center Náutico** in San Agustín mit Kursen nach EDA/CMAS-Richtlinien (**Hotel IFA Interclub Atlantic, Calle Jazmines 2, Tel. 928 77 81 68, www.divers-web.de**).

SURFEN: An der Playa del Águila bietet **Side Shore**, geführt von der Familie des mehrfachen Weltmeisters Björn Dunkerbeck, Kurse und Unterkunft an (**Tel. 928 76 29 58, www.sideshore-es.com**). Cracks fühlen sich im **Centro Internacional de Windsurfing** in Pozo Izquierdo wohl (**Playa Pozo Izquierdo s/n, Tel. 928 12 14 00, Fax 928 12 10 21, www.pozo-ciw.com**).

SEGELN: Bewährt ist die deutsche Schule **Sail & Surf Overschmidt** in Puerto de Mogán, an der man auch Prüfungen für die amtlichen Sportbootführerscheine ablegen kann (**Apto. X-54, Tel./Fax 928 56 52 92, www.segelschule-grancanaria.de**).

GOLF: Spaniens ältester Golfplatz, 1891 angelegt, befindet sich in **Bandama** im Nordosten der Insel (**www.realclubdegolfdelaspalmas.com**). Daneben gibt es auf Gran Canaria fünf weitere 18-Loch-Plätze, über die man sich unter **www.grancanariagolf.org** informieren kann.

Inselfeste

Zum Jahresauftakt findet in Las Palmas (und in Santa Cruz de Tenerife) das **Internationale Musikfestival** statt (siehe Seite 10); Termin 2006: 7. 1.–18. 2. (**www.festivaldecanarias.com**). Nächstes Großereignis ist der **Karneval** (**www.laspalmascarnaval.com, 10. 2.–4. 3. 2006**), der dem von Teneriffa in nichts nachsteht. Im Auditorio Alfredo Kraus, das wie eine Meeresfestung am Auftakt der Strandpromenade von Las Palmas thront, werden vom 24. 3. bis 1. 4. 2006 beim **Internationalen Filmfestival** die neuesten Produktionen aus aller Welt gezeigt (**www.festivalcinelaspalmas.com**). In bunter Folge schließen sich Opern- und Theateraufführungen, Pop- und Folklore-Konzerte an. Einmal im Monat geben Künstler vom Schlage einer Jane Monheit oder Janis Siegel im **Rincón del Jazz** gleich neben dem Auditorium Konzerte. Im Freien, und bei freiem Eintritt, trifft man sich im Juli beim **Jazzfestival** (**www.canariasjazz.com**) und Anfang November bei **WOMAD**, dem mehrtägigen Festival für World Music (**www.womadlatino.com**). Große Volksfeste finden im Sommer und auf dem Lande statt. Bei der **Bajada de la Rama** im Tal von Agaete (Ende Juli/Anfang August, siehe Seite 6) tanzen die Bewohner des Tamadaba-Gebirges zum Meer, begleitet von Trommelwirbel und Kastagnetten. Feierlich geht es am 8. September in Teror zu: Aus allen Ecken der Insel pilgern fromme Seelen ins Wallfahrtstädtchen, um an der großen Prozession der Inselpatronin **Virgen del Pino** teilzunehmen.

EIN KUNSTWERK, DAS SICH SELBST ERSCHAFFT

Lanzarote ist noch mitten im Entstehen. Glühende Lavaschlote, Schlackefelder, mit Flechten bewachsen. Hier locken die Urkräfte der Erde – und das allgegenwärtige Erbe des Künstlers César Manrique, der sich von diesen elementaren Kräften inspirieren ließ

Land-Art: Vulkane im Nationalpark Timanfaya. Ein Drittel der Insel bedecken Krater und Lavafelder

LANZAROTE
Fläche: Lanzarote 846 km^2, die viertgrößte Insel des Archipels, La Graciosa 29 km^2
Höchste Erhebung: Peñas del Chache, 671 m
Küstenlänge: 191 km
Nationalpark: Timanfaya, 51,07 km^2
Einwohner: 116 782
Hauptstadt: Arrecife, 41 807 Einwohner

TOURISTENINFORMATION
Oficina de Información Turística, Arrecife, Parque Municipal, Tel. 928 81 17 62, Fax 928 80 00 80, www.turismolanzarote.com
Oficina de Información Turística, Puerto del Carmen, Avda. de las Playas s/n, Tel. 928 51 33 51, Fax 928 51 56 15, www.puertodelcarmen.com

WEBSITES
www.lanzarote.com Umfangreiches Tourismusportal Hotelreservierung, Reiseführer, Sport (auch auf Deutsch)
www.lanzaroteisland.com Dörfer, Strände, Sehenswertes auf Fotos, Videos und 360-Grad-Ansichten (auch auf Deutsch)
www.lanzarotetipps.de Private deutsche Homepage mit vielen Fotos und Informationen, die sich von A–Z abrufen oder gezielt suchen lassen
www.webdelanzarote.com Private Homepage (spanisch, englisch, deutsch) mit einer Einführung in die Geschichte der Insel und die Sehenswürdigkeiten, Besonderheiten der Sprache und typischen Rezepten

Der Künstler hatte eine Vision, seine Freunde in der Inselregierung die nötigen Mittel. Als in den 1960er und 1970er Jahren auf den Kanaren „modern" gebaut wurde, propagierte der auf Lanzarote geborene **César Manrique** die Vorzüge archaischer Inselarchitektur: Strahlend weiße Fassaden reflektierten das Sonnenlicht, kubische Formen kontrastierten die Schroffheit der Vulkanlandschaft. Als einziger Schmuck waren minarettartige Türmchen erlaubt, grün gestrichene Fenster und Türen. Künstliche Freizeitparks waren Manrique ein Gräuel. Lanzarotes Attraktion, so befand er, war die Natur, deren Besonderheit er durch minimale Eingriffe akzentuieren wollte. Sein Engagement für einen sanften, ökologisch vertretbaren Tourismus bescherte der Insel das Prädikat **Biosphärenreservat der Unesco**.
Heute sind die Landschaftskunstwerke des 1992 verstorbenen Manrique eine Goldgrube: Die Eintrittsgelder füllen das Säckel der Inselregierung, die sich um des Künstlers Ideen ansonsten wenig schert. So ließ sie es zu, dass sich die Bettenzahl in den letzten Jahren vervielfachte – obwohl ein Baustopp für touristische Anlagen verhängt worden war. Lapidar hieß es, die Baulizenzen seien vor Beginn des Moratoriums gewährt worden.
Fernando Gómez Aguilera, Direktor der nach dem Künstler benannten Stiftung, wird nicht müde, die architektonische Verschandelung Lanzarotes anzuprangern. 2005 veröffentlichte er die brillantesten Schriften Manriques unter dem Titel „La palabra encendida" („Das entflammte Wort"). Was dieser vor 17 Jahren schrieb, gilt noch heute: Hätte man einen Funken Respekt für die von den Lanzaroteños im Laufe von Jahrhunderten gewonnenen Erfahrungen, „so baute man nicht … diese vulgären, schrecklichen Häuser, noch dazu – und das ist das Traurigste – mit der Erlaubnis einiger Gemeinden und der Zustimmung der Verantwortlichen der Bauindustrie".

Ferienzentren

Costa Teguise im Nordosten, von Manrique als touristisches Modellprojekt gestartet, ist mittlerweile ein Resort wie jedes andere geworden, die Infrastruktur wirkt desolat. Pluspunkt: Nahebei befindet sich der vorerst einzige Golfplatz der Insel.
Puerto del Carmen bietet die besten Sandstrände, einen Hafen mit vielen Restaurants und eine kilometerlange Vergnügungsmeile, die Erinnerungen an Mallorcas „Ballermann" weckt. Das als Nobelhafen konzipierte **Puerto Calero** verdoppelt zurzeit seine Boots- und Betten-Kapazität. Schilder an den Baustellen versprechen: „Hier entstehen Chalets im Manrique-Stil."
Das einstige Fischerdorf **Playa Blanca** ist binnen eines Jahrzehnts zu einem großen Ferienzentrum aufgerückt mit einer weit in die Landschaft ausgreifenden Agglomeration. Nicht weit entfernt liegen die herrlichen **Playas de Papagayo**. Für Glamour sorgt der neue Yachthafen **Marina Rubicón**: Die Sammer Gallery aus Marbella und das Café del Mar aus Ibiza haben bereits Filialen eröffnet.

Anschauen

PARQUE NACIONAL DE TIMANFAYA: Ein Drittel der Inselfläche ist mit Vulkankegeln und Lavafeldern bedeckt, die bei Eruptionen im frühen 18. und 19. Jahrhundert entstanden. Die **Montañas del Fuego** („Feuerberge") lernen Besucher im Rahmen einer 35-minütigen Bustour kennen; Abfahrt am Parkplatz des Restaurants El Diablo. Parkeingang an der Landstraße LZ-67 von Yaiza nach Tinajo (**tgl. 9–17.45 Uhr, 8 € inkl. Parkeintritt**). Eine informative, kostenlose Einführung in den Vulkanismus bietet das Besucherzentrum in **Mancha Blanca** (**tgl. 9–17 Uhr, Tel. 928 84 08 39, E-Mail: manchablanca@mma.es**).
MANRIQUES LANDSCHAFTSKUNST: Im Inselnorden liegt der bizarre Kaktusgarten **Jardín de Cactus**. Die runde Hohlform eines Steinbruchs inspirierte Manrique zu einem Amphitheater, auf dessen Rängen 10 000 sta-

chelige Exoten sitzen (**Guatiza, tgl. 10–18 Uhr, 5 € inkl. Getränk**). Von hier erreicht man in zehn Autominuten die **Jameos del Agua**, einen rund 3000 Jahre alten, mehrfach aufgebrochenen Lavatunnel. Felstreppen führen zu einer unterirdischen Lagune hinab, in der blinde Albino-Krebse leben. Über einen von Manrique gestalteten Pool-Garten gelangt man anschließend an die Erdoberfläche, wo die **Casa de los Volcanes** besucht werden kann, eine Messstation für die vulkanische Tätigkeit (**nördl. Punta de Mujeres, tgl. 10–18.30, Di, Fr und Sa zusätzlich 19–2 Uhr, tagsüber 8 €, abends 9 €**). 500 Meter landeinwärts geht es ein zweites Mal in die Unterwelt hinab – für einen 45-minütigen geführten Rundgang durch das Höhlenlabyrinth **Cueva de los Verdes** (**tgl. 10–17 Uhr, 8 €**).
Im äußersten Nordwesten Lanzarotes, wo Felsklippen fast 500 Meter in die Tiefe stürzen, verwandelte Manrique eine alte Geschützstellung in ein Fenster zum Atlantik: Die runden Panoramascheiben des **Mirador del Río** öffnen den Blick auf Himmel, Meer und die vorgelagerte Insel La Graciosa (**Yé, tgl. 10–17.45 Uhr, 4,70 € inkl. Getränk**).

LA GERIA: Als „Kunst ohne Künstler" pries das New Yorker Museum of Modern Art das Hochtal von La Geria in der Inselmitte. Tatsächlich wirkt Lanzarotes faszinierendes **Weinanbaugebiet** wie ein Stück Land-Art, das jedoch in mühevoller Arbeit entstand: Tausende von Mulden, gegen den scharfen Wind sichelförmig ummauert, wurden in die schwarzen Lavahänge gegraben und auf dem Grund jeder Senke eine Weinrebe gepflanzt. Das poröse Vulkangestein speichert den nächtlichen Tau und befeuchtet die Pflanze am Tag. Mehrere Bodegas laden zu Gratis-Kostproben der unter sengender Sonne gereiften Rot- und Weißweine ein. Das Ende der Weinstraße in **Mozaga** markiert ein Fruchtbarkeitsdenkmal, das Manrique für Lanzarotes Bauern schuf. Nebenan errichtete er die **Casa Museo del Campesino**, die mit ihrer weißen Fassade, dem minarettartigen Turm und unterirdischer Zisterne als Paradebeispiel neotraditioneller Architektur gilt. Ein Lokal bietet Lanzarote-Küche, in Werkstätten wird gewebt, gestickt, geschnitzt und getöpfert (**tgl. 10–18 Uhr**).

FUNDACIÓN CÉSAR MANRIQUE: Das Gebäude außerhalb von Tahiche, in dem heute Manriques Gemälde und die seiner Freunde ausgestellt sind, war einst das **Wohnhaus** des Künstlers: errichtet über fünf großen vulkanischen Blasen im Lavagestein, die durch Lichtöffnungen und -passagen mit der Außenwelt verbunden sind (**Taro de Tahiche, Mo–Sa 10–18, So 10–15 Uhr, www.fcmanrique.org, 7 €**).

CASTILLO DE SAN JOSÉ: Das Innere der rund 230 Jahre alten Festung oberhalb des Hafens von Arrecife verwandelte Manrique in ein Museum. Mit seinen Tonnengewölben und dicken Steinmauern bildet es einen ungewöhnlichen Rahmen für die hier ausgestellten Werke der **klassischen Moderne** (**1,5 km nordöstlich von Arrecife, tgl. 11–21 Uhr**).

WALMUSEUM: Im April 2005 im Yachthafen von **Puerto Calero** eröffnet (siehe Seite 70). Neben Skeletten sind lebensechte Modelle ausgestellt. Videos zeigen das Verhalten der Meeressäuger, die Gesänge vieler Arten sind als Tonaufzeichnung zu hören (**Edif. Antiguo Varadero, www.museodecetaceos.org, tgl. 10–19, im Winter bis 18 Uhr**).

Übernachten

SÜDEN:

Hesperia Lanzarote
Puerto Calero, Urbanización Cortijo Viejo, Tel. 828 08 08 00, Fax 828 08 08 10, www.hesperia-lanzarote.com, DZ inkl. Frühstücksbuffet ab 140 €
Mit seinem asketischen Design, den Naturmaterialien und gedämpften Tönen verkörpert das Fünfsternehotel das Gegenbild zur gängigen Animations- und Fun-Maschinerie. Über einen terrassenförmig angelegten Pool-Garten steigt man zur wilden Felsküste hinab, wo man sich auf Steinplatten sonnen und von der Gischt besprühen lassen kann. An bewölkten Tagen lockt das einer römischen Therme nachempfundene Spa-Center. Besonders gelungen ist das Thalasso-Hallenbad mit seiner Wasserwand. Die 335 Zimmer sind in klaren Formen gehalten, die Restaurants bieten vorzügliche Kost. Starregisseur Pedro Almodóvar zählt zu den Stammgästen des Hotels.

Los Fariones
Puerto del Carmen, Calle Roque del Este 1, Tel. 928 51 01 75, Fax 928 51 02 02,

Siesta für Fischer und ihre Boote: Hafen im Badeort Puerto del Carmen

Ein Hoch auf diesen Ausblick: Dem Mirador del Río liegen die Inselchen des Archipiélago Chinijo zu Füßen

Sahara-Express: Auf Dromedaren schaukeln Touristen durch den Vulkan-Nationalpark

www.grupofariones.com, DZ inkl. Frühstücksbuffet 142 €
Zwar ist Lanzarotes ältestes Hotel, erbaut 1967, von außen keine Schönheit, doch seine Lage ist unübertroffen: auf einem Kap unmittelbar am Meer, zwischen einem langen Sandstrand und einer kleinen Felsenbucht. Man schläft mit Wellenrauschen ein, wacht mit Vogelgezwitscher auf, nimmt ein Erfrischungsbad im Meer und frühstückt im Palmengarten. Der Tag lässt sich in der fast privaten, durch Felsenklippen abgeschiedenen Sandbucht verbringen.

Papagayo Arena
Playa Blanca, Playa de las Coloradas s/n, Tel. 928 51 91 11, Fax 928 51 72 17, www.papagayoarena.com, DZ all-inclusive ab 110 €
Ein guter Ort für Strand- und Familienurlaub: Das Viersternehaus liegt unmittelbar am Meer, nur wenige Gehminuten von den Playas de Papagayo, Lanzarotes Paradestränden, entfernt. Die 488 Zimmer sind bunt und haben Terrassen mit Blick bis Fuerteventura; empfehlenswert: Haus A, B und C, 5. und 6. Stock. Gute Rundum-Verpflegung – bis zum Cocktail in der Bar ist alles im Pauschalpreis inbegriffen. Der „Miniclub" für Kinder von vier bis zwölf Jahren ist sieben Tage die Woche geöffnet; es gibt mehrere Pools, ein Spa und Gym-Center sowie mehrmals täglich einen Gratis-Shuttle-Bus ins Ortszentrum.

INSELMITTE:

La Geria
La Geria, Tel./Fax 928 84 21 20, E-Mail: luismcabrera@jazzfree.com, Haus für 2 Pers. ab 60 €
Die ehemalige Familien-Bodega unter einem weit ausladenden Eukalyptusbaum liegt inmitten der Vulkanlandschaft am Fuß der Montaña Diama und hat fast privaten Charakter: Die Gäste pflücken im Lavagarten Obst und Gemüse und dürfen sich in der gut sortierten Bar und Speisekammer bedienen (alles inklusive). Der Wohnsalon, die beiden Schlafzimmer, Küche und Bad sind dunkel-rustikal eingerichtet. Beim kanarischen Besitzer kann man auch Apartments (ab 37 €) im Surfer-Ort Caleta de Famara mieten.

NORDEN:

Casas Himmelsbach
Mala, Calle El Cangrejo 31, Tel./Fax 928 52 95 89, www.lotus-del-mar.com, Apartment für 2 Pers. ab 42 €
Weiße, im Lanzarote-Stil erbaute Häuschen an der Nordostküste, umgeben von Kaktusfeldern und mit Blick auf die sanfte Silhouette der Vulkane. Zur Wahl stehen fünf Apartments für zwei bis sechs Personen nahe der Klippenküste und drei weitere „Casitas" landeinwärts. Die Einrichtung aus Holz, Keramik und Naturstein ist schlicht und klar, die Küche ist bestens ausgestattet, Latex-Matratzen und „Massage-Bettwäsche" sorgen für gesunden Schlaf.

Casa Sebastián
Órzola, Calle Lajiar 59, Tel./Fax 928 83 52 06, www.lanzarote-arrieta.de, für 2 Pers. ab 75 €
Ein weißes Haus am Meer mit zwei Schlafzimmern, zwei Bädern und einer großen windgeschützten Terrasse, dazu ein fast privater kleiner Strand am Rand eines Fischerdorfs. Casa Sebastián ist lichtdurchflutet, hell möbliert und tipptopp gepflegt. Von der gemütlichen Wohnküche mit Terrasse geht der Blick auf Klippen und Fischerboote. Für modernen Komfort sorgen Geschirrspül- und Waschmaschine, Sat-TV und CD-Player. Der Besitzer vermietet weitere Häuser und Apartments (ab 55 €) in Haría, Órzola, Punta de Mujeres, Arrieta und auf La Graciosa.

ARRECIFE:

Hotel Miramar
Avda. Coll 2, Tel. 928 81 04 38, Fax 928 80 15 33, www.hmiramar.com, DZ inkl. Frühstücksbuffet ab 70 €
Deutsche Reiseveranstalter sind nicht präsent, hier macht man Urlaub unter Spaniern. Die Eingangshalle ist elegant, von den Zimmern zur Meerseite hat man einen schönen Ausblick auf die gegenüberliegende Festung San Gabriel. Je höher das Stockwerk, desto ruhiger wohnt man; wer Stille benötigt, wählt eine Suite nach hinten.

Essen & Trinken

SÜDEN:

Lago Verde
El Golfo, Avda. Marítima 46, Tel. 928 17 33 11, tgl. 12–22 Uhr
Fisch **a la plancha**, auf heißer Metallplatte gebraten, dazu Kartöffelchen mit Salzkruste (**papas arrugadas**) und grüne Mojo-Sauce: Beim kanarischen Klassiker kommt es auf Frische und Qualität der Ware an. Zart auf der Zunge zergeht das Fleisch des Papageifischs (**vieja**), fest ist der Tunfisch (**atún**). Señora Conchi serviert mit viel Schwung, was ihre Freundin Cipri zubereitet hat.

Amura
Puerto Calero, Tel. 928 51 31 81, www.puertocalero.com, tgl. außer Mo 13–23 Uhr
Der runde weiße Pavillon steht unmittelbar am Hafen, von wo man alle ein- und auslaufenden Yachten im Blick hat. Die Küche wird auch dem anspruchsvolls-

ten Bootseigner gefallen, zu den Spezialitäten zählen hausgemachte Gänseleberpastete mit Feigenkompott, Wrackbarsch auf Süßkartoffelpüree und diverse Sorbets. Den kleinen Hunger stillen Tapas oder Salate.

Café del Mar
Playa Blanca, Puerto Deportivo Marina Rubicón 47-B, Tel. 928 34 94 29, www.cafedelmarmusic.com, tgl. 10–2 Uhr
Im Yachthafen von Playa Blanca sitzt man vor schnittigen Booten, schlürft Cocktails und lauscht Chill-out-Musik mit Titeln wie „Innocence“ und „Sensual Bay“. Für Entspannung sorgen Pastellpink und maritimes Blau, bei Vollmond steigt eine Party.

INSELMITTE:

La Bodega Santiago
Yaiza, Calle García Escámez 23, Tel. 928 83 62 04, Di–Do 11–22, Fr–Sa 11–23 Uhr
Jahrzehntelang servierte Señor Santiago seine Lieblingsgerichte in einer namenlosen Bar. Zu seinem Gedenken eröffneten die Kinder in seinem Haus an der Straße zu den Feuerbergen ein rustikales Lokal. Dort ist sein kulinarisches Erbe präsent: pikante Saucen aus frischen Kräutern – köstlich: **salsa de jaramago** (Rauke) –, Wrackbarschwürfel (**taquitos de cherne**) mit klein geschnittenem Gemüse und eine verführerisch süße Käse-Milch-Creme (**quesillo**). Draußen sitzt man unter einer Trauerweide mit Blick auf das Bilderbuchdorf Yaiza, drinnen an edel eingedeckten Holztischen. Besonders schön ist die Galerie, auf der Santiago einst Siesta hielt.

NORDOSTEN:

Isla Bonita
Costa Teguise, Avda. del Mar (Höhe Playa Bastián), Tel. 928 59 15 26, www.restauranteislabonita.com, tgl. außer So ab 12 Uhr
Die „hübsche Insel“ liegt nicht am Strand, sondern mitten im Ferienzentrum, dafür bietet sie vorzügliche kanarische Küche. Ob Ziegenfleisch (immer freitags) oder Papageifisch, Rinderfilet oder Napfschnecken – Señor Pepe kauft seine Zutaten frisch von den Bauern und Fischern der Insel, wofür er von der Inselregierung eine Auszeichnung erhielt. Viele kanarische Gäste, freundlicher Service.

ARRECIFE:

Bodegón Los Conejeros
Avda. Dr. Rafael González Negrín 9, Tel. 928 81 71 95, tgl. außer So ab 19 Uhr
Eine grüne Tür zwischen Fastfood-Lokalen weist den Weg ins Reich der **conejeros**, „derer von der Karnickelinsel“. So lautet der Spitzname der Lanzaroteños. Hier werden traditionelle Gerichte serviert, fantasievoll abgewandelt, die Zutaten stammen fast ausschließlich von der Insel. Wer möglichst viel kennen lernen will, teilt sich mit dem Partner je eine **ración** (Portion): eine **ensalada divertida** („unterhaltsamer Salat“) zum Auftakt mit Tomaten, Papaya, Honigmelone und Sesam-Vinaigrette, dann Wrackbarsch auf hauchdünn gerösteten Kartoffelscheiben (**monturrito de cherne**) oder Ziegenfleisch (**carne de cabra**). Eine Creme aus geröstetem Getreidemehl (**mus de gofio**) beschließt das Mahl. Zu jedem Gericht hat Señor Abundio den passenden Kanaren-Wein auf Lager. Beste Stimmung herrscht Do–Sa ab 21 Uhr.

Tipps für Aktive

WINDSURFEN: Costa Teguise hat die besten Spots, unter deutscher Leitung steht der **Windsurfing Club Nathalie Simon** an der Playa de las Cucharas (**Calle de las Olas 18, Tel. 928 59 07 31, www.sportaway-lanzarote.com**).
WELLENREITEN: Cracks werfen sich in die Brandung der Caleta de Famara, Ausrüstung gibt's im **Famara Surf Shop** (**Avda. El Marinero 39, Tel. 928 52 86 76, www.famarasurf.com**).
TAUCHEN: Die interessantesten Reviere liegen vor Puerto del Carmen, direkt an der Bucht hat **Safari Diving** Stellung bezogen (**Playa de la Barrilla, Tel. 928 51 19 92, www.safaridiving.com**).
RADFAHREN: Aufgrund der vergleichsweise geringen Höhenunterschiede ist die Insel ein ideales Trainingsrevier. Die meisten Gleichgesinnten findet man im **Club La Santa**, siehe auch Reportage Seite 80 (**Vertretung in Deutschland: Tel. 040/551 00 34, Fax 551 95 92, www.clublasanta.de**).
WANDERN: Im Besucherzentrum der **Feuerberge** in Mancha Blanca kann man sich – mehrere Wochen im voraus – zu einer Gratiswanderung durch die Vulkanlandschaft anmelden (siehe oben).
GOLF: Der vorerst einzige 18-Loch-Platz befindet sich in **Costa Teguise** (**Avda. del Golf, Tel. 928 59 05 12, www.golf-lanzarote.com**).

Inselfeste & Veranstaltungen

Die **Fiesta de la Virgen de los Volcanes** ist das farbenprächtigste Fest der Insel. In Mancha Blanca wird der Jungfrau, die der Lava Einhalt gebot, am 15. September mit Prozessionen und einer Kunsthandwerksmesse gehuldigt.
Seit 1992 wird der **Ironman Lanzarote** veranstaltet. Der Triathlon über 3,8 km Schwimmen, 180 km Radfahren und 42,2 km Laufen, zu dem Spitzensportler aus aller Welt nach La Santa kommen, ist gleichzeitig Anlass für große Partys. Der nächste Wettkampf ist am 20. Mai 2006 (Anmeldung unter **www.ironmanlanzarote.com**).

LA GRACIOSA

Auf dem Eiland mit vier Vulkanen krallt sich Dornlattich in die steinigen Ebenen – von „Grazie“, die der Inselname verheißt, keine Spur. La Graciosa ist das Gegenbild zur touristisch aufbereiteten Welt, fern von Animation und All-inclusive. Hier gibt es Dünen und Muschelfelder, und die Strände zählen zu den besten der Kanaren: sichelförmig geschwungen, schneeweiß bis ockergelb, mit kleinen Riffen voller Napfschnecken und klarem, türkisfarbenem Wasser.
Fast alle Bewohner La Graciosas sind Nachfahren von Fischern, die Ende des 19. Jahrhunderts auf die damals unbewohnte Insel kamen. Arbeit fanden sie in einer Konservenfabrik, in der die reichen Fänge aus den saharischen Gewässern eingedost wurden. Längst ist die Fabrik geschlossen, und die Fischer wissen: Zentnerschwerer Merlin ist heute Mangelware, der Atlantik zwischen den Kanaren und der

Märchen aus dreizehnundeiner Nacht: ein Resort im Urlaubszentrum Costa Teguise

Bühne für Schönheiten mit Stacheln: der von César Manrique als Amphitheater angelegte Jardín de Cactus

Westsahara überfischt. Schon vor Jahren erklärte die Regionalregierung eine 70 000 Hektar große Wasserfläche vor La Graciosa zu Spaniens größter **Reserva Marina**. Der Einsatz von Reusen und Netzen ist verboten, pro Boot sind nur 500 Angelhaken erlaubt. Wenn nachmittags die kleinen Boote im Hafen einlaufen, wandert der Fang sogleich in die Restaurants, wo er frisch an die Gäste weitergereicht wird.

Anschauen

CALETA DEL SEBO: Der Hauptort der Insel mit 630 Einwohnern besteht aus einem Hafen und niedrigen, weiß getünchten Häusern an langen Sandpisten. Hier gibt es alles, was man zum Leben braucht: Läden und Lokale, Post und Bäckerei, selbst eine Wochenend-Disco und ein Internet-Café. Folgt man der Uferpromenade südwärts, kommt man zur **Bahía del Salado**: einem zwei Kilometer langen Strand mit Lagunen und vorgelagertem Riff.

Gestrandet: Für Novizen beginnt der Surfkurs in Caleta de Famara mit Trockenübungen

Großartig ist der Blick auf die gegenüberliegenden, 500 Meter hohen Steilklippen Lanzarotes. Ein Kap trennt den Strand von den geschützten Buchten der **Playa Francesa**, an denen man gleichfalls gut baden kann. Weiter die Küste entlang erreicht man die von Lavaarmen umschlossene **Playa de la Cocina** am Fuß des von der Meeresbrandung zernagten „gelben" Vulkans Montaña Amarilla (1 Std. 15 Min.).

PLAYA DE LAS CONCHAS: Schön zum Anschauen, aber zum Baden zu gefährlich ist der Strand im Nordwesten: 600 Meter lang, schneeweiß und puderfein, über Wellenstaffeln blickt man auf die vorgelagerten Felseilande Montaña Clara und Alegranza. Erreichbar ist er von Caleta del Sebo in anderthalbstündigem Marsch über eine Piste in Verlängerung der Calle la Popa. Wer einen längeren Rückweg von drei Stunden Dauer nicht scheut, verlässt die Hauptpiste nach zehn Minuten auf einer nach Norden abzweigenden Nebenpiste und erreicht nach weiteren 20 Minuten die wild-windige **Playa del Ámbar** an der Nordküste. Von hier läuft man nahe der Küste bis zum einsamen, nur im Sommer belebten Weiler **Pedro Barba**. Über einen Klippenweg (für Schwindelfreie) bzw. landeinwärts über die Piste geht es in zweieinhalb Stunden nach Caleta del Sebo zurück.

Tagesausflug

Von Órzola, Lanzarotes nördlichstem Ort, setzt um 10, 12 und 17 Uhr eine **Personenfähre** in 20 Minuten nach La Graciosa über; zurück geht es um 8, 11 und 16 Uhr. Von Juli bis September wird abends eine zusätzliche Fähre eingesetzt, Preis hin und zurück 15 € (**www.lanzarote.com/lineasromero**). Nach Órzola gelangt man ab Arrecife mit **Bus Nr. 9**, der sich an den Abfahrtszeiten der Fähre orientiert (Mo–Fr 7.40, 10.30, 15.30, Sa–So 7.40, 15.30 Uhr). Nimmt man die erste Fähre und fährt mit der letzten zurück, bleiben sechs Stunden zur Erkundung La Graciosas: Zeit genug, um vom Hauptort Caleta del Sebo zu Fuß die Strände des Südens zu erreichen bzw. mit einem Leihrad zur Playa de las Conchas zu fahren.

So müssen viele kanarische Städte in den 1970er Jahren ausgesehen haben: Hafen von Caleta del Sebo auf dem Eiland La Graciosa

Übernachten

Apartamentos Luis M. Cabrera

Caleta del Sebo, Calle La Calima s/n, Tel./Fax 928 84 21 20, www.apartamentos-lagraciosa.com, Apartment für 2 Pers. ab 38 €

Die acht geräumigen und günstigen Apartments, wahlweise mit einem oder zwei Schlafzimmern, liegen am östlichen Ortsrand. Alle verfügen über Digitalfernsehapparat und Musikanlage, zur Begrüßung ist der Kühlschrank gefüllt. Señor Luis, der Besitzer, bemüht sich persönlich um seine Gäste, holt sie mit dem Jeep vom Hafen ab, organisiert Paella-Abende, kutschiert sie zum „Muschelstrand" und holt sie zur verabredeten Stunde wieder zurück. Was will man mehr? Kinder bis zu acht Jahren wohnen gratis.

Essen & Trinken

El Italiano

Caleta del Sebo, Avda. Virgen del Mar s/n, Tel. 659 76 35 15, tgl. 10–24 Uhr

Koch Federico aus Turin setzt auf erstklassige Zutaten und kulinarischen Pfiff. Zu seinen Spezialitäten gehören Tunfisch-Carpaccio und Artischocken-Quiche sowie Mascarpone-Eis mit Früchten. Auf Vorbestellung gibt es Hummer aus La Graciosa. An der Promenade am Hafen mit Blick auf die Fischerboote.

Casa Chano/La Caletilla

Caleta del Sebo, Avda. Virgen del Mar 131, Tel. 646 20 68 20, tgl. 6–15.30 und 18–23 Uhr

Treffpunkt der Fischer, akustisch untermalt vom laufenden Fernsehgerät und lautstarken Debatten über das letzte Fußballspiel. Der Fisch ist frisch, großzügig bemessen und unkompliziert zubereitet. Durchs Fenster blickt man auf die Famara-Klippen.

Tipps für Aktive

RADFAHREN: An der Hafenmole werden für 8 € pro Tag **Tourenräder** verliehen (**Rafaela, Avda. Virgen del Mar s/n, Tel. 928 84 21 38**).

WANDERN: Geführte Touren bietet **Eva Maldener**, die seit Jahren auf der Insel lebt und Interessantes über La Graciosa zu erzählen weiß; auch Vermittlung von Apartments (**Explora La Graciosa, Calle la Popa 15, Tel. 928 84 21 94, Fax 928 52 66 10, E-Mail: exploralagraciosa@gmx.net**).

Inselfest

Auf die Schiffsprozession zu Ehren der **Virgen del Carmen**, der Schutzpatronin der Fischer, am 16. Juli folgt ein zweiwöchiger Ausnahmezustand mit Musik, Tanz und Grillfesten am Strand.

April
März

Heilige Berge
GEO
GEO SPECIAL-KALENDER 2006

September

Deutschlands schönste Inseln
GEO
GEO SPECIAL-KALENDER 2006

NUR NICHT ABLENKEN LASSEN

Was brauchen wir für einen richtigen Badeurlaub? Wasser, Sand und Sonne. Die zweitgrößte Kanareninsel hat davon im Überfluss – und zum Glück wenig, was die Konzentration auf das Wesentliche stören könnte

An der Playa de Sotavento werden Rekorde aufgestellt: im Speed-Surfen und im Ganz-ganz-langsam-durchs-Wasser-Spazieren

FUERTEVENTURA
Fläche: 1660 km^2, die zweitgrößte Insel des Archipels
Höchste Erhebung: Jandía (Pico de la Zarza), 807 m
Küstenlänge: 304 km
Einwohner: 79 986
Hauptstadt: Puerto del Rosario, 28 357 Einwohner

TOURISTENINFORMATION
Patronato de Turismo, Puerto del Rosario, Almirante Lallermand 1, Tel. 928 53 08 44, Fax 928 85 16 95, www.fuerteventuraturismo.com
Oficina de Información Turística, Corralejo, Puerto, Tel./Fax 928 53 71 83
Oficina de Información Turística, Caleta de Fustes, Alcalde Juan Ramón Soto Morales 10, Tel. 928 16 32 86, Fax 928 16 36 11, www.costacaleta.es
Oficina de Información Turística, Jandía, Centro Comerzial Cosmo, Tel. 928 54 07 76, Fax 928 54 50 44

WEBSITES
www.fuerteventura-infos.de Alles Wissenswerte für den Urlaub auf über 1000 Seiten
www.fuerteonline.de Deutschsprachiges Info-Portal

Laut Eigenwerbung hat Fuerteventura die **besten Strände des Atlantiks**. Die schönsten der Kanaren sind sie gewiss: Schneeweiß und kilometerlang reihen sie sich an der Ostküste, gesäumt von Dünen und Lagunen. Bunt gemischt tummeln sich Urlauber im Badedress und FKK-Anhänger. Auf „Fuerte", so scheint's, stört sich keiner am anderen.
Seit ein paar Jahren haben auch die Briten die Vorzüge der Wüsteninsel entdeckt, die nördlichen Küstenorte haben sie bereits fest im Griff. Die Pubs von Corralejo und El Cotillo heißen jetzt Prince of Wales und Royal Cake, bieten „full English breakfast" mit Bohnen und Speck und abends Live-Übertragungen der Premier League.
Der Süden ist weiterhin **territorio alemán**. In den 1940er Jahren hatte der Ingenieur Gustav Winter große Teile der Halbinsel Jandía gepachtet, angeblich um im Auftrag der Nazi-Regierung eine U-Boot-Basis zu bauen. Dazu kam es zwar nicht, doch wurden ihm 1962 für seine Verdienste um die Erschließung 2300 Hektar Land überschrieben. Die Filetstücke „seiner" Halbinsel konnte er später im Zug des Tourismus-Booms an betuchte Landsleute verkaufen. So wohnt man heute im Aldiana oder Robinson Club, „futtert wie bei Muttern" und trinkt „deutschen Filterkaffee". Deutschsprachige Info-Zeitschriften sind voll mit Kleinanzeigen, in denen deutsche Ärzte, Handwerker und Gärtner um Aufträge ihrer Landsleute buhlen.

Ferienzentren

Der Ort **Corralejo** im Inselnorden expandiert in alle Himmelsrichtungen. Sein größter Vorteil ist die Lage an einem großen Dünengebiet mit sanft abfallenden Stränden und türkisfarbenem Meer. Das 20 Kilometer entfernte **El Cotillo** war bisher ein Refugium für Individualreisende, doch werden seine Lagunenstrände jetzt auch von der Tourismusindustrie entdeckt.
Rings um eine kleine Bucht im Osten Fuerteventuras entstand die Siedlung **Caleta de Fustes**, die mit einem 18-Loch-Golfplatz und Hotels der gehobenen Kategorie um wohlhabende Gäste wirbt.
Gleichfalls im Umbruch begriffen ist die Halbinsel Jandía. Wohin man blickt, entstehen neue Hotels in architektonischem Potpourri-Stil: vom neoromanischen Kirchenpalast bis zur maurischen Wüstenkarawanserei, vom wabenartigen Terrassenhaus bis zum kanarischen Dorf. Bei **Costa Calma** beginnt ein Sandstrand, der sich über 20 Kilometer erstreckt: von der südlich angrenzenden Riesenlagune über Esquinzo bis zum Ferienzentrum **Jandía** und dem angrenzenden Fischerort **Morro Jable** an der Südspitze Fuerteventuras.

Anschauen

BERGLAND: Ungefähr in der Inselmitte liegt die alte Hauptstadt **Betancuria**, benannt nach dem

Normannen Jean de Béthencourt, der 1405 Fuerteventura eroberte. Gegenüber der Kathedrale macht die **Casa Santa María** mit Geschichte und Kultur der Insel vertraut (**tgl. außer So 11–15.30 Uhr**). Betancuria heißt auch das bis 724 Meter ansteigende zentrale Gebirgsmassiv: ein grandioses ockerfarbenes Felsgerippe, das sich durch eine Serpentinenstraße emporwindet.

DER UNERSCHLOSSENE WESTEN: Von der gut ausgebauten Panoramastraße übers Rückgrat der Insel führen Stichstraßen durch ausgeglühte Barrancos zu einsamen Buchten und ruhigen Fischerorten wie **Los Molinos**, **Aguas Verdes** und **Ajuy**.

HALBINSEL JANDÍA: Die aufregendste Landschaft Fuerteventuras ist nur über eine Piste erreichbar: Die einsamen **Playas de Cofete** erstrecken sich am Fuß einer zerklüfteten Gebirgskette. Einziges Gebäude weit und breit ist die nicht zugängliche Ruine der geheimnisumwitterten **Villa Winter**.

MUSEEN: Mehrere Museen sind über die Insel verstreut (Öffnungszeit jeweils Di–Fr und So 9.30–17.30 Uhr, Eintritt 1,20–1,80 €). Das interessanteste befindet sich in **Tefía** im Nordwesten: Dort bilden restaurierte Bauernkaten das **Ecomuseo La Alcogida** (**www.majorero.com/laalcogida**), wo man Korbflechtern, Webern, Steinmetzen und anderen Kunsthandwerkern bei der Arbeit zuschauen kann. In **Tiscamanita** lässt sich im Mühlenmuseum beobachten, wie Korn gemahlen wird; in **Antigua** steht die Windmühle inmitten eines rekonstruierten Dorfes mit schön angelegtem Garten. Die alten Salzgärten von **Las Salinas** (südl. Caleta de Fustes) wurden 2005 als Salzmuseum wiedereröffnet; an der Straße nach **Pozo Negro** (FV-420, Km 2,8) ist ein halbes Dutzend restaurierter altkanarischer Höhlenhäuser zu besichtigen, im **Centro de Interpretación La Atalayita**.

Übernachten

SÜDEN:

Coronado

Jandía, Morro Jable, El Sol 14, Tel. 928 54 11 74, Fax 928 54 02 14, www.solitour.com, Apartment für 2 Pers. ab 50 € inkl. Frühstücksservice

Ein Relikt aus der Pionierzeit des Tourismus. Auf einer hohen Düne unmittelbar am Strand schuf Gustav Schütte, Architekt und Besitzer der Anlage, 20 gut geschnittene Apartments mit großen Terrassen zum Meer hin. Großzügig auch das über dem Pool thronende Restaurant, das klassische internationale Küche bietet. Die Benutzung der Tennisplätze ist im Preis inbegriffen, auf Wunsch gibt es Profi-Unterricht.

Robinson

Club Jandía Playa, Solana Matorral, Tel. 928 16 91 00, Fax 928 16 95 40 (360 Zimmer); Club Esquinzo Playa, Urbanización Esquinzo, Tel. 928 16 80 00, Fax 928 16 84 00 (378 Zimmer); www.robinson.de

1970 öffnete in Jandía der erste aller Robinson Clubs. Das Hauptgebäude wurde in einem Hochhaus unmittelbar am Meer errichtet, die später erbauten zweigeschossigen Patio-Häuser verteilen sich über einen Garten; am besten wählt man ein Zimmer zur Meerseite. Für einen Urlaub mit Kleinkindern empfiehlt sich die Anlage im Nachbarort Esquinzo. Beide sind nur pauschal buchbar, eine Woche mit Flug ab München kostet all-inclusive ab 898 € pro Person.

Suite-Hotel Marina Playa

Jandía, Esquinzo, Tel. 928 54 40 52, Fax 928 54 49 76, www.montemarinaplaya.de, Apartment inkl. Frühstücksbuffet für 2 Pers. ab 78 €

In seinem Roman „Tod eines Kritikers" hat Stammgast Martin Walser die Apartmentanlage (62 Wohneinheiten) verewigt. Sie steht auf einer Klippe über dem kilometerlangen Strand, vom 4. und 5. Stock genießt man großartigen Meerblick. Das Frühstück wird in einem runden Holzpavillon eingenommen, nebenan befindet sich das mit einem Außenpool verbundene Meerwasserhallenbad. In zweiter Strandlinie liegt die zugehörige Anlage **Monte Marina**, das „erste FKK-Resort auf Fuerteventura".

Risco del Gato

Costa Calma, Sicasumbre 2, Tel. 928 54 71 75, Fax 928 54 70 30, www.hotelriscodelgato.com, Suite für 2 Pers. inkl. Frühstücksbuffet ab 120 €

Wer persönliches Ambiente schätzt, fühlt sich auf der „Katzenklippe" gut aufgehoben – auch wenn der Luxusherberge zwei Hotels vor die Nase gesetzt wurden. Die 51 sichelförmigen Bungalow-Suiten bestehen aus Schlafraum mit King-Size-Betten, Salon mit Sat-TV und zwei windgeschützten Terrassen; besonders originell sind die kreisrunden Kuppelbäder mit Jacuzzi-Wanne. Meerblick bietet heute freilich nur noch eine Bungalow-Reihe. Das Frühstück wird meist auf der Sonnenterrasse eingenommen, das Dinner im minimalistisch gestylten Restaurant. Zur Anlage gehören drei Pools im Garten, ein Wellness-Center und zwei Kunstrasen-Tennisplätze mit Flutlicht, die bei Wind überdacht werden.

NORDEN:

Cotillo Sunset

El Cotillo, Avda. Los Lagos s/n, Tel. 928 17 50 65, Fax 928 17 56 20, www.cotillosunset.com, Studio für 2 Pers. ab 55 €

Blick in den Sonnenuntergang, wie der Name verspricht, gibt es nur in der ersten Reihe der Anlage (Nr. 1–18). Für einen Urlaub mit Kindern sind die Studios im Erdgeschoss (Nr. 11–18) ideal – der Strand beginnt unmittelbar vor der Haustür. Die Einrichtung ist freundlich-robust, mit Mikrowelle in der Kitchenette und Föhn im Marmorbad. Pool, Planschbecken und Jacuzzi liegen im windgeschützten Innenhof. Ein Mini-Laden verkauft alles Lebensnotwendige, sodass man nicht ins einen Kilometer entfernte Ortszentrum laufen muss.

Essen & Trinken

SÜDEN:

Marabú

Esquinzo, Calle Fuente de Hija s/n, Tel. 928 54 40 98, www.marabu-online.com, Mo–Sa 13–23 Uhr

Ausschau in eine unbekannte Welt: An der Costa Calma können schon die Kleinen einen Tauch- und Schnorchelkurs belegen

Überflieger: Vor Fuerteventuras Stränden messen die besten Wellenreiter ihre Kräfte mit dem Wind. Neuerdings auch Kitesurfer

Landhaus-Ambiente mit hellen Leinenstoffen und weichen Stühlen; durch die Decke wächst eine Palme. Bei Chef Ralf Johmann sollte man sich ein Slow-Food-Dinner gönnen: zum Auftakt etwa Tunfisch-Carpaccio, als Zwischengang Salat mit gebratener Kaninchenleber oder Riesengarnelen mit Kürbis-Chutney. Als Hauptspeise empfiehlt sich ein klassisches Fisch- oder Fleischgericht, als Dessert eine Variation von hausgemachtem Eis und Mousse. Die beste Adresse weit und breit, hier muss man frühzeitig reservieren, vor allem am Wochenende!

El Camello

La Pared, Urb. Panorama, Tel. 928 54 90 90, www.elcamello.biz, Di–So 13–23 Uhr

Gute Vorspeisen- und Nachspeisenteller. Für 7,50 € bekommt man ein **surtido de tapas** mit Tintenfischsalat und fritierten Kalamarspitzen, Garnelen und Sardellen auf gegrillter Paprika, Ziegenkäse auf Basilikum-Tomaten und panierte Champignonköpfe. Beim Dessert geht es noch opulenter zu: Unter sieben Leckereien (**postre variado**) befinden sich Mango-Sorbet und Amaretto-Parfait, Pumpernickelmousse und Gofio-Eis. Rustikal eingerichtet, souveräner Service!

INSELMITTE:

Don Antonio

Vega de Río Palmas, Plaza de la Peña, Tel. 928 87 87 57, Di–So 11–17, Fr und Sa bis 22 Uhr

Restauriertes Herrenhaus neben der Wallfahrtskirche mit dicken Natursteinmauern, Balkendecken und lauschigem Innenhof. Der Duft erlesener Fonds stimmt auf die Küche ein – Spezialitäten sind Lammgerichte und die Fischsuppe –, und zum Nachtisch gibt es die beste Crema Catalana der Insel.

La Era de Casillas

Casillas del Ángel (westl. Puerto del Rosario), Ctra. General 38, Tel. 928 53 82 34, tgl. ab 13 Uhr

Rustikales Großrestaurant mit guter Küche. Vom familieneigenen Hof kommen Käse und Fleisch, aus langjähriger Gastro-Erfahrung stammen die Rezepte. Ein Menüvorschlag: erst überbackener Räucherlachs auf glacierten Avocados (**delicias del salmón**), dann Zicklein (**cabrito al horno**) oder flambiertes Filetsteak mit Nüssen (**chuletón con nueces**).

WESTKÜSTE:

Casa Pon

Puertito de los Molinos, tgl. 10–19 Uhr

An der rauen Westküste, zehn Kilometer von Tefía entfernt, serviert Señor Pon frischen Fisch, und dies seit mehr als 20 Jahren. Am besten schmeckt das zarte Fleisch des Papageifisches (**vieja**). Freunde deftiger Knabbereien greifen zu so genannten **majoreros muertos**, gedörrten Mini-Sardellen. Man sitzt auf Plastikstühlen unter einem Plastikdach, füttert die schnorrende Wildziege Margarita und blickt auf die anrollenden Wellen.

Tipps für Aktive

WINDSURFEN: Als Top Spot der Kanaren gilt Los Gorriones; bestens ausgestattet ist das dortige **Pro Center René Egli** (**Tel. 928 54 74 83, Fax 928 54 73 88, www.rene-egli.com**). Anfänger stellen sich in Caleta de Fustes aufs Brett des **Fanatic Fun Center** (**Tel. 928 53 59 99, www.fanatic-surf.com**).
WELLENREITEN: Theorie und Praxis vermittelt das **Ineika Funcenter** in Corralejo (**Nuestra Señora del Pilar s/n, Tel. 928 53 57 44, www.ineika.de**).
TAUCHEN: Die interessantesten Reviere liegen in der Meerenge zwischen Fuerteventura und Lobos, doch Tauchschulen sind in allen Ferienorten aktiv. So in Corralejo das **Dive Center** (**Nuestra Señora del Pino 22, Tel. 928 53 59 06, www.divecentercorralejo.com**), in Costa Calma der **Poseidon's Dive Inn** (**Sunrise Costa Calma Beach Resort, Tel./Fax 928 87 53 83, www.poseidonsdiveinn.com**) und in Jandía die **Tauchschule Felix** (**Avda. del Saladar s/n, Tel./Fax 928 54 14 18, www.tauchen-fuerteventura.com**).
WANDERN: Einfach ist die rund dreistündige Umrundung der unbewohnten Mini-Insel **Lobos** vor Corralejo (Fähre ab Corralejo 10 Uhr, zurück 16 Uhr, 10 €). Die schönste Wandertour führt von **Vega de Río Palmas** durch einen palmenbestandenen Barranco, vorbei an einer Wallfahrtskapelle und hinunter zum Fischerdorf **Ajuy** an der Westküste (eine Strecke ca. 3,5 Std.).
RADFAHREN: Die beste Verleihstation im Norden ist **Vulcano Biking** (**Corralejo, Acorazado España 10, Tel. 928 53 57 06, www.vulcano-biking.com**); im Süden bietet **Fuerte Bike** geführte Touren an (**Las Gaviotas/Jandía, Club Aldiana, Tel. 629 36 27 95, www.fuertebike.com**).
GOLF: Ein 18-Loch-Golfplatz befindet sich in **Caleta de Fustes** (**FV-2, Km 11, Tel. 928 16 00 34, www.fuerteventuragolfclub.com**); eine weitere Anlage öffnet 2006 im **Valle de Vinamar** bei Jandía.

Strahlende Vergangenheit: das aufwendig rekonstruierte Museumsdorf in Antigua

Veranstaltung

Im Juli trifft sich die Weltelite der Surfer an der Playa Barca (südlich von Costa Calma) zum **Windsurf & Kiteboard World-cup** (**www.fuerteventura-worldcup.org**): Seit 1985 werden hier die Weltmeisterschaften in Disziplinen wie Slalom, Speed und Freestyle ausgetragen. Parallel zu den Wettkämpfen findet am Strand eine große Party statt, jeden Abend gibt es Live-Musik. Termin 2006: 21.7.–5.8.

Hier lohnen sich selbst ausgetretene Pfade: offizieller Aufstiegsweg zum Teide-Gipfelplateau

HEUTE AUF DEN GIPFEL, MORGEN IN DIE GROSSSTADT

Urbanes Erbe und windgepeitschte Einsamkeit liegen nur wenige Kilometer auseinander. Wer die touristische Monokultur im Süden und Westen umfährt, erlebt auf Teneriffa immer wieder neue Lichtblicke

Über das Orotava-Tal notierte Alexander von Humboldt 1799, „nirgends ein so mannigfaches, so anziehendes, durch die Verteilung von Grün und Felsmassen so harmonisches Gemälde vor mir gehabt zu haben". Was würde er heute angesichts der vielen, über den Hang verstreuten Ferienhäuser sagen?

Im Süden der Insel haben Spielcasinos, Varietés und Bausünden des Massentourismus viele deutsche Stammgäste verschreckt. Um sie zurückzugewinnen, setzt die Inselregierung auf Qualitätstourismus: Genehmigt werden nur noch Investitionen in hochwertige Hotels und Freizeiteinrichtungen. So entstanden an der Playa del Duque prachtvolle Hotelpaläste inmitten Gärten voll exotischer Blüten. Bereits bestehende Hotels modernisierten ihre Anlagen zu Wellness-Oasen und errichteten Badetempel, die antiken Thermen nachempfunden sind, türkische Saunen unter Sternenhimmel, Erlebnisduschen mit Sprühnebel und tropischem Regen. Hier können die Gäste bei Thalasso, Yoga und Zen den Alltagsstress abstreifen. Inselbesucher, die an der frischen Luft ihr Handicap pflegen möchten, können neun Golfplätze nutzen – damit hat sich Teneriffa zur wichtigsten Golf-Destination der Kanaren entwickelt, in den nächsten Jahren sollen weitere Anlagen dazukommen.

Ferienzentren

Die touristisch am stärksten entwickelte Zone liegt im trockenen, sonnigen Süden und erstreckt sich von El Médano im Osten bis Los Gigantes im Nordwesten. Zum „Kernbereich" gehören Playa de las Américas mit Fähr- und Fischereihafen sowie Costa Adeje mit Yachthafen, verbunden durch eine sechs Kilometer lange Palmen-Promenade, der mehrere künstlich geschaffene Sandstrände vorgelagert sind. An deren Nordende liegt die exklusive Enklave Playa del Duque („Strand des Fürsten") mit feudalen Vier- und Fünfsternehotels. Diese sind nur durch eine Natursteinpromenade vom Meer getrennt, der Strand mit seinen blau-weißen Pavillons erinnert an den venezianischen Lido. Den meisten Gästen dient er freilich nur als Kulisse, sie baden lieber in den wohltemperierten Pool-Landschaften. Ein eher älteres Publikum schätzt den Urlaub im klimatisch milden Norden; hier erhielt das in die Jahre gekommene Puerto de la Cruz neue Strände und eine Meerespromenade.

Anschauen

PARQUE NACIONAL DEL TEIDE: Dominiert wird die Insel vom Teide, der mit 3718 Metern zu den mächtigsten Vulkanen der Erde gehört. Auf seinen Höhen breitet sich der Riesenkrater Las Cañadas aus, der durch eine Pass-Straße erschlossen ist. Sie führt auch zum Besucherzentrum El Portillo, in dem man alles Wichtige zu Geologie und Botanik des Nationalparks erfährt und sich zu geführten Gratis-Touren anmelden kann (**Centro de Visitantes, TF-21/TF-24, Tel. 922 35 60 00**). Zehn Kilometer südwestlich beginnt die Seilbahn zum 3555 Meter hohen Gipfelplateau (**Teleférico, Tel. 922 01 04 45, www.telefericoteide.com, 9–17 Uhr, hin und zurück 22 €**). Von der Endhaltestelle führen Wege zu zwei **miradores** mit fantastischer Fernsicht; den eigentlichen Gipfel darf man nur mit schriftlicher Genehmigung des Nationalparkbüros in Santa Cruz erklimmen. In der Mitte des Cañadas-Kraters erheben sich die verwitterten Felsgiganten Los Roques: Eine an der Aussichtsterrasse startende Rundtour (3,5 km, 2 Std.) führt zu den „Kathedrale" und „Finger Gottes" genannten Formationen.

TENO-MASSIV: Gleichfalls spektakulär ist das zerklüftete Gebirge im Westen mit bis zu 1300 Meter hohen Gipfeln, dessen Klippen abrupt ins Meer abfallen. In einer tiefen Schlucht zwischen gezackten Kämmen liegt das Dorf Masca, Startpunkt zu einer Wandertour an die Küste

Zwischen Erde und Ewigkeit: das Dorf Masca im Teno-Massiv

TENERIFFA
Fläche: 2034 km², die größte Insel des Archipels
Höchste Erhebung: Teide, 3718 m, Spaniens höchster Gipfel
Küstenlänge: 342 km
Nationalpark: Teide, 189,90 km²
Einwohner: 812 839
Hauptstadt: Santa Cruz de Tenerife, 219 446 Einwohner

TOURISTENINFORMATION
Tenerife Tourism Corporation, Repräsentanz in Deutschland: Clemensstr. 24, 80803 München, Tel. 089/33 05 67 80, Fax 33 05 67 89, www.webtenerife.com, www.teneriffeselect.com
Oficina de Turismo, Santa Cruz, Plaza de España s/n, Tel. 922 23 95 92, Fax 922 23 98 12, www.sctfe.es, www.turismosantacruz.com
Oficina de Información Turística, Puerto de la Cruz, Plaza de Europa, Tel. 922 38 60 00, Fax 922 38 47 69, www.teneriffanord.com
Oficina de Información Turística, Costa Adeje, Playa Troya, Avda. Rafael Puig 1, Tel./Fax 922 75 06 33, www.costa-adeje.net
Oficina de Información Turística, Playa de Las Américas, City Center (gegenüber Parque Santiago II), Tel. 922 79 76 68, Fax 922 75 71 98, www.arona.org

WEBSITES
www.puntoinfo.idecnet.com Informationen der Inselregierung zu Geschichte, Geologie, Flora und Fauna, Sehenswürdigkeiten, zu Wanderungen und Sportmöglichkeiten, Unterkünften, Restaurants und noch viel mehr. Auch auf Deutsch, doch wer Spanisch versteht, erfährt mehr Details
www.teneriffaanzeiger.de Online-Magazin mit Nachrichten für auf Teneriffa ansässige Deutsche und mit Tipps für Urlauber
www.iac.es/ot/real/index.html Webcam-Fotos des Teide, alle zwei Minuten aktualisiert, aufgenommen vom Observatorium
www.teneriffalive.de Deutschsprachiges Reisemagazin mit Kurzinfos der wichtigsten Orte, Übernachtungs- und allgemeinen Reisetipps

(5 km, 4 Std., Rückfahrt per Boot in den Süden 10 €). Gute Infos bekommt man im Besucherzentrum von Los Silos (**Centro de Visitantes, Plaza de la Luz s/n, Tel. 922 84 10 86, www.lossilos.es, Mo–Fr 10–14 Uhr**).
ANAGA-MASSIV: Lorbeerwald bedeckt die Kämme des schroffen, rund 1000 Meter hohen Gebirges im Nordosten. Es ist durch eine Hochstraße erschlossen, von der aus serpentinenreiche Stichstraßen zur Küste hinabführen. Ein Besucherzentrum in Cruz del Carmen informiert über die Wanderwege (**Centro de Visitantes, tgl. 9.30–16 Uhr**).
STÄDTE: Die alte Hauptstadt La Laguna erhielt 1999 das Prädikat „Weltkulturerbe der Unesco". Mit der neuen Hauptstadt, dem nur wenige Kilometer entfernten Santa Cruz, ist sie nahezu verschmolzen. Dort hat sich in städtebaulicher Hinsicht in den vergangenen Jahren viel getan. Das vom Stararchitekten Santiago Calatrava entworfene Auditorium stemmt sich mit „fliegenden Dächern" dem Atlantik entgegen. Auch das gleichfalls von Calatrava stammende Kongresszentrum, der von César Manrique konzipierte Parque Marítimo und das Palmetum werben für ein neues kulturelles Image der Insel. Über die Stadt verstreut liegen einige sehenswerte Museen: das Museo de la Naturaleza y el Hombre (**Calle Fuente Morales s/n, www.museosdetenerife.org, Di–So 9–19 Uhr, 1,50 €**), das Centro de Arte La Recova (**Plaza de la Madera, Mo–Sa 11–13 und 18–20 Uhr**) und das Museo de Bellas Artes (**Calle José Murphy 12, Di–Fr 10–20, Sa–So 10–14 Uhr**).
Besonders reizvoll sind die Altstädte von Garachico und La Orotava im Nordwesten – nahezu komplett erhaltene Ensembles herrschaftlicher Architektur, zum Teil über 500 Jahre alt.

Übernachten

NORDKÜSTE:

Villa Chiripa

Puerto de la Cruz, Calle Bélgica 54, Tel. 922 38 14 50, Fax 922 38 08 93, www.lti.de/spanien.html, DZ inkl. HP ab 212 €

Ein glücklicher Zufall (**chiripa**) wollte es, dass ein Marquis seine Sommerfrische im Taoro-Park hoch über der Stadt baute. Klassizistisch angehaucht, altrosa gestrichen und inmitten üppiger Vegetation wirkt die Villa noch heute wie ein Lustschlösschen. Die zwölf Zimmer sind im Landhausstil behaglich eingerichtet. Gespeist wird im Wintergarten mit Blick auf den Teide. Es gibt einen Wellness-Bereich mit türkischer und finnischer Sauna sowie Whirlpool; Tennisplätze und Gratis-Schnuppertauchen bietet das Hotel Chiripa Garden nebenan. Ein Shuttle-Bus fährt mehrmals täglich ins anderthalb Kilometer entfernte Stadtzentrum. Die beste Unterkunft im Orotava-Tal.

NORDWESTEN:

Casa La Joya

Carretera Garachico–El Tanque s/n, buchbar über Karin Pflieger, Hamburg, Tel. 040/560 44 88, Fax 560 44 87, www.turismorural.de, 1 Woche für 2 Pers. ab 455 €

Vom Hafenstädtchen Garachico schraubt sich eine Serpentinenstraße die Steilwand empor, dort oben liegt – mit weitem Blick übers Meer – das „Schmuckstück" (**la joya**). Seine dunklen, auf Hochglanz polierten Dielen und offenen Dachstühle strahlen Wärme aus, im grünen Patio blieben die alten Steinbänke und der archaische Backofen erhalten. Der deutsche Besitzer kennt sich in der lokalen Kunstszene bestens aus und gibt Tipps für erlebnisreiche Exkursionen. Für maximal sechs Personen.

SÜDEN:

Abama

Guía de Isora, Ctra. General TF-47, Km 9, Tel. 902 10 56 00, www.abamahotelresort.com, DZ in der „Zitadelle" ab 350 € inkl. Frühstücksbuffet

Lesen Sie dazu „Sieg den Palästen!" auf Seite 58.

Gran Hotel Bahía del Duque

Costa Adeje, Calle Alcalde Walter Paetzmann s/n, Tel. 922 74 69 00, Fax 922 71 26 16, www.bahia-duque.com, DZ inkl. Frühstücksbuffet ab 295 €

Pastellfarbene Türmchen, Tempel mit antiken Skulpturen, Säulen in allen Formen und mittendrin eine grandiose Freitreppe. All dies spiegelt sich im Wasser mehrerer Pools, die terrassenförmig zum Strand absteigen.

Landschaft mit Handicap: Der 27-Loch-Parcours des 2005 eröffneten Abama-Resort

Wer in dem „Märchenschloss" bucht, sollte nicht den Ehrgeiz haben, Teneriffa zu erkunden – mit dem Genuss des Fünfsternehauses (482 Zimmer) und seiner kulinarischen Angebote ist er hinreichend beschäftigt. Natürlich gibt es Sauna, Fitness- und Beauty-Center, Tennis- und Squashcourts, ein Putting Green – und eine Sternwarte!

Summit Club Hotel VillAlba

Vilaflor, Camino San Roque s/n, Tel. 922 70 99 30, Fax 922 70 93 41, DZ inkl. Halbpension und Wanderführung ab 100 €; buchbar in Deutschland über DAV Summit Club, München, Tel. 089/64 24 00, www.dav-summit-club.de

Man merkt dem Haus des Deutschen Alpenvereins an, dass es von Wanderern für Wanderer konzipiert wurde: Es liegt auf der „richtigen" Höhe (1600 m) nahe dem Startpunkt vieler Touren im Teide-Nationalpark. Die helle Einrichtung der 22 Suiten mit großen Balkonen lässt Raum zum Atmen. Auf Wunsch wird das Buffet-Frühstück schon ab 7 Uhr serviert, beim Abendmenü stammen viele Zutaten aus eigenem Anbau. Täglich werden zwei geführte Touren angeboten, eine leichte und eine anspruchsvolle. Für Radler stehen Mountainbikes bereit. In der Sauna, im Dampfbad, dem beheizten Schwimmbad und bei Massagen können sich die Gäste nach der Bergtour regenerieren.

NORDOSTEN:

Taburiente

Santa Cruz, Doctor José Navieras 24A, Tel. 922 27 60 00, Fax 922 27 05 62, www.hoteltaburiente.com, DZ inkl. Frühstücksbuffet ab 75 €

Eine Oase der Ruhe: Das Hotel liegt am Park García Sanabria, der grünen Lunge der Hauptstadt mit üppiger exotischer Flora. Entspannung bieten auch die in klaren Farben und Formen gestalteten 172 Zimmer. Nach einem Shopping- oder Sightseeing-Tag erfrischt man sich im Pool auf der Dachterrasse, die einen tollen Ausblick über die Stadt eröffnet.

Essen & Trinken

NORDKÜSTE:

Casa del Vino La Baranda

El Sauzal, Autopista General del Norte TF-5, Km 21, Tel. 922 57 25 35, www.tenerife.es/casa-vino, Di–Sa 11–22, So 11–18 Uhr

In dem rustikalen Gutshof aus dem 18. Jahrhundert kann man alle Inselweine kosten und kaufen. Die Palette reicht von im Eichenfass gereiftem Rotwein aus dem Anbaugebiet Tacoronte-Acentejo über jungen Weiß- und Schaumwein des Orotava-Tals bis zum süßen Malvasier aus dem Tal von Güímar. Wer dazu das passende kanarische Gericht genießen will, geht ins benachbarte, allerdings leicht überteuerte Restaurant.

Casa Miranda

Puerto de la Cruz, Calle Santo Domingo 13, Tel. 922 37 38 71, tgl. ab 8 Uhr

Schöne Lage, gutes Essen und ein gemütliches Ambiente – kein Wunder, dass die Casa Miranda von morgens bis abends gut besucht ist. Das Herrenhaus von 1730 steht an der brandungsumtosten Küste nahe dem Hafen von Puerto de la Cruz. Im Erdgeschoss befinden sich Bistro und Bodega, im Obergeschoss ein Fischrestaurant.

Mansión Canaria Ábaco

Puerto de la Cruz, Urb. El Durazno, Calle Casa Grande s/n, Tel. 922 37 48 11, www.abacotenerife.com, Mo–Sa 20–2 Uhr

Jahrhundertealte, von Kerzen erhellte Salons, historische Gemälde und Früchte-Dekorationen wie im Schlaraffenland: Gern gönnt man sich hier einen Cocktail und lauscht der klassischen Musik.

Casa Lercaro

La Orotava, Calle Colegio 7, Tel. 922 32 62 04, Di–So 10–20 Uhr

Ein herrschaftliches Haus mit Garten und Blick aufs Orotava-Tal: Auf einer holzgeschnitzten Veranda werden Kaffee und Kuchen aufgetragen, im romantischen Innenhof Schinken- und Käseplatten, Salat, deftige Eintöpfe und Fleisch. Im angeschlossenen Delikatessenladen heißt die Devise **hecho en Canarias**: Alles, was hier verkauft wird, stammt vom Archipel.

WESTEN:

El Aderno

Los Silos, Calle El Olivo 1, Tel. 922 84 08 77, www.eladerno.com, Mo–So 9–21 Uhr

Von Likör-Törtchen über Mojito-Pralinen und Gofio-Trüffel bis zum locker-leichten Merengue ist in diesem Café alles hausgemacht. Selbst eine Probierstube für Schokolade (**cava del chocolate**) fehlt nicht! Señor Teobaldo Méndez, der Teneriffa 2005 auf der Internationalen Gastro-Messe in Madrid vertrat, eröffnete am benachbarten Golfplatz Buenavista inzwischen auch ein Edelrestaurant.

El Burgado

Buenavista del Norte, Playa de las Arenas, Tel. 922 12 78 31, tgl. 12–23 Uhr

Im entlegenen Nordwesten, wo sich die Wellen an die Küste werfen und die Klippen fast senkrecht aus den Fluten steigen, entstand dieses in den Fels integrierte Restaurant. Die Architektur ist avantgardistisch, die Küche bodenständig. Señor Paco serviert frischen Fisch **a la plancha** (auf heißer Platte gebraten), Napfschnecken und Muscheln, dazu guten Inselwein.

El Guanche

Masca, Tel. 922 86 34 24, tgl. 11–18 Uhr

Salat, Gemüsesuppe mit Gofio, dann eine **tarta guanche** (Tortilla-ähnliches Maisgericht mit Chutney) und zum Abschluss Bananencreme mit Palmsaft und Rum – so sieht das in der alten Schule von Masca aufgetischte Menü des Hauses aus, Preis: 15 €. Doch nicht allein mit seinen vegetarischen Gerichten, sondern vor allem mit seiner Lage bezaubert das Lokal: Von der blumenumrankten Terrasse schaut man in die zerklüftete Schlucht, lauscht dem Vogelgezwitscher und dem Summen der Bienen.

SÜDEN:

La Querencia de Domingo

Alcalá, Calle Marruecos 2, Tel. 922 86 54 57

Eine Rarität in der Glitzerwelt des Südens: Das Lokal im ehemaligen Fischerdorf ist vom Boden bis zur Decke mit farbenfrohen, von Indianerkunst inspirierten Bildern geschmückt. Sie stammen von Señor Domingo, der als Emigrant viele Jahre in Südamerika lebte und von dort originelle Rezepte mitbrachte. Seine Frau Naty und die Söhne bereiten fritierte Datteln, Maispfannkuchen und kubanischen Reis zu, im Hintergrund erklingen politische Protestlieder.

So süß kann das Leben sein: Drink im Mansión Canaria Ábaco

NORDOSTEN:

Condal & Peñamil
Santa Cruz, Callejón del Combate 9–13, Tel. 922 24 90 58, www.cp-house.com, Mo–Sa 13–16 und 20–23 Uhr
In der Genuss-Oase der Tabakfirma C & P fühlen sich nicht nur Zigarrenraucher wohl. Jedes Detail, vom Kaffeelöffel bis zum Mahagoni-Mobiliar, ist dem edlen Clubstil angepasst. Zur Wahl stehen ein Café, ein Raucher-Salon sowie ein Restaurant mit mediterraner Küche.

Tipps für Aktive

WANDERN: **Markierte Wege** führen durch den Teide-Nationalpark, das Teno- und das Anaga-Gebirge. Busse fahren zu den Ausgangspunkten Parador Nacional del Teide, Los Silos und Chamorga; Busfahrplan unter **www.titsa.com**.
RADFAHREN: Verlässliche Anlaufstelle für Leih-Bikes und geführte Touren ist im Süden **DIGA Sports** in Playa de las Américas (**Hotel Park Club Europa, Rafael Puig 23, Tel. 922 79 30 09, Fax 922 17 68 37, www.diga-sports.de**), im Norden **Mountainbike Active** in Puerto de la Cruz (**Calle Mazaroco s/n, Ed. Daniela 26, Tel. 922 37 60 81, www.mtb-active.com**).

Haifischbecken der netteren Art: Glastunnel im Aquarium des Papageien-Parks Loro Parque in Puerto de la Cruz

GOLF: Einen Überblick über Teneriffas Plätze gibt die Website **www.tenerifegolf.es**.
REITEN: Reiten im Westernsattel können Anfänger wie Fortgeschrittene bei einem deutschen Paar in der **Finca Verde** nahe La Orotava (**Ctra. General Las Cañadas 273, Km 10, Tel./Fax 922 33 40 07, www.indian-riding.com**).
TAUCHEN: In Las Américas gibt es mehrere PADI-Tauchzentren mit Kursen für Novizen bis zum Divemaster, z. B. das **Aqua-Marina Dive Centre** (**Local 249A, Centro Comercial Compostela Beach, Tel. 922 79 79 44, www.aqua-marina.com**).
WINDSURFEN: Dank einer ganzjährig steifen Brise ist El Médano östlich des Flughafens Teneriffa-Süd ein Dorado für Wind- und Kitesurfer. Verleih und Kurse bietet das **Surf Center Playa Sur** neben dem gleichnamigen Hotel (**Calle Gaviota, Tel. 922 17 61 20, www.surfcenter.el-medano.com**).

Inselfeste

Zusammen mit Las Palmas auf der Nachbarinsel Gran Canaria ist Santa Cruz de Tenerife Austragungsort des **Internationalen Musikfestivals**. Das London Symphony Orchestra, das Orchestre Révolutionnaire et Romantique und das Royal Concertgebouw Orchestra sind nur einige der herausragenden Ensembles, die in den Auditorien beider Hauptstädte zu Jahresbeginn auftreten (**7. 1.–18. 2. 2006, www.festivaldecanarias.com**).
Auf die hohe Kultur folgt der **Karneval**, der in allen Inselorten gefeiert wird, am ausgelassensten aber in Santa Cruz (**www.carnavaltenerife.com**). Höhepunkt ist die Wahl der **Reina** (Königin), die unter ihrem zentnerschweren Glitzerschmuck viel Haut zeigt. **Murgas** (Gesangsgruppen) singen Spottlieder auf Politiker; **comparsas**, Frauen in knappem Dress, heizen die Stimmung an. Beim **Mogollón**, dem allnächtlichen Open-Air-Tanzvergnügen, wird mit Salsa und Samba die Nacht zum Tag. Feierlicher Abschluss des Karnevals ist die „Beerdigung der Sardine“: Ein riesiger Pappmaché-Fisch wird zu Wasser gelassen und dann entzündet. Die tausendköpfige Trauergemeinde klagt und schreit, während das Symbol in Flammen aufgeht, denn nun bricht traditionell die lange Zeit der Entsagung an.
Große Gaudi herrscht auch bei Teneriffas **Weinfesten** am Andreastag: In Icod de los Vinos saust die Dorfjugend in der Nacht zum 30. November auf gewachsten Holzbrettern die steilen Gassen hinab, in Puerto de la Cruz machen an diesem Abend Jugendliche mit an Schnüren befestigten Blechdosen einen Höllenlärm. Haben sich alle ausgetobt, wird der junge Wein ausgeschenkt, dazu verspeist man geröstete Kastanien.
Feierlich geht es dagegen am Fronleichnamstag (span. **Corpus Cristi**) zu: In La Orotava schreiten die Prozessionen über gigantische „Bibel-Teppiche“, die aus Blumen und buntem Vulkansand auf den Straßen und Plätzen ausgelegt sind.

ZWISCHEN NICHTSTUN UND NIRWANA

Als wäre ein Stück Kreuzberg auf die Kanaren versetzt: Ladenschilder und Aushänge zeigen, wie fest sich die Alternativkultur in Gomeras Valle Gran Rey inzwischen etabliert hat. Der Norden freilich ist immer noch urwüchsig und menschenleer

Wo Genießer aussteigen: Jardín Tecina in Playa de Santiago

LA GOMERA
Fläche: 370 km², die zweitkleinste Insel des Archipels
Höchste Erhebung: Garajonay, 1487 m
Küstenlänge: 100 km
Nationalpark: Garajonay, 39,86 km²
Einwohner: 21 220
Hauptstadt: San Sebastián de la Gomera, 7984 Einwohner

TOURISTENINFORMATION
San Sebastián: Casa de Aguada, Calle Real 4, Tel. 922 14 15 12, Fax 922 14 01 51, www.gomera-island.com
Valle Gran Rey: La Playa, Tel./Fax 922 80 54 58
Playa Santiago: Avda. Marítima s/n, Edificio Las Vistas, Tel. 922 89 56 50, Fax 922 89 56 51

WEBSITES
www.m-e-e-r.de Verein zum Schutz der Wale und Delfine und ihres natürlichen Lebensraums mit Forschungsprojekt auf La Gomera; siehe Seite 70
www.mygomera.de Private Website mit Fotos, Slide-Shows, Storys – liebevoll und professionell gemacht
www.valle-bote.com Website des deutschsprachigen „Internationalen Insel-Magazins" – genauso liebenswert abgedreht wie die Printausgabe
www.insel-la-gomera.de Private Website mit guten Insel-Infos
www.gomera21.com Spanisch-deutsche „Cyber-Zeitung" mit aktuellen Nachrichten aus den Inselgemeinden
www.vallehermoso.de Informative, attraktive Website einer Vermittlungsagentur für stilvolle Unterkünfte, nicht nur im Inselnorden

Noch heute schwärmen manche Einheimische von den Vollmond-Festen im Weiler **El Cabrito**. Dort probten die jungen Wilden aus Mitteleuropa mit freier Liebe den Ausstieg aus der Gesellschaft. Das Feiern war schlagartig vorbei, als Otto Mühl, der Initiator der Gemeinschaft von El Cabrito, wegen Verführung Minderjähriger 1991 verhaftet wurde. Die Kommune löste sich auf. Einige ehemalige Mitglieder aber blieben, neue kamen hinzu; gemeinsam mit Gomeros verwandelten sie die Finca am Meer in einen alternativen Ferienclub mit ökologischer Landwirtschaft, Workshops und Künstlerateliers.
Otto Mühls Anhänger waren nicht die Einzigen, die die abgelegene Insel zum Zufluchtsort erwählten. Hippies aus ganz Europa zogen ins **Valle Gran Rey**, vor allem in die „Schweinebucht" (eigentlich: Playa de las Arenas), den benachbarten Barranco de Argaga erwarb eine Sannyasin-Gemeinde. Aber auch viele „Normalos" verbrachten Jahr für Jahr ihre Ferien auf La Gomera, um mit der Überfahrt von Teneriffa die Welt der Bettenburgen hinter sich zu lassen.
Heute sind die Welten nicht mehr so schroff getrennt. Seit die Europäische Gemeinschaft der zerklüfteten Insel breite Straßen, Tunnel und einen schmucken Flughafen spendiert hat, ist La Gomera in den Katalogen der Reiseveranstalter präsent. Im „Tal des Großen Königs" entstehen immer mehr Bungalowanlagen, und der Fischerhafen von Vueltas wird mit EU-Geldern für Großfähren ausgebaut, damit zukünftige Urlauber noch schneller ans Ziel gelangen.
Ein paar **Rituale** von einst haben sich freilich erhalten: Zum Sonnenuntergang trifft man sich noch immer am Strand von La Playa vor Marías Bar (eigentlich Bar las Jornadas), lauscht den Trommelklängen und blickt zum Horizont, wo die Sonne im Atlantik versinkt. Sobald die letzten Strahlen erloschen sind, wird andächtig geklatscht.

Ferienzentren

Landschaftlich grandios ist das Valle Gran Rey, dessen terrassierte Steilflanken sich am Meer zu einer breiten Bucht öffnen. Hier liegt eine Vielzahl von Individual- und Pauschalunterkünften: an der Küste in **La Playa**, **La Puntilla** und **Vueltas**, etwas landeinwärts in **Borbalán** und – besonders idyllisch – in **La Calera**. Gebadet wird an kleinen schwarzen Sandstränden: traditionell nackt an der **Playa del Inglés**; für Kleinkinder geeignet ist der seichte **Charco del Conde**, „Baby Beach" genannt.
In **Playa de Santiago** im Inselsüden sind die Spuren aus der Zeit der Alternativbewegung fast schon verwischt. Das Luxusresort, der neue Golfplatz und die wachsende Zahl von Apartmentanlagen werden vor allem von Pauschalurlaubern gebucht.

Anschauen

PARQUE NACIONAL DE GARAJONAY: Der größte zusammenhängende **Lorbeerwald** des Archipels bedeckt das gebirgige Inselzentrum. Wer aus dem sonnendurchglühten Süden La Gomeras hinauffährt, sollte warme, wasserfeste Kleidung dabeihaben: Selbst im Hochsommer treiben meist Passatwolken die Hänge empor, verfangen sich dichte Nebelschwaden wie Gespenster in den Ästen der Bäume, tröpfelt Sprühregen aus dem immergrünen Blätterdach. Die Waldlichtung **Laguna Grande** ist ein guter Startplatz für eine Wanderung auf markierten Pfaden durch den Nationalpark, der seit 1986 Unesco-Welterbe ist. Über Flora, Fauna und Geologie informiert das Besucherzentrum **Juego de Bolas**, das auch kostenlose geführte Wanderungen organisiert; angeschlossen ist ein botanischer Garten mit einheimischen Pflanzen sowie ein kleines ethnographisches Museum (**Ctra. Las Rosas-La Palmita, Di–So 9.30–16.30 Uhr, Tel. 922 80 09 93**).
DÖRFER DES NORDENS: Landschaftlich besonders reizvoll liegen **Hermigua** inmitten ausgedehnter Bananenplantagen und **Agulo** am Fuß einer roten

Nebelverhangenes Geisterreich: der Lorbeerwald im Garajonay-Nationalpark

Felswand mit Blick auf den Teide. **Vallehermoso** erstreckt sich, wie der Name sagt, über ein „schönes Tal" bis zum Meer hin; am grobkieseligen Strand, wo das Baden meist zu gefährlich ist, wurde ein ansprechendes Meerwasser-Freibad gebaut. Der Brandung trotzt hier auch das **Castillo del Mar**, eine ehemalige Bananenverschiffungsanlage, die zu einem festungsartigen Kulturzentrum ausgebaut wurde (siehe Essen & Trinken, Seite 138).
SAN SEBASTIÁN: In der Inselhauptstadt soll **Kolumbus** 1492 mehrere Wochen verbracht haben, bevor er von hier aus in die Neue Welt segelte, und auch auf seinen späteren Reisen machte er Zwischenstation in San Sebastián. Kirche, Museum und Festungsturm erinnern an den großen Entdecker.

Übernachten

WESTEN:

Jardín del Conde
Valle Gran Rey, La Puntilla, Avda. Marítima s/n, Tel. 922 80 60 08, Fax 922 80 53 85, www.jardindelconde.com, Apartment ab 48 €
Die Apartmentanlage ist eine gute Wahl für den Urlaub mit Kleinkindern, denn sie liegt direkt vor dem „Baby Beach". Jedes der 74 Apartments besteht aus Schlafzimmer, Wohnraum mit Kitchenette und Bad. Wählt man eines im Erdgeschoss, gelangt man über die Terrasse direkt zum Pool, den hufeisenförmig zweigeschossige Gebäudeflügel umgeben. Zum Hafen sind es nur fünf Minuten.

Finca Argayall
Valle Gran Rey, Playa de Argaga, Tel./Fax 922 69 70 08, www.argayall.com, DZ mit obligatorischer Vollpension 84–130 €
Meditation am Meer bietet eine spirituelle Lebensgemeinschaft in einer abgeschiedenen, attraktiven Finca, zu Fuß etwa zehn Minuten von Vueltas, dem Hafen von Valle Gran Rey entfernt. Die 17 Zimmer am „Platz des Lichts" sind einfach, aber liebevoll eingerichtet. Es gibt drei Pools und eine tropische Plantage, aus der Obst und Gemüse für die reichhaltigen vegetarischen Mahlzeiten stammen.

Carlos Alonso
Valle Gran Rey, Borbalán, Ctra. General s/n, Tel. 922 80 60 15,

Fax 922 80 56 11, www.gomera.net, Apartment für 2 Pers. ab 51 €
Groß ist die Auswahl der von Carlos Alonso angebotenen Unterkünfte im Valle Gran Rey: Die Palette reicht vom Luxusapartment mit Meerblick bis zum modern-funktionalen Studio am Hafen. Besonders zu empfehlen ist die 2003 eröffnete Apartmentanlage El Cieno, die sich mit einem Poolgarten zum Atlantik hin öffnet und nur wenige Gehminuten von der spektakulären Playa del Inglés entfernt ist. Señor Carlos, der viele Jahre in Bremen gelebt hat, spricht – ebenso wie seine Mitarbeiter – gut Deutsch.

SÜDEN:

Jardín Tecina

Playa de Santiago, Lomada de Tecina, Tel. 922 14 58 50, Fax 922 14 58 51, www.jardin-tecina.com, DZ mit Halbpension ab 142 €
La Gomeras bestes Hotel thront auf einer Klippe über dem Meer und bietet Ausblick bis Teneriffa. Die zweigeschossigen Häuser (mit insgesamt 434 Zimmern) sind von kanarischer Architektur inspiriert und in exotische Blütenpracht gebettet. Von der Pool-Landschaft fährt ein in den Fels eingelassener Aufzug auf Meeresniveau hinab, wo sich neben dem Kiesstrand ein weiterer Pool befindet. Vorzüglich sind die Frühstücks- und Abendbuffets, es gibt einen Miniclub, ein Beauty- und Wellness-Center, Squash- und Tennisplätze sowie den neuen Golfplatz.

SÜDOSTEN:

Finca El Cabrito

Barranco El Cabrito, Tel. 922 14 16 14, Fax 922 87 12 34, E-Mail: cabrito@arrakis.es, DZ mit obligatorischer Vollpension ab 148 € pro Tag (Mindestaufenthalt 1 Woche)
Die alternative Ferienanlage liegt in einer von San Sebastián aus nur per Boot – oder nach dreistündiger Wanderung – erreichbaren Schlucht, davor breitet sich eine weite Kieselsteinbucht. Die 30 einfachen Zimmer und **casitas** bieten Platz für 50 Erwachsene und 25 Kinder, die Mahlzeiten – Vollwertkost mit Obst und Gemüse aus eigenem Anbau – können fast das ganze Jahr über im Freien genossen werden. Kunstbegeisterte Gäste freuen sich über die reichhaltige Bibliothek.

Essen & Trinken

WESTEN:

La Salsa

Valle Gran Rey, Vueltas, Tel. 922 80 55 18, tgl. ab 19 Uhr, im Sommer geschlossen
Wenn das Rathaus von Valle Gran Rey Kurse zum „Umgang mit Gästen" anbietet, kann es um den Service nicht zum Besten stehen. Aber es gibt Ausnahmen wie das La Salsa, wo Manadeva alias Robert Bauer seine Gäste aufmerksam bewirtet. Die Speisekarte lädt zu einer vegetarischen Reise um die Welt: von indischem Spinat über mexikanische Nachos bis zu arabischem Couscous.

SÜDEN:

Junonia

Playa de Santiago, Avda. Marítima s/n, Tel. 922 89 54 50, Di geschlossen
Ein Familienunternehmen, traditionsreich und gut: Der Vater steht hinter der Theke, Sohn Francisco bedient, die Onkel fahren aufs Meer und liefern frischen Fisch. Der wird meist **a la plancha** (auf heißer Platte gebraten) serviert, mit Mojo-Sauce und Salat. Von der Terrasse blickt man auf die Promenade, dahinter erstreckt sich das Meer.

OSTEN:

El Pejín

San Sebastián, Calle Real 14, Tel. 922 87 15 30, tgl. ab 12 Uhr
Wenn Señor Pejín senior in die Saiten greift und kanarisch-südamerikanische Lieder spielt, ist die Stimmung am besten. Unten in der urigen Tasca gibt es deftigen Inselkäse und iberischen Schinken, dazu Gomera-Wein. Im Obergeschoss wird „richtig" gespeist: Fangfrisches aus dem Meer, das der Gast selbst in der Vitrine aussucht.

NORDEN:

Castillo del Mar

Playa de Vallehermoso, Tel. 922 80 54 77, www.castillo-del-mar.com, tgl. außer Mo 11 Uhr bis Sonnenuntergang
Einer der schönsten Flecken La Gomeras: Von der „Burg am Meer" blickt man auf die heranrollenden Wellen und den Teide auf der Nachbarinsel Teneriffa,

Kein schöner Tal: Feuchte Winde machen die Schlucht von Vallehermoso in Gomeras Norden zum immergrünen Park

Gestrandet im Hier und Jetzt: Wenn die Sonne sinkt und das Meer am Strand von Valle Gran Rey erglüht, bekommt der Geist Flügel

lässt sich die Tapas schmecken, den Gomera-Wein und die exotischen Cocktails. Das kulturelle Programm umfasst Filme und Fotoausstellungen, Theateraufführungen und Live-Musik, samstagnachts wird getanzt.

Tipps für Aktive

WANDERN: Die Wege im Nationalpark sind markiert, sodass man sich mit Wanderkarte gut zurechtfinden kann. Ein bewährter Veranstalter für Touren ist **Timah** im Valle Gran Rey (**La Puntilla, Tel./Fax 922 80 70 37, www.timah.net**). Unterwegs mit dem Biologen Dieter Scriba von **Ökotours** (**Calera, Tel. 922 80 62 16, www.oekotours.com**) erfährt man zudem Fundiertes über die Pflanzenwelt.

RADFAHREN: Im Valle Gran Rey bietet die **Bike Station** Leihräder und geführte Touren (**La Puntilla, Tel./Fax 922 80 50 82, www.bike-station-gomera.com**), in Playa de Santiago vermietet **1ª Bicicleta** Mountainbikes und organisiert Touren für jeden Anspruch (**Paseo de Laguna, Tel. 690 18 71 00, www.primerabicicleta.de**).

TAUCHEN: Tauchschulen befinden sich in Valle Gran Rey – **Fisch & Co.** (**La Playa, Tel. 922 80 56 88, www.fischco.de**) und in Playa de Santiago – **Gomera Dive Resort** (**Club Laurel im Hotel Jardín Tecina, Tel. 922 89 59 02, www.gomera-dive-resort.de**).

GOLF: Beim Hotel Jardín Tecina in Playa de Santiago liegt der neue, attraktive Parcours **Tecina Golf** (**www.tecinagolf.com**) mit 18 Löchern (Par 71).

Inselfeste

Anfang Oktober findet alle fünf Jahre (das nächste Mal 2008) zu Ehren der Inselpatronin **Nuestra Señora de Guadalupe** eine große Fiesta statt: Die Madonnenstatue wird von ihrer Kapelle in Puntallana übers Meer in die südlich gelegene Hauptstadt San Sebastián gebracht und anschließend in einer sich über Wochen hinziehenden Prozession in alle Inselorte getragen. Erst Anfang Dezember kehrt sie per Schiff zurück.

In der Zwischenzeit wird alljährlich am 16. Juli die **Fiesta del Carmen** gefeiert: In den Hafenorten Valle Gran Rey, Playa de Santiago und San Sebastián wird die Schutzheilige der Fischer in bunt bewimpelten Booten aufs Meer hinausgefahren, musikalisch begleitet von Kastagnetten und Trommeln.

Wanderer über dem Nadelmeer: in der Caldera de Taburiente

PILGERPFADE DURCH LICHT UND DUFT

Welcher Ort hat schon ein Gesetz gegen die optische Verschmutzung des Nachthimmels erlassen? Und wo kann man tagelang durch Pinienwälder und Trockensteppen wandern, ohne einem Menschen zu begegnen? La Palma, die »isla bonita«, wuchert mit Ursprünglichkeit

LA PALMA
Fläche: 708 km^2, die fünftgrößte Insel des Archipels
Höchste Erhebung: Roque de los Muchachos, 2426 m
Küstenlänge: 166 km
Nationalpark: Caldera del Taburiente, 46,90 km^2
Einwohner: 84 282
Hauptstadt: Santa Cruz de la Palma, 17 857 Einwohner

TOURISTENINFORMATION
Oficina Insular de Turismo, Santa Cruz, Plaza de la Constitución s/n, Tel. 922 41 21 06, www.lapalmaturismo.com
Oficina de Información Turística, Los Cancajos, Paseo Marítimo s/n, Tel. 922 18 13 54
Oficina de Información Turística, Los Llanos, Avda. Dr. Fleming s/n, Tel. 922 40 25 83, Fax 922 46 42 16, www.aridane.org

WEBSITES
www.lapalmabiosfera.com Sehr informative Seiten über das Biosphärenreservat La Palma, seine Natur und Kultur
www.lapalmaenred.com Umfassendes Verzeichnis der Institutionen, Firmen, Dienstleistungen
www.la-palma-aktuell.de Deutschsprachige Nachrichten von der Insel, viele gute Tipps für Urlauber
www.lapalmagaleria.info Mehr als 2000 Fotomotive
www.malvasiadelapalma.com Inselweine und -winzer

„La Palma zerbricht", orakelten Anfang 2005 deutsche Tageszeitungen. Nach Berechnungen von Geologen könnten bei einem starken Vulkanausbruch bis zu 500 Milliarden Tonnen Gestein von dem in Nord-Süd-Richtung verlaufenden Gebirgskamm Cumbre Vieja ins Meer stürzen und dabei eine gigantische Flutwelle auslösen.
Die Palmeros staunen über derlei Szenarien, nehmen sie aber nicht sonderlich ernst. Würde man denn so viel Geld in die Sternwarte investieren, wenn die Insel dem Untergang geweiht wäre? Tatsächlich wird auf La Palmas höchstem Gipfel eines der modernsten Observatorien der Erde installiert (siehe Seite 46).
Die meisten Inselbewohner hingegen interessieren sich eher für erdverbundene Themen wie die **Zukunft der Landwirtschaft**: Werden die palmerischen Bananen auch in Zukunft von der EU subventioniert? Wie wird die Weinernte ausfallen? Und wer destilliert aus den Feigen, Maulbeeren und Orangen den besten Likör? Wer auch nur eine der begehrten Auszeichnungen für landwirtschaftliche Produkte gewinnt, sagt man, hat für die kommenden drei Jahre ausgesorgt. Das gilt auch für Erzeugnisse wie den Ziegenkäse, der aus der Milch der **cabra palmera**, einer nur auf La Palma heimischen robusten Ziegenrasse, gewonnen wird.
Andere traditionelle Metiers bangen um ihre Zukunft – etwa die seit 500 Jahren auf La Palma heimische **Seidenproduktion**, die ein paar Spinnereien in El Paso noch immer betreiben. Viele kleine **Tabak-Manufakturen** können wohl nur überleben, würde für die handgedrehten La-Palma-Zigarren ein Exportweg nach Europa erschlossen. Kenner behaupten, die palmerischen **puros** stünden den kubanischen in nichts nach.

Ferienzentren
Die meisten La-Palma-Kenner mieten für die Dauer ihres Urlaubs ein Haus oder Apartment auf dem Land. Daneben haben sich am Meer zwei Ferienzentren etabliert: im Osten **Los Cancajos** mit schwarzen, durch Wellenbrecher geschützten Lavastränden und im Westen **Puerto Naos** mit einer gleichfalls dunklen Sandbucht.

Anschauen
BIOSPHÄRENRESERVAT: 2002 wurde die gesamte Insel zum Unesco-Biosphärenreservat erklärt. Herzstück ist das Gebiet von **Los Tilos** im Nordosten, das mit seinem dichten Lorbeerurwald und den vielen Wasserfällen veranschaulicht, wie weite Teile des Archipels vor der Conquista aussahen. Am Besucherzentrum starten mehrere markierte Wanderwege (**Centro de Visitantes, erreichbar über die LP-1, tgl. 9–17 Uhr, www.lapalmabiosfera.com**).
VULKANE: Mit der üppigen Vegetation im Norden kontrastiert die Lavawüste an der Südspitze La Palmas. 1971 spuckte der **Teneguía** zum letzten Mal Lava und Asche, seither reichen seine schwarzen Hänge bis zum Meer. Vom Besucherzentrum in **Los Canarios (Fuencaliente)** (**tgl. 9–18, im Sommer bis 20 Uhr, 3,50 €**) führt ein Pfad am Vulkanrand entlang; über Aschefelder steigt man zum Leuchtturm an der Südspitze hinab.

Rollkommando: In El Paso entstehen »puros« noch per Hand

CALDERA DE TABURIENTE: Namensgebend für den Nationalpark im Inselzentrum ist der gewaltige Erosionskrater mit einem Durchmesser von rund acht Kilometern. Mehrere Zweitausender umschließen die Caldera; auf dem 2426 Meter hohen **Roque de los Muchachos** steht das Observatorium (**www.iac.es**). Im Kratergrund austretendes Quellwasser bahnt sich seinen Weg durch den **Barranco de las Angustias** („Schlucht der Ängste") in Richtung Meer. Bei **El Paso** informiert ein Besucherzentrum über Flora und Fauna der Caldera, von Juli bis September kann man an geführten, kostenlosen Wanderungen teilnehmen (**Tel. 922 49 72 77, Fax 922 49 70 81, tgl. 9–14 und 16–18.30 Uhr**). Vom **Centro de Visitantes** führt eine Straße zum 1287 Meter hoch gelegenen Aussichtspunkt **La Cumbrecita**, wo eine leichte, markierte Kurztour längs der Abbruchkante grandiose Tiefblicke eröffnet.

STADTERLEBNIS: Mit ihren Herrenhäusern erinnert die Hauptstadt **Santa Cruz** an die Kolonialzeit, in **Los Llanos de Aridane** stammen die schönsten Plätze aus der Blütezeit des Zucker- und Weinhandels. Malerische Winkel gibt es auch in **San Andrés** und **Tazacorte**.

KULTURERBE: Die archäologischen Stätten **La Zarza-La Zarzita** im Norden (**zwischen Llano Negro und La Mata, Di–So 11–19 Uhr, 1,80 €**) und **Belmaco** im Südosten (**südl. von Villa de Mazo, Mo–Sa 10–18, So 10–15 Uhr, 2 €**) vermitteln einen Einblick in die altkanarische Kultur. Besucherzentren erläutern die Muster und Figuren, welche die Benahoaritas, die prähispanischen Ureinwohner von La Palma, vor rund 2500 Jahren in Felswände und Höhlen ritzten.

Übernachten

OSTEN:

La Fuente

Santa Cruz, Calle A. Pérez de Brito 49, Tel. 922 41 56 36, Fax 922 41 23 03, www.lafuente.com, Apartment für 2 Pers. ab 34 €

Ein guter Standort zur Erkundung der Insel: Mitten in der Hauptstadt wurde ein altes Palais in ein komfortables Apartmenthaus verwandelt. Einige der neun Wohnungen haben offene Dachstühle, blank gewetzte Fenstersitzbänke und einen holzgeschnitzten Balkon mit Blick auf den Brunnen vor der Tür. Mona, Thomas und Rupert, die Besitzer, geben Tipps für Ausflüge und Wanderungen.

Las Olas

Playa de Los Cancajos s/n, Tel. 922 43 40 52, Fax 922 43 40 85, Apartment für 2 Pers. ab 60 € inkl. Frühstücksbuffet

„Die Wellen" – so nennt sich die Anlage vor der brandungsumtosten Küste drei Kilometer südlich von Santa Cruz. Erker, Arkaden und Balkone lockern die Fassade auf, unter der Café-Terrasse glitzert der Atlantik. Die 182 Apartments sind großzügig geschnitten, alle mit gut ausgestatteter Wohnküche, Schlafzimmer, Marmorbad und Balkon. Den besten Meerblick hat man von den Häusern am Pool, im Erdgeschoss sind Eltern mit Kind am besten aufgehoben.

Parador de La Palma

Breña Baja, Ctra. de El Zumacal s/n, Tel. 922 43 58 28, Fax 922

43 59 99, www.parador.es und www.paradores.de, DZ inkl. Frühstücksbuffet ab 132 €
Die Einrichtung ist stilvoll, wie in allen Häusern der spanischen Hotelkette. Selbst wenn alle 78 Zimmer belegt sind, kommt kein Gefühl von Enge auf. Die schönsten Zimmer (Nr. 231–237) sind als Junior-Suite eingerichtet; sie haben den besten Blick auf den Atlantik, aus dem bei klarer Sicht die Nachbarinseln Teneriffa, La Gomera und El Hierro aufragen.

Der neue Leuchtturm von Fuencaliente an der Südspitze. Im alten öffnet demnächst ein Meeresmuseum

SÜDEN:

La Palma Teneguía Princess
Fuencaliente, Ctra. de la Costa, Cerca Vieja 10, Tel. 922 42 55 00, Fax 922 42 55 09, www.hotellapalmaprincess.com, DZ inkl. Halbpension ab 108 €
Das neue Doppelhotel an der windgeschützten Südwestküste steht inmitten von Bananenplantagen auf Klippen am Meer und wirkt dank aufgelockerter Architektur fast wie eine Stadt für sich. Die 625 Zimmer haben Viersternekomfort; wenn möglich, buche man eines im 2. Stock mit Meerblick. Zur Anlage gehören eine weitläufige Pool-Landschaft mit weißem Sandstrand, ein Spa, Tennisplätze, Fitness-Center und noch mehr. Abends wird ein auf der Insel unübertroffenes Buffet aufgefahren, im Anschluss gibt es Flamenco- und Folklore-Shows.

WESTEN:

Finca Tropical
Tazacorte, Los Palacios 59, Tel./Fax 922 48 01 62, www.lapalma-tourismus.com, Apartment für 2 Pers. ab 55 €
Der Name ist Programm: Exotische Pflanzen umranken jede Pergola, umwuchern die Wege und auch den Pool im großen Garten. Die Finca liegt in einer ehemaligen Bananenplantage an der Abbruchkante des Aridane-Tals und besteht aus vier unterschiedlichen Gebäuden mit Meerblick. Intim ist der Bungalow Casa Fidelito mit einer Terrasse auf den Klippen; ideal für Familien sind die Apartments in der Casa Silvano mit je zwei Schlafzimmern und Veranden.

Essen & Trinken

OSTEN:

El Encuentro
Santa Cruz, Plaza de la Alameda s/n, Tel. 922 41 10 44
Ein beliebter Treffpunkt an der schattigen Plaza. Die leckeren **arepas asadas** und **cachapas** (gefüllte Mais-Pfannkuchen) finden reißenden Absatz, denn sie sind preiswert und sättigen obendrein für den ganzen Tag. Süßschnäbel greifen zum **quesillo**, einer Art Käsekuchen.

La Graja
Las Nieves, Ctra. Las Nieves 32, Tel. 922 42 02 18, Di–Sa 12–23.30 Uhr
Mit seinen grün lackierten Holzmöbeln und dem offenen Dachstuhl wirkt das 200 Jahre alte „Haus der Krähe" sehr gemütlich. Zum ländlichen Rahmen passt die deftige Hausmannskost, die Laura und Carlos Manuel, die beiden jungen Besitzer, zubereiten. Ihre Lieblingszutat ist die einheimische Süßkartoffel (**boniato**); köstlich schmecken z. B. die auf Süßkartoffelscheiben angerichteten Kabeljau-Häppchen (**migas de bacalao**).

SÜDEN:

El Patio del Vino
Los Canarios (Fuencaliente), Calle Los Canarios s/n, Tel. 922 44 46 23, Di–Sa 12–16 und 19–23, So 12–17 Uhr
Eine kulinarische Überraschung im bäuerlichen Inselsüden: Señor Martín bescheidet sich nicht mit Knoblauchkaninchen und Runzelkartoffeln, sondern bietet Raffiniertes wie warme Tintenfischscheiben auf Süßkartoffeln mit panierten Zwiebelringen (**pulpo especial**), pikante Tunfischbällchen (**bolas de atún**) und Filet „süßsauer" in Honig-Pfeffersauce (**solomillo agridulce**). Zum Abschluss empfiehlt sich die leichte Zitronencreme (**cuajada de limón**). Zu jedem Gericht wird der passende Wein aus den benachbarten Bodegas Teneguía kredenzt.

WESTEN:

Playa Mont
Puerto de Tazacorte, Avda. del Emigrante s/n, Tel. 922 48 04 43, www.playamont.com, tgl. außer Do 13–16 und 18–23 Uhr, Mi nur mittags, im Juli geschlossen
Seit mehr als 30 Jahren wacht Señor Pelayo über das Lokal an der Strandbucht, während seine Frau in der Küche steht. Hier ist alles frisch, fettarm zubereitet und appetitlich arrangiert, angefangen vom Vorspeisenteller mit Mini-Tintenfisch, Krebsschwänzen und Muscheln bis zum Fisch, der gebraten, gegrillt, gedünstet oder im Salzmantel serviert wird.

Taberna del Puerto
Puerto de Tazacorte, Plaza Castilla 1, Tel. 922 40 61 18, www.tazacorte.org/taberna.htm, tgl. 11–23 Uhr
In der „Hafentaverne", ehemals eine Fischerkapelle, klingt der Tag aus: bei kleinen Fischgerichten, mit Blick auf die Wellen und zu Bluesklängen.

Plaza Chica
Los Llanos, Plaza Elías Santos Abreu 2, Tel. 922 46 27 60, tgl. 12.30–23 Uhr
In dem Herrenhaus am „kleinen Platz" (**plaza chica**) kann man edel speisen. Neben Inselklassikern bietet die Küche vor allem Mediterranes, das der französisch-katalanische Koch mit Pfiff zuzubereiten weiß. An warmen Tagen greift man zu Törtchen aus Auberginen und Sardellen; ist es kühl, stärkt man sich mit Bouillabaisse oder dem großzügig bemessenen Fondue.

Tipps für Aktive

WANDERN: Über 1000 Kilometer Wanderwege sind markiert. Einen Überblick gibt das Faltblatt **Red de Senderos de La**

Alltag auf Kanarisch: Nichtstuer am Strand von Puerto Naos

Palma, das kostenlos in der Touristeninformation am Flughafen, in Santa Cruz und in Los Llanos erhältlich ist. Wichtigster Veranstalter ist **La Palma Aktiv** in Los Cancajos (**im Hotel Las Olas, Tel./Fax 922 18 14 33, www.la-palma-aktiv.com**).
RADFAHREN: Zwei deutsche Veranstalter verleihen Marken-Mountainbikes und bieten geführte Touren: in Puerto Naos die **Bike Station** (**Avda. Cruz Roja 3, Tel./Fax 922 40 83 55, www.bike-station.de**), in Los Llanos **Bike 'n' Fun** (**Calle Calvo Sotelo 20, Tel./Fax 922 40 19 27, www.bikenfun.de**).
TAUCHEN: An der geschützten Lagune von Los Cancajos sind mehrere Anbieter präsent; besonders engagiert ist das Gespann Dana & Hermann vom PADI-Center **La Palma Diving** (**Centro Comercial Cancajos, Local. 227, Tel. 922 18 13 93, www.la-palma-diving.com**). An der Westküste in Puerto Naos befindet sich die SSI-Tauchbasis **Tauchpartner La Palma** (**Paseo Marítimo 1C, Tel./Fax 922 40 81 39, www.tauchpartner-lapalma.de**).
PARAGLIDING: In der Cumbre Vieja liegen die höchsten Startplätze. Gelandet wird meist am Strand von Puerto Naos, und dort, an der Playa Morena, trifft sich die Szene jeden Morgen um 11 Uhr. Der deutsche Veranstalter **Paragliding La Palma** in Puerto Naos (**Tel. 686 15 17 56, www.paragliding-lapalma.de**) bietet für erfahrene Piloten eine komplette Flugbetreuung.

Inselfeste

Bei der **Bajada de la Virgen** wird die Statue der „Schneejungfrau" in feierlichen Prozessionen von ihrer Kirche in Las Nieves in die Hauptstadt getragen. Eine mitreißende „Zwergen-Polka" ist der Auftakt für ein wochenlanges Musik-, Theater- und Tanzspektakel. Nur alle fünf Jahre zu erleben, das nächste Mal von Juni bis August 2010. Nicht weniger temperamentvoll wird der **Karneval** auf La Palma gefeiert. Höhepunkt ist die „Ankunft der Indianer": Weiß Kostümierte werfen mit Talkumpuder um sich, bis die ganze Stadt eingestäubt ist – eine Persiflage auf jene Palmeros, die einst in Amerika reich geworden waren und in die Heimat zurückkehrten.

Hölzern, aber beschwingt: Häuser in der Inselhauptstadt Santa Cruz

STILLE TAGE AM ENDE DER WELT

Wer sich für eine Woche aus der Gegenwart verabschieden will, ist auf der »saubersten Insel Europas« genau richtig. Nur 10 000 Menschen leben hier, die Natur ist nahezu unberührt. Und schon die nächtliche Fährüberfahrt gleicht einer Zeitreise

Letzter Aussichtspunkt vor Amerika: Lange galt die Westküste von El Hierro als Nulllinie der Alten Welt

„Sie waren am Ende der Welt." Das bestätigt das Tourismusbüro in Valverde auf Wunsch dem Hierro-Besucher mit amtlichem Siegel. In der Antike war hier, im äußersten Westen der „Glücklichen Inseln", die Welt zu Ende. Deshalb verlief der **Nullmeridian** des Ptolemäus durch El Hierro, bis er 1884 nach Greenwich verlegt wurde.
Auch wenn längst bewiesen ist, dass jenseits von El Hierro die Welt keineswegs aufhört, blieb den Inselbewohnern das Gefühl, sie lebten am Rand der Zivilisation, abgeschnitten von den großen Waren- und Menschenströmen. Das aber, so meinen ältere Herreños, hatte auch sein Gutes. Als Emigranten haben viele Südamerika, das spanische Festland und die großen Kanaren kennen gelernt. Nun wissen sie, was sie an ihrer Insel haben: eine grandiose, nahezu unberührte Natur, viel Ruhe und das Gefühl von Sicherheit. Bei gerade einmal 10 000 Einwohnern kennt jeder jeden, Kriminalität ist so gut wie unbekannt.
All diese Vorzüge wollen sich die Herreños für die Zukunft bewahren, starrköpfig widerstreben sie den Verlockungen des großen Geldes. EU-Fördergelder wurden in den Ausbau von Wind- und Wasserenergie investiert; die Müllbeseitigung soll ökologisch organisiert werden. Schon heute darf sich El Hierro, das seit 2000 komplett als Unesco-Biosphärenreservat unter Schutz steht, **Europas sauberste Insel** nennen. Für die Zukunft stehen die Weichen auf Bio-Landwirtschaft und Viehzucht. Der „Turismo Rural" bietet ein lukratives Zubrot – aber viel mehr als die derzeit 1000 Gästebetten soll es nach dem Willen der Herreños nicht geben.

Ferienzentren

Obwohl man auf El Hierro hauptsächlich in restaurierten Landhäusern wohnt, haben sich zwei kleine Ferienzentren etabliert: **La Restinga** an der sonnigen Südspitze hat einen geschützten Mini-Sandstrand und mehrere Tauchschulen; im **Valle del Golfo** im Nordwesten finden sich Apartments in La Frontera/Tigaday sowie am Meer in Las Puntas.

Anschauen

VALLE DEL GOLFO: Das „Rückgrat" der Insel ist die **Cumbre**, ein sichelförmiges, bis zu 1501 Meter aufragendes Zentralgebirge, bedeckt von immergrünem Lorbeer- und Kiefernwald. Gen Westen fällt es fast senkrecht zum Golftal ab, das eine 25 Kilometer weite halbkreisförmige Bucht bildet. Im Windschutz mächtiger Felswände wachsen Ananas, Mangos, Papayas und Weinreben. Mittelpunkt der Region ist die aus mehreren Orten zusammengewachsene Gemeinde **La Frontera**. Etwa auf halbem Weg zwischen Stadt

EL HIERRO
Fläche: 269 km^2, die kleinste Insel des Archipels
Höchste Erhebung: Malpaso, 1501 m
Küstenlänge: 110 km
Einwohner: 10 071
Hauptstadt: Valverde, 4840 Einwohner

TOURISTENINFORMATION
Patronato Insular de Turismo, Valverde, Doctor Quintero 4, Tel. 922 55 03 02, Fax 922 55 29 03, www.el-hierro.org

WEBSITES
www.insel-hierro.de und **www.myhierro.com** Deutschsprachige Inselportale plus Apartmentvermittlung
www.hierro-flora.de Flora und Vegetation der einzelnen Regionen
www.aytofrontera.org Die Website befindet sich noch im Aufbau, doch dem „Guía Turística" kann man schon gute Hinweise zu Natur, Kultur und Geschichte El Hierros entnehmen (nur spanisch)

und Meer liegt das **Ecomuseo de Guinea**, ein Museumsdorf, das einen Eindruck vom kargen Bauernleben früherer Jahrhunderte vermittelt. Auch Höhlen und Vulkantunnel, die den Bimbaches, den Ureinwohnern El Hierros, als Behausungen dienten, sind zu besichtigen (**Di–Sa 10–14 und 16–18, So 11–14**). Angeschlossen ist das **Lagartario**, eine Aufzuchtstation für die vom Aussterben bedrohten Rieseneidechsen (**Di, Do, Sa 10–14 und 16–18 Uhr**); Eintritt für beide 7,25 €.
LAS PLAYAS: An der Ostseite der Cumbre wiederholt sich das Halbrund in kleinerem Maßstab: Auch hier stürzen die Felsen über 1000 Meter in die Tiefe, doch ist das Küstenvorland so schmal, dass es keinen Platz für Felder gibt. An der nur von Norden her zugänglichen Bucht liegt das Parador-Hotel.
HOCHLAND: Nördlich des Zentralgebirges erstreckt sich die **Meseta de Nisdafe**, eine weite Hochfläche, deren saftige, von Steinmauern durchzogene Weiden an Irland erinnern. Nördlich von San Andrés steht der von den Altkanariern verehrte **Árbol Santo** oder **Garoé**, ein Lorbeerbaum, von dessen Ästen das Regenwasser der Passatwolken tropft.
Im Westen liegt die Hochalm **La Dehesa**, an deren Rand die vom Wind gebeugten Wacholderbäume von **El Sabinar** wachsen. In dieser entlegenen Gegend steht das wichtigste Heiligtum der Herreños, die **Ermita de los Reyes** für die Schutzpatronin der Insel (siehe Reportage Seite 48). Im äußersten Westen markiert der **Faro de Orchilla** den südwestlichsten Punkt Europas; eine lange Holperpiste führt hinunter.
EL JULÁN: Dem Nordostpassat abgewandt ist der trockene Südzipfel der Insel; das vorgelagerte **Mar de las Calmas** („Meer der Stille") ist der beliebteste Tauchgrund der Kanaren. El Julán war das Siedlungsgebiet der Ureinwohner El Hierros. **Tagoror**, die Rekonstruktion eines ihrer Versammlungsplätze, und **Los Letreros**, Felsinschriften auf glatten Lavaplatten, sind hier zu besichtigen.

Übernachten

SÜDEN:

Parador de El Hierro
Las Playas 26, Tel. 922 55 80 36, Fax 922 55 80 86, www.parador.es und www.paradores.de, DZ inkl. Frühstücksbuffet ab 132 €
Eine noble Unterkunft für alle, die Einsamkeit lieben. Das staatliche Hotel liegt am Fuße 1000 Meter hoher Klippen, das Meer brandet ans Haus, erreichbar ist es nur über eine eigens angelegte, zwölf Kilometer lange Stichstraße. Manch ein Stammgast reist mit einem Koffer voller Bücher an, weil es kaum bessere Lektüreplätze gibt als die Terrassen am Meer und am Pool. Die übrige Zeit verbringen die Gäste beim Minigolf, Mountainbiking und Tauchen. Das gemütliche Restaurant serviert einheimische Küche mit einem Hauch Nouvelle Cuisine.

NORDWESTEN:

Hotelito Ida Inés
La Frontera, Camino del Hoyo s/n , Tel. 922 55 94 45, Fax 922 55 60 88, www.hotelitoidaines.com, DZ mit Frühstücksbuffet ab 76 €
Kleines, familiär geführtes Hotel im Valle del Golfo. Das schönste der zwölf Zimmer ist Nr. 8 mit einer großen Terrasse und Ausblick vom Meer bis zu den Bergen; gleichfalls attraktiv sind die Zimmer 9 und 10. Auf dem Dach kann man im Pool mit Gegenstromanlage schwimmen.

Balneario Pozo de la Salud
Pozo de la Salud, Tel. 922 55 95 61, Fax 922 55 98 01, www.el-meridiano.com, DZ inkl. Frühstücksbuffet 69 €
Der „Gesundbrunnen" im Westen der Insel ist das einzige offizielle Kurhotel der Kanaren. Neben dem Haus sprudelt eine Quelle, die reich ist an Mineralien. Unter ärztlicher Aufsicht werden Thermal- und Schlammbäder, Fango-Packungen, Inhalationen und Massagen verabreicht. Die meisten der 18 Zimmer haben Meerblick, es gibt Sauna, Outdoor- und Whirlpool, auch Fahrradverleih.

Punta Grande
Las Puntas, Tel./Fax 922 55 90 81, DZ inkl. Frühstück 66 €
Das wahrscheinlich kleinste Hotel der Welt (vier Zimmer) liegt auf einer wellenumtosten Landzunge in der Bucht von El Golfo. Wer hier wohnt, fühlt sich wie auf einem Schiff: Bei aufgewühlter See zittert das Fensterglas, und die Toilette brodelt, über das „Oberdeck" schäumt die Gischt. Das Rauschen der Brandung ersetzt Radio und TV. Wände aus Lavagestein und maritimes Dekor schaffen ein rustikales Ambiente.

HOCHLAND:

Finca El Matel
Hoya del Gallego, El Pinar, Tel. 922 55 14 80, buchbar über Karin Pflieger, Hamburg, Tel. 040/560 44 88, Fax 560 44 87, www.turismorural.de, 1 Woche für 2 Pers. ab 420 €
Mandelbäume und Kiefern, so weit das Auge reicht – wer Natur liebt, findet auf El Hierro keine bessere Unterkunft. Unterhalb des Gehöfts ziehen Passatwolken dahin, in der Ferne glitzert das „Meer der Stille". Das nur über eine Piste erreichbare Haus ist ideal für zwei bis vier Personen. Einen Fernsehapparat gibt es nicht, dafür aber eine Bodega im Haus.

El Casino Antiguo
Las Casas, El Pinar, Dolores 1, Tel. 922 55 80 41, E-Mail: andreapension@terra.es, DZ 24 €, ab drei Tagen Rabatt
Eine günstige und gemütliche Unterkunft für Wanderer, die nahe am Startpunkt ihrer Touren wohnen wollen. Bäckerin Andrea, die seit über 20 Jahren die Inselläden mit würzigem Vollkornbrot versorgt, hat im ehemaligen Festhaus des Dorfes (span. **casino**) eine Mini-Pension mit drei Zimmern eingerichtet. Gäste freuen sich über gute Betten, eine funktionierende Heizung im Winter, ein Wohnzimmer mit Bibliothek und die Gemeinschaftsküche. Und neh-

Fast so vielfältig wie ein Korallenriff: Die löchrigen Unterwasserfelsen El Hierros bieten einer reichhaltigen Fauna Unterschlupf

Nach dem Regen ein Blumenmeer: Frühling im Hochland von Nisdafe

Pool mit Jacuzzi: Das Schwimmbad im Hotel Parador de El Hierro wird gelegentlich vom Atlantik geflutet

men dafür auch in Kauf, das Bad teilen zu müssen.

Essen & Trinken

SÜDEN:

El Refugio

La Restinga, Calle La Lapa 1, Tel. 922 55 70 29, tgl. außer Mo 13–16 und 19–22 Uhr, im Februar geschlossen

Im größten Hafen der Insel isst man überall Fisch. Am besten schmeckt er in diesem Lokal in zweiter Strandlinie, wo die Gäste unter zwei ausgestopften Riesenschwertfischen Platz nehmen. Die ganze Familie hilft mit, die Stimmung ist entspannt.

NORDWESTEN:

Restaurante La Maceta

La Maceta, Valle del Golfo, Tel. 922 55 60 20, tgl. außer Mi 13–16 und 20–24 Uhr

Nach einem Bad im Naturschwimmbecken steigt man über Lavastufen zum Restaurant hinauf, dass kaum wahrnehmbar in die Felsklippen integriert ist. Mit Traumblick auf den Atlantik wird eine Gourmet-Küche geboten, wie man sie „am Ende der Welt" nicht erwartet. Empfehlenswert ist das **menú de degustación**, das nur freitags angeboten wird (Reservierung obligatorisch, 30 €) – frisch, kontrastreich komponiert und ein Augenschmaus obendrein. Da gibt es zum Beispiel marinierten Schwertfisch, Wrackbarsch auf Wildkresse und Walnusscreme, Rinder-Carpaccio mit Kürbispüree und als Finale flambierte Ananas. Gut schmeckt dazu der Weißwein der Bodega Tanajara.

Pomodoro

Tigaday, Valle del Golfo, Calle Merese 45, Tel. 922 55 94 29, tgl. außer Do 13–16 und 19–23 Uhr

Zum großen Fest der Bajada 2005 übernahm Señor Andrea das ehemalige Dorfkino und gewann die Herzen der Herreños im Sturm. Aufgetischt werden vegetarische Gerichte und Klassiker der norditalienischen Küche, Pizza aus dem Holzkohleofen und hausgemachte Pasta, dazu eine für diese Insel ungewöhnlich große Auswahl an Salaten.

NORDEN:

La Higuera de la Abuela

Echedo, Taján Escaba, Tel. 922 55 10 26, Di geschlossen

Rings um den „Feigenbaum der Großmutter" öffnete Señora Loli ein gemütliches Lokal. Sie empfiehlt die herrenischen Fleisch-Spezialitäten wie Lamm in Wein-Thymian-Sauce (**cordero herreño**), Schweinefilet mit Apfelsauce (**solomillo en salsa de manzana**) und Kaninchen in Mandelsauce (**conejo en salsa de almendra**).

La Taberna de la Villa

Valverde, General Rodríguez 10, Plaza Principal, Tel. 922 55 19 07, So geschlossen

Rustikale Taverne am zentralen Platz der Hauptstadt. Im Erdgeschoss befinden sich Bar und Bistro, auf der Galerie das Restaurant. Wichtigste Zutat aller Spezialitäten ist der Inselkäse: Ob Salat mit Trockenfrüchten und Räucherkäse (**ensalada con queso herreño**) oder ein Stück Käsekuchen mit Blaubeeren (**tarta de queso del país con arándanos**) – alles ist frisch!

Mirador de la Peña

Guarazoca, Ctra. de Guarazoca 40, Tel. 922 55 03 00, Di–Sa 11–22, So 11–15.30 Uhr

Das von César Manrique gestaltete Restaurant liegt an der Abbruchkante zum Golftal. Von den 500 Meter hohen Klippen schaut man aufs Meer – bei klarer Sicht, so prahlen die Herreños, bis hinüber nach Amerika. Im elegant eingerichteten Lokal wird fantasievoll verfeinerte einheimische Küche serviert: gebratener Ziegenkäse mit Koriander (**queso frito al cilantro**), Carpaccio von Rind und Krebs (**carpaccio de peto y buey**) und Schweinefilet in Feigensauce (**solomillo en salsa de higo**). Dazu ein Inselwein von der Kooperative Viña Frontera.

Tipps für Aktive

WANDERN: El Hierro erschließt sich am besten zu Fuß, allerdings sind oft erhebliche Höhenunterschiede zu bewältigen. Markiert sind die **Klassiker**: vom Mirador de Isora 800 Meter hinab nach Las Playas (ca. 2 Std.); von La Frontera 850 Meter hinauf zum Mirador de Jinama (ca. 3 Std.), von der Wallfahrtskapelle nahe dem Mirador de la Peña ins Golftal hinab (knapp 2 Std.). Konditionsstarke Wanderer queren die Insel auf dem 28 Kilometer langen Prozessionsweg **Camino de la Virgen** (etwa 10 Std.). Einziger Anbieter geführter Touren vor Ort ist **La Sanjora** in Valverde (**Tel. 629 05 98 14, www.islaelhierro.com/lasanjora.html**).

RADFAHREN: Bike-Verleih und geführte Touren bei Sanjora (siehe oben).

TAUCHEN: Mit einer Küste, die unter Wasser abrupt 100 Meter abfällt, ist El Hierro das interessanteste Revier der Kanaren. Gleich sechs Tauchschulen haben sich im Dorf La Restinga am artenreichen Mar de las Calmas etabliert. Bewährt ist die deutsch-österreichische Basis **FAN Diving Hierro**, die auch Unterkünfte besitzt bzw. vermittelt (**El Varadero 4, Tel./Fax 922 55 70 85, www.el-hierro-tauchen.de**).

Inselfeste

Alle vier Jahre, das nächste Mal im Juli 2009, wird die Statue der **Virgen de los Reyes** von ihrer Kapelle im äußersten Westen quer über die Insel nach Valverde getragen. Dabei wird sie von **bailarines** in rot-weißer Tracht begleitet, die zum hypnotischen Rhythmus von Kastagnetten und Trommeln der Prozession vorantanzen. Einen Monat lang bleibt die Schutzpatronin in der Hauptstadt, während dieser Zeit finden täglich religiöse und weltliche Feste statt. Originell ist der Karneval in La Frontera, wenn bei der **Salida de los Carneros** „die Schafböcke freigelassen" werden: In zottelige Felle gehüllte Männer mit schwarz bemaltem Gesicht machen Jagd auf Passanten.

Insel-Dinosaurier: Der über einen halben Meter lange Lagarto gigante

EIN BETT UNTER BANANEN

Wer sich die Standardunterbringung sparen möchte, kann es auch etwas aristokratischer haben: Viele liebevoll restaurierte ehemalige Adelspaläste bieten nostalgisch-edlen Komfort – und sind trotzdem erschwinglich

Plantagenromantik: Das Ibo Alfaro bietet Ausblick auf die Bananenfelder im Norden La Gomeras

„Turismo Rural" heißt in Spanien das Förderprogramm der EU für den Tourismus in ländlicher Umgebung. Immer mehr Gehöfte, Gutshöfe und Herrenhäuser im Kolonialstil werden zu Unterkünften restauriert, die traditionelles Wohnambiente mit modernem Komfort vereinen. Zwar ist der Urlaub in einem „Hotel Rural" oder einer „Casa Rural" nicht gerade billig, dafür liegen die Ferienhäuser oft abgeschieden in spektakulärer Landschaft. Ein Mietwagen ist vielfach unerlässlich.

Gran Canaria

Finca Las Longueras

Valle de Agaete, Tel. 928 89 81 45, Fax 928 31 84 00, www.laslongueras.com, DZ ab 80 € mit Frühstück

Die 1895 im Kolonialstil erbaute Sommerfrische gehört der Adelsfamilie Manrique de Lara, die einmal das gesamte Tal von Agaete besaß. Das Haus ist von Orangen- und Mangobäumen eingefasst, deren Früchte die Frühstückstafel schmücken. Die elf Zimmer sind mit Antiquitäten eingerichtet und führen auf eine schattige Terrasse. Viel Platz hat man im Fernseh- und im Lesesalon, vom Garten mit Pool geht der Blick auf das zerklüftete Tamadaba-Gebirge.

Las Calas

Vega de San Mateo, La Lechuza, El Arenal 36, Tel. 928 66 14 36, Fax 928 66 07 53, www.hotelrurallascalas.com, DZ inkl. Frühstücksbuffet ab 80 €

Das 100-jährige Anwesen liegt im zentralen Bergland, in einer Talmulde zwei Kilometer oberhalb von San Mateo, wo sonntags der größte Bauern- und Viehmarkt Gran Canarias stattfindet. Von hier ist es nicht weit zur Gipfelregion, ein naher Wanderweg führt geradewegs auf den Roque Nublo. Die sechs Zimmer, mit liebevollen Details dekoriert und im Winter beheizt, gruppieren sich rings um einen Hofgarten mit Orangen- und Mandarinenbäumen. Auf Wunsch bereitet Señora Magüi, die Hausherrin, vorzügliche mediterrane Menüs zu.

El Siroco B&B

Mogán, Calle San Antonio de Padua 8, Tel./Fax 928 56 93 01, www.moganelsiroco.com, DZ inkl. Frühstück ab 65 €

Mit seinen rot getünchten, dicken Mauern wirkt die ehe-

VERMITTLUNGSAGENTUREN

ACANTUR (Asociación Canaria de Turismo Rural), **www.ecoturismocanarias.com.** Der kanarische Öko-Tourismus-Verband mit Zweigstellen auf allen Inseln (mit Ausnahme von Lanzarote) vermittelt Unterkunft in Landhäusern, die die Kriterien des spanischen Qualitäts-Gütesiegels erfüllen und sich der Erhaltung der Umwelt und des historisch-kulturellen Erbes der Kanarischen Inseln verpflichten.
Karin Pflieger, Lohkoppelweg 26, 22529 Hamburg, Tel. 040/560 44 88, Fax 040/560 44 87, www.turismorural.de. Erste Adresse für „Turismo Rural" auf La Palma, Teneriffa und El Hierro. Frau Pflieger vermietet die Landhäuser im Auftrag der einheimischen Besitzer, organisiert günstige Flüge und Mietwagen. Tipp: Auf La Palma ist das Preis-Leistungs-Verhältnis im Vergleich zu anderen Inseln sehr gut.

GRAN CANARIA: Mehrere konkurrierende Agenturen. Eine übergreifende Auflistung findet sich unter **www.grancanaria.com/natural**, wo Landhäuser ab Dezember 2005 online gebucht werden können.
Grantural, Las Palmas, Calle Perojo 36, Tel. 928 39 01 69, Fax 928 39 01 70, www.ecoturismocanarias.com/grancanaria
Gran Canaria Rural, Las Palmas, Calle Tenerife 24 (Las Canteras), Tel. 928 46 25 47, Fax 928 46 08 89, www.grancanariarural.com
Retur, Vega de San Mateo, Calle Lourdes 2, Tel. 928 66 16 68, Fax 928 66 15 60, www.returcanarias.com

FUERTEVENTURA: Das Angebot an Landhäusern ist bescheiden, wird aber von Jahr zu Jahr größer:
Fuerteventura Rural, La Oliva, Calle Francisco Fuentes s/n, Tel. 928 36 38 58, Fax 928 39 01 70, www.ecoturismocanarias.com/fuerteventura

TENERIFFA: Das umfassendste Angebot an ländlichen Unterkünften haben:
AECAN, Santa Cruz de Tenerife, Villalba Hervás 2 (3. Stock), Tel. 922 24 81 14, Fax 922 29 80 78, www.aecan.com
ATTUR, Santa Cruz de Tenerife, Calle Castello 41 (oficina 231), Tel. 922 53 27 33, Fax 922 53 10 34, www.ecoturismocanarias.com/tenerife

LA GOMERA: Ecotural, Hermigua, Carretera General 207, Tel. 922 14 41 01, Fax 922 88 10 38, www.ecoturismocanarias.com/gomera
Isla Rural, Hermigua, Las Hoyetas 34, Tel./Fax 922 88 01 60, www.islarural.com

EL HIERRO: Meridiano Cero, Tesbabo, Barlovento 89, Valverde, Tel. 922 55 18 24, Fax 922 55 05 75, www.ecoturismocanarias.com/hierro. Die kanarische Agentur verlangt für alle Unterkünfte, unabhängig von Lage und Qualität, einen identischen Preis.

Schmuckstück unter exotischen Bäumen: Finca Las Longueras

malige Dorfschule neben der Kirche wie eine kleine Festung. Thierre, der belgische Besitzer, ist Architekt und hat im 100-jährigen Anwesen sein Konzept vom offenen Wohnen verwirklicht: Die Gäste treffen sich in der rustikalen Wohnküche und im schattigen Innenhof. Die davon abgehenden vier Zimmer strahlen Frische aus, großzügig ist der Turmraum mit Aussichtsterrasse. Zum Strand sind es acht Kilometer, Wanderwege starten direkt im Dorf.

Fuerteventura

Mahoh

Villaverde, Ctra. FV-101, Km 2,8, Tel./Fax 928 86 80 50, www.mahoh.com, DZ inkl. Frühstücksbuffet ab 90 €

Señor Tinín ist Vorsitzender der Öko-Gruppe Mahoh, als Musiker hat er sich der Renaissance kanarischer Folklore verschrieben. Auch sein Hotel hat er in den Dienst der Tradition gestellt: Er restaurierte ein verfallenes Natursteinhaus aus dem 18. Jahrhundert und richtete die neun Gästezimmer mit Antiquitäten ein, die einst Paläste in Las Palmas schmückten; im Garten wachsen ausschließlich kanarische Pflanzen. Das rustikale Restaurant interpretiert die einheimische Küche auf zeitgenössische Art, etwa mit Papageifisch und Meeresfrüchten gefüllte Paprika (**pimientos rellenos con mariscos**) oder Feigeneis mit heißer Schokolade (**helado de higos**). Jeden ersten Samstag im Monat wird eine „Fiesta Canaria" gefeiert, bei der Señor Tinín zur Timple greift, einem gitarrenähnlichen Zupfinstrument.

Casa de los Rugama

Casillas del Ángel, Ctra. FV-20, Km 10, Tel. 928 53 82 24, Fax 928 53 80 81, DZ inkl. Frühstück ab 70 €

Fernab der Ferienzentren, in der ockerfarbenen Hügellandschaft hinter Puerto del Rosario, wurde eine 200-jährige Hacienda in ein Edelquartier verwandelt. Die zwölf suiteartigen Zimmer mit offenem Dachstuhl und polierten Dielen sind mit Stilmöbeln eingerichtet, jedes Detail – vom Lichtschalter über das Telefon bis zu der auf goldenen Löwenpranken ruhenden Wanne – stimmt nostalgisch. Am größten ist die Suite „Antigua", gefolgt von „Tuineje" (mit altem Backofen). Die Zimmer im Anbau sind schlichter, bieten dafür direkten Zugang zum Garten mit Pool. In einer unterirdischen Zisterne befinden sich Sauna und Jacuzzi.

Casa Isaítas

Pájara, Calle Guize 7, Tel. 928 16 14 02, Fax 928 16 14 82, www.casaisaitas.com, DZ inkl. Frühstück ab 85 €

Die frühere Ballonpilotin Mercedes Fernández und die ehemalige Segellehrerin Pilar Marañón hatten genug Abenteuergeist, um im verschlafenen Pájara ein Hotel zu eröffnen. Im traditionell-kanarischen Herrenhaus haben sie vier rustikale Zimmer eingerichtet, dazu gibt es begrünte Innenhöfe und einen gemütlichen Leseraum. Im Café-Restaurant werden die Gäste mit hausgemachtem Feigen- oder Ziegenkäsekuchen, Gemüse-Tortilla und Tunfisch-Carpaccio bewirtet. Viele der Zutaten stammen aus ökologischem Anbau.

Lanzarote

La Casona de Yaiza

Yaiza, El Rincón 11, Tel. 928 83 62 62, Fax 928 83 62 63, www.casonadeyaiza.com, DZ inkl. Frühstücksbuffet ab 130 €

Sommerfrische eines Großgrundbesitzers aus dem Jahr 1825, im Stil der Epoche eingerichtet: Auf den Deckengemälden der acht geräumigen Zimmer entschweben Nymphen in bukolische Landschaften. Ruhepunkte im Haus sind der Salon, die verglaste Veranda mit Blick in ein Vulkantal, mehrere Gartenterrassen und ein weiß gekalkter Hof mit Pool und Café. Die unterirdische Zisterne, einst in jedem Lanzarote-Haus zu finden, beherbergt die Hauskapelle und eine Galerie.

Caserío de Mozaga

Mozaga, Calle Mozaga 8, Tel. 928 52 00 60, Fax 928 52 20 29, www.caseriodemozaga.com, DZ inkl. Frühstücksbuffet ab 85 €

Im geographischen Mittelpunkt der Insel liegt ein Landgut aus dem 18. Jahrhundert, das in ein kleines Hotel verwandelt wurde. Mit seinen strahlend weißen Mauern, die einen Brunnenhof umschließen, ist es ein gutes Beispiel für Lanzarotes archaischen Baustil. Die acht großzügig geschnittenen, hellen Zimmer sind mit antikem Mobiliar ausgestattet. Auf einen Pool wurde bewusst verzichtet, denn auf einer Insel, auf der jeder Wassertropfen mühsam aufgefangen werden muss, hat solch ein Vergnügen keine Tradition. Stattdessen stehen im Vulkangarten gemütliche Sitzgruppen, zwischen Bäumen sind Hängematten aufgespannt. In den ehemaligen Stallungen, ergänzt um einen Glaskubus, ist das Restaurant eingerichtet. Auch wer kein Hotelgast ist, kann hier, mit Blick auf die Feuerberge, geeiste Melonensuppe, Fischröllchen mit Gemüsefüllung, zarte Lammkeule und Walnuss-Biskuit genießen.

Casa Tegoyo

Conil, Calle Conil-Asomada 3, Tel. 928 83 43 85, Fax 928 83 43 69, www.tegoyolanzarote.com, DZ inkl. Frühstücksbuffet ab 125 €

Ein Kaufmann erbaute das Haus in den Weinbergen vor 200 Jahren für seine junge, schöne Frau und richtete alles so ein, dass sie es nie zu verlassen brauchte – selbst an eine Kapelle war ge-

Ein Hotel zum Andächtigwerden: Die Casona de Yaiza, ein Landgut aus dem 18. Jahrhundert, besitzt eine Hauskapelle

Das Auge isst mit: Im Caserío de Mozaga ist die Landschaft Lanzarotes stets präsent

Und als Decke der Himmel: An lauen Tagen wird der Patio der Quinta Roja zum eigentlichen Wohnzimmer

dacht. Seine Fürsorge war freilich nichts anderes als verkappte Eifersucht: Niemand sollte „seine" Frau anschauen dürfen. Bis heute wirkt das Haus von außen abweisend, ist aber innen voller Schönheit. Es verfügt über einen romantischen, von einer Holzgalerie flankierten Innenhof mit Eukalyptusbaum und zwei Pools; mehrere der elf Zimmer öffnen sich zum Weinberg. Besonders attraktiv sind die Suiten in der aus Naturstein erbauten ehemaligen Bodega, in der Zisterne nebenan befindet sich eine Sauna. Das Restaurant im freskengeschmückten Wintergarten (Mo–Sa ab 19 Uhr) bietet feine Kost: Brulée aus Lachs und Trüffeln, Jakobsmuscheln auf Spinat, Foie gras auf gebratenen Apfelscheiben.

Teneriffa

La Quinta Roja

Garachico, Glorieta de San Francisco s/n, Tel. 922 13 33 77, Fax 922 13 33 60, www.quintaroja.com, DZ inkl. Frühstücksbuffet ab 90 €, Kinder bis 10 Jahre frei

Wer sich im „roten Haus" am Hauptplatz von Garachico einquartiert, wohnt so feudal wie einst der Marquis von Quinta Roja. Für modernen Kontrast sorgen das klare, farbenfrohe Design und das legere Ambiente. Im Haus gibt es Rückzugs- und Ruheräume – aber auch Orte, an denen man Kontakt knüpfen kann: den grünen Innenhof, die terrassenartigen Holzgalerien, den Salon und den „Mirador" hoch oben im Turm. Der Wellnessbereich befindet sich auf dem Dach, mit Blick auf die Türme der Barockkirche Santa Ana. Für Erkundungen der Umgebung stehen kostenlos Mountainbikes bereit, gegen Aufpreis werden geführte Wanderungen angeboten. Das vorzügliche Frühstück wird im Garten serviert, rund um die Uhr ist ein Café geöffnet. Die 20 Zimmer sind mit maßgefertigten Holzmöbeln eingerichtet; am schönsten sind die Juniorsuiten mit Veranda oder Terrasse (Nr. 204–210), die sich auch für Familien mit Kind eignen.

La Gomera

Ibo Alfaro

Hermigua, Ctra. Del Norte, Tel. 922 88 01 68, Fax 922 88 10 19, www.ecoturismocanarias.com/iboalfaro, DZ inkl. Frühstücksbuffet ab 75 €

Mit seinen unverputzten Natursteinmauern und den originalgetreuen Holzdecken hat sich das 160 Jahre alte Haus den Charme vergangener Zeiten bewahrt. „Enamorados", Verliebte – so werden die rund geschwungenen Sitzbänke am Fenster genannt, auf denen sich die Knie von Mann und Frau einst berühren durften. Von allen 17 Zimmern schaut man über ein grünes „Bananenmeer" hinunter zur Küste, genießt die Ruhe und Behaglichkeit eines Hauses, das von Ina Stomberg, der deutschen Besitzerin, familiär und engagiert geführt wird.

La Palma

La Tienda

El Paso, Calle La Rosa, Cruz Grande 1, Tel./Fax 922 49 73 42, www.lapalma-pension.de, DZ inkl. Frühstückbuffet ab 56 €

Es nennt sich bescheiden Pension, ist aber ein kleines Hotel: Das restaurierte Landhaus am oberen Ortsrand von El Paso bietet acht individuell und originell gestaltete Zimmer, die Palette reicht von einer umgebauten Bodega bis zur Suite mit eigenem Orangengarten. Siglinde und Hayo, die deutschen Gastgeber, kümmern sich liebevoll um das Wohl ihrer Gäste. Die nehmen das Frühstück an einer langen Tafel unterm Kristallleuchter ein und können sich in der Gemeinschaftsküche auch selbst kleine Mahlzeiten zubereiten. Nach einem Wandertag entspannt man sich in der Sauna, im Mini-Pool mit Gegenstromanlage oder im riesigen Garten mit Blick auf die Hänge der Caldera.

Casa & Casona Los Melindros

Fuencaliente, Los Quemados, buchbar über Karin Pflieger, Hamburg (siehe Randspalte), www.turismorural.de, Casa für 3 Pers. 365 € pro Woche, Casona für max. 7 Pers. 630–805 € pro Woche

Himmel und Meer, so weit man schaut: Wie ein Balkon hängt das Herrenhaus aus dem 19. Jahrhundert am Steilhang. Doch nicht nur die Lage an der Südspitze der Insel ist außergewöhnlich. Auch das Interieur mit seinen knarrenden Dielen und den sich biegenden Balken versetzt die Gäste in eine andere Zeit. Mit fünf Doppelzimmern in Haupt- und Nebenhaus, zwei Wohnküchen und drei Bädern ist es ideal für größere Familien bzw. Kleingruppen. Von der Qualität des Weins, der rund um das Haus wächst, kann man sich vor Ort überzeugen: María Lourdes, die Besitzerin, versorgt die Gäste mit Tropfen aus ihrer Bodega.

El Hierro

La Brujita

Tigaday, Las Toscas s/n, Valle del Golfo, Tel./Fax 922 24 63 39, www.apartamentoslabrujita.com, Apartment ab 50 €

Das Gehöft der Großeltern, das wie ein Vogelnest am Steilhang des Golfo-Tals hängt, wollte Señor Herminio nicht aufgeben. Er restaurierte die Häusergruppe und richtete in den einzelnen **casitas** neun komfortable Apartments ein. Jedes besteht aus einem bzw. zwei Schlafzimmern, Salon, Bad und Küche (Waschmaschine, Mikrowelle). Von der Terrasse gelangt man in den Pool-Garten – hier stehen Holzkohlegrills zur freien Benutzung –, von dem aus sich ein Panoramablick übers Meer bis nach La Palma bietet. Sportliche finden einen Tennisplatz, Tischtennis und Mountainbike-Verleih vor.

Suite mit Gemeinschaftsküche: die komfortable Pension La Tienda

Autoren des Reise-Service

Dr. Izabella Gawin, 41, und ihr Partner **Dr. Dieter Schulze**, 59, leben jedes Jahr viele Monate auf Gran Canaria. Über den Archipel haben die Autoren auch eine Reihe hervorragender Führer verfasst, die u. a. im Verlag Reise Know-How erschienen sind

KANARISCHE SCHICKSALSTAGE

Seit der Antike wurde um die »Glücklichen Inseln« immer wieder heftig gerungen

Rätselhafte Petroglyphen der Altkanarier von Santo Domingo de Garafía auf La Palma (oben) und das »Idol von Tara« (rechts), heute im Museo Canario in Las Palmas

Vermutlich ab 500 v. Chr. lassen sich die ersten Menschen auf den Kanaren nieder. Sie kommen in mehreren Schüben aus Nordwestafrika, finden in den zahlreichen Naturhöhlen des Archipels Unterkunft und besitzen weder Pflug, noch Rad oder Töpferscheibe. Die Stämme der einzelnen Inseln pflegen kaum Kontakt untereinander und auch die Verbindung zum Festland bricht bald ab. Denn die Altkanaren sind keine Seefahrer. Nicht einmal zum Fischfang rudern sie hinaus – stattdessen betäuben sie mit giftigen Pflanzen Fische in Lagunen und fangen sie mit der Hand.

25 v. Chr. entdeckt eine Expedition des mauretanischen Königs Juba II. den Archipel. Die Kunde von den Inseln am westlichen Rand der bekannten Welt dringt auch zu den Römern vor, deren Vasall Juba ist. Plinius der Ältere berichtet über die Expedition und identifiziert das neu entdeckte Reich mit den mythischen Eilanden, von denen Homer und andere Autoren schwärmten – den Glücklichen Inseln. Diesen Namen übernehmen auch die Araber, die ab dem 10. Jahrhundert gelegentlich die kanarischen Küsten anlaufen. Das Abendland hat indessen nach dem Niedergang Roms die Inseln längst wieder vergessen.

31. Mai 1494. Schwer verletzt entkommt der spanische Eroberer Alonso Fernandez de Lugo einem Hinterhalt in der Schlucht von Acentejo. Die Ureinwohner Teneriffas können gegen die Schusswaffen der Fremden nur hölzerne Keulen und Wurfsteine aufbieten, doch mit ihrer hervorragenden Kenntnis der zerklüfteten Landschaft haben sie die Konquistadoren in eine Falle gelockt und ihnen die schwerste Niederlage während der gesamten Eroberung der Kanaren zugefügt. Nach der Wiederentdeckung der Insel 1325 durch den Genueser Lanzarotto Malocello hat Spanien 1402 begonnen, eine Insel nach der anderen zu besetzen. Viele Ureinwohner sterben in den Kämpfen oder durch eingeschleppte Seuchen. Wer überlebt, wird auf den Sklavenmärkten in Sevilla und Valencia verkauft – es sei denn, er lässt sich taufen. Von den 20 000 Altkanaren auf Gran Canaria leben am Ende noch etwa 1200; wie alle übrigen Ureinwohner werden sie im Laufe der Zeit in der europäischen Bevölkerung aufgehen. Noch allerdings ist eine der begehrten Inseln unbesiegt: Alonso de Lugo rüstet in Gran Canaria auf und kehrt im November 1494 mit 1170 Soldaten nach Teneriffa zurück. Zwölf Monate und mehrere erbitterte Schlachten wird es dauern – dann ist auch die letzte Bastion der Altkanaren gefallen.

1678 verfügt die Regierung in Madrid, dass mit je 100 Tonnen Waren, die von den Insulanern nach Amerika verschifft werden, auch fünf kanarische Familien an Bord gehen müssen, um die neue Welt zu besiedeln – Blutzoll nennen das die Canarios. Der Archipel ist ein wichtiger Brückenkopf zwischen dem spanischen Mutterland und den

Letzter Triumph: 1494 locken die Ureinwohner Teneriffas die spanische Übermacht in einen Hinterhalt bei Acentejo. Knapp eineinhalb Jahre später müssen sie sich endgültig unterwerfen

KANAREN KOMPAKT *Mit den Urlaubern kam der Aufschwung für eine Region im Abseits*

DIE INSELN

→ **Entstehung:** Alle Inseln sind vulkanischen Ursprungs und von Ost nach West nacheinander vom Meeresboden emporgewachsen.

→ **Ausdehnung:** Sieben große und sechs kleinere Inseln mit einer Fläche von insgesamt 7447 km² (etwa halb so groß wie Schleswig-Holstein). Zwischen der Ostküste Fuerteventuras und dem afrikanischen Kontinent liegen 90 Kilometer, die Entfernung von Lanzarote zum spanischen Festland beträgt 1100 Kilometer. Von Ost nach West erstreckt sich der Archipel über mehr als 500 km.

→ **Verwaltung:** Die Autonome Region der Kanaren gliedert sich in die zwei Provinzen Santa Cruz de Tenerife und Las Palmas de Gran Canaria mit den Provinzhauptstädten Santa Cruz (171 000 Einwohner) und Las Palmas (310 000 Einwohner).

DIE MENSCHEN

→ **Einwohner:** 1,96 Mio. (zum Vergleich: Hamburg 1,7 Mio.).

→ **Ausländer:** 220 000, davon ca. 45 Prozent EU-Bürger, 32,5 Prozent Süd- und Mittelamerikaner und 11 Prozent Afrikaner.

→ **Geburtenrate:** 1,17 Kinder pro Frau (Deutschland 1,3).

WIRTSCHAFT

→ **Bruttoinlandsprodukt pro Kopf:** 89 Prozent des EU-Durchschnitts, wirtschaftlicher

Königlicher Empfang: Der spanische Herrscher Alfonso XIII. steigt 1906 im Hotel Santa Catalina in Las Palmas ab

Kolonien. Schon Kolumbus startete von hier 1492 seine Atlantiküberquerung und wurde von einigen Inselbewohnern begleitet. Neben Spaniern haben sich auf den Kanaren Portugiesen, Genuesen und andere Europäer niedergelassen. Das Leben dort ist schwierig. Eine Monokultur nach der anderen stürzt in die Krise: Erst richtet die karibische Konkurrenz die Zuckerindustrie zugrunde. Dann verlegt man sich auf den Export von Wein, bis um 1700 Mehltau und portugiesischer Portwein auch dem ein Ende bereiten. Allein zwischen 1830 und 1860 wandern 50 000 Menschen ab, 20 Prozent der Einwohner. Und mit jeder Wirtschaftsflaute gehen mehr. Venezuela, wo heute 300 000 Landsleute leben, heißt unter den Canarios schlicht „die achte Insel".

Anfang Januar 1890 eröffnet nahe Las Palmas das luxuriöse Hotel „Santa Catalina". Gemeinsam mit dem „Taoro" auf Teneriffa ist es die erste große Hotelanlage des Archipels. Beide wurden von britischen Unternehmern erbaut. Und auch die meisten Gäste stammen aus England. Wohlhabende Bildungsbürger, die in dem milden Klima Genesung suchen, vergnügungsreisende Schriftsteller und Künstler, aber auch Wissenschaftler sind unter ihnen. Schon in der Wintersaison 1887/1888 befördert der britische Reeder Alfred L. Jones über 1000 Passagiere an Bord seiner Schiffe. Seit Spanien die Inseln 1852 zur Freihandelszone erklärt hat, um die kanarische Wirtschaft zu beleben, investieren zahlreiche Briten. Sie legen Bananenplantagen an, errichten Kühlhäuser, Banken – und den ersten Golfplatz Spaniens. Sogar die britische Pünktlichkeit halte Einzug, und anstelle der Siesta, so spottet der Dichter Alonso Quesada, pflegten seine Landsleute neuerdings die *tea time*.

13. März 1936. Um den putschverdächtigen General loszuwerden, versetzt die republikanische Regierung Francisco Franco auf die Kanaren. Franco hält Kontakt zu den konspirierenden Militärs. Er bringt die Inseln unter seine Kontrolle, und am 18. Juli macht er sich auf den Rückweg: In Spanisch-Marokko übernimmt er die Führung der aufständischen Truppen und bringt sie mithilfe von Hitlers Luftwaffe nach Spanien, das nun in einen dreijährigen Bürgerkrieg stürzt.

Er machte auf den Inseln Station: Kolumbus-Büste in Las Palmas

1956 landen die ersten Charterflugmaschinen auf den Sonneninseln Noch dauert ein Flug von Düsseldorf nach Teneriffa mit Zwischenlandung 16 Stunden und ist eine exklusive Angelegenheit. Die Touristenzahlen steigen, seit Francos Regierung 1959 mit großzügigen Krediten ausländische Bauherren anlockt: Allein in der Provinz Santa Cruz de Tenerife wächst das Bettenangebot innerhalb eines Jahres um 75 Prozent. Als dann noch die Landebahn des Flughafens Gando verlängert wird und ab 1963 auch große Düsenjets die Kanaren anfliegen können, ist der Aufstieg des Tourismus zur neuen Monokultur der Inseln nicht mehr zu bremsen.

Sonnige Siebziger: Der Strand von Las Palmas vor 30 Jahren. 2004 besuchten insgesamt 9,4 Millionen Menschen den Archipel, davon 2,5 Millionen aus Deutschland

Am 5. April 1978 sticht ein spanischer Geheimagent den Anwalt Antonio Cubillo nieder. Cubillo, der schwer verletzt überlebt, führt aus dem algerischen Exil die kanarischen Separatisten an. Mit Bombenterror haben die in den letzten Jahren für die Umsetzung ihrer Parole gekämpft: *„Fuera godos!"*, „Goten raus!" Gemeint waren die Festlandsspanier. Spätestens seit Madrid den Kanarischen Inseln 1982 eine Teilautonomie zubilligt, wird es still um die Unabhängigkeitsbewegung. Dennoch legt die Mehrheit der Inselbewohner Wert darauf, primär Canario, nicht Spanier zu sein. Und so mancher Spross stolzer Insulaner trägt heute einen altkanarischen Vornamen.

Aufschwung seit Mitte der 1990er Jahre.

→ **Arbeitslosenquote:** 10,5 Prozent.

→ **Tourismus:** 2004 kamen 9,4 Mio. Urlauber, davon 41 Prozent aus Großbritannien und 27 Prozent aus Deutschland. Am Bruttoinlandsprodukt der Kanaren sind Dienstleistungen zu 78 Prozent beteiligt, 32 Prozent davon entfallen ausschließlich auf den Tourismus.

→ **Landwirtschaft:** Nur 4,5 Prozent der Beschäftigten arbeiten in der Landwirtschaft. Wichtigste Exportprodukte sind Bananen und Tomaten; der Umfang der Viehwirtschaft ist so gering, dass über 80 Prozent aller Fleischwaren importiert werden müssen, ebenso ein Großteil des konsumierten Fischs.

POLITIK

Die Wahlen zum Regionalparlament bestätigten 2003 die Regierungskoalition aus dem kanarischen Parteienbündnis Coalición Canaria (CC) und der konservativen Volkspartei Partido Popular. Seit die Koalition im Mai 2005 zerbrach, stellt die CC unter Präsident Adán Martín eine Minderheitsregierung.

UND ANSONSTEN …

→ verbringen 64 Prozent der Canarios ihre Ferien am liebsten zu Hause;

→ besitzt jeder Insulaner im telefonierfähigen Alter statistisch gesehen mehr als ein Handy.

Kanarische Inseln

Teneriffa
La Palma
Autobahn
Hauptstraße, mehrspurig
Hauptstraße
wichtige Straße
sonstige Straße
Parque Nacional
Parque Natural
Sehenswürdigkeit
Aussichtspunkt
Leuchtturm
Santa Cruz de Tenerife über 50 000 Einwohner
Taco 10 000 bis 50 000 Einw.
Los Silos 5000 bis 10 000 Einw.
San José 1000 bis 5000 Einw.
Benijo bis 1000 Einw.
El Médano Ferienzentrum
0 1 2 3 4 5 10 km
Maßstab 1 : 265 000
GEO-Grafik
Roque de Fuera
Faro de Anaga
Punta del Hidalgo
Punta de Tamadite
Benijo
Chamorga
Chinobre 910
Punta de Anaga
Playa del Arenal
Bajamar
Parque Rural de Anaga
Taborno
Taganana
Paso 934
El Bailadero
Taborno 1024
Besucherzentrum Cruz del Carmen
Tejina
Pico del Inglés
Macizo de Anaga
Punta de Antequera
Playa de Zápata
Tegueste
Igueste de San Andrés
Pedro Alvarez
Playa de las Teresitas
El Portezuelo
San Andrés
La Laguna (San Christóbal)
AEROPUERTO DE LOS RODEOS
La Cuesta
Museo de Bellas Artes
SANTA CRUZ DE TENERIFE
Guajara
Museo de la Naturaleza y el Hombre
La Esperanza
Kongresszentrum
Auditorium, Parque Marítimo, Palmetum
El Sobradillo
Taco
Lomo Pelado
Barranco Grande
El Tablero
Santa María del Mar
Barranco Hondo
Playa de la Nea
Tabaiba
Punta de Guadamojete
Igueste
Las Caletillas
Punta Larga
Candelaria
Playa de Samarines
El Socorro
Playa de la Entrada
276
Malpaís
Punta de Güímar
Puertito de Güímar
Übernachten (inkl. Fincas)
1 Villa Chiripa
2 Casa La Joya
3 Abama
4 Gran Hotel Bahía del Duque
5 Summit Club Hotel VillAlba
6 Taburiente
7 La Quinta Roja
Essen & Trinken (inkl. Habitat)
1 Casa del Vino La Baranda
2 Casa Miranda
3 Mansión Canaria Ábaco
4 Casa Lercaro
5 El Aderno
6 El Burgado
7 El Guanche
8 La Querencia de Domingo
9 Condal & Peñamil
10 El Patio
11 Bodega Viñátigo
12 El Duende
Punta de Rabisca
Proís de Don Pedro
Costa de Franceses
Punta Gaviota
Punta del Corcho
Punta y Proís de Santo Domingo
Don Pedro
Garafía
El Tablado
Franceses
Gallegos
Barlovento
La Cuesta
Roque Negro
Llano Negro
La Mata
Roque del Faro
Punta de Gutiérrez
Hoya Grande
La Zarza & La Zarzita
Los Tilos Besucherzentrum
Los Sauces
San Andrés
Barranco de Briestas
Las Tricias
El Pinar
Las Moradas 2028
Bco Franceses
Barranco de las Aguias
El Roque
Puntagorda
Observatorium
Parque Natural de las Nieves
La Galga
Playa de Nogales
Don Pancho 629
Roque de los Muchachos 2426
Pico de la Cruz 2351
Bco de Nogales
Cueva del Infierno
Bco de Garome
Caldera de Taburiente
El Granel
Playa de Camariño
Tinizara
Parque Nacional de la Caldera de Taburiente
Río Taburiente
Pico de las Nieves 2247
San Juan de Puntallana
Santa Lucía
La Cofradía
Somada Alta 1926
Tenagua
Punta de la Sancha
Tijarafe
Los Brecitos
Bco del Carmen
Costa de Miranda
El Jesús
Bco de las Angustias
La Cumbrecita 1287
El Corralejo 2044
Las Nieves
Miranda
SANTA CRUZ DE LA PALMA
Punta de la Corvina
Bco de los Pájaros
Punta del Moro
Los Llanos de Aridane
La Cuesta
San Pedro
El Time
Valle de Aridane
Besucherzentrum
Playa de Bajamar
Puerto de Tazacorte
Argual
Breña Alta
El Fuerte
Tazacorte
Triana
El Paso
Cumbre Nueva
Breña Baja
Los Cancajos
Roques de Don Pedro
Tajuya
San Antonio
La Laguna
Monte de Breña
La Rosa
AEROPUERTO DE LA PALMA
El Pilar
Lodero
Playa del Hoyo
Playa Nueva
Todoque
Villa de Mazo
Punta de la Lava
Las Manchas
Callejones
Roques del Becerro
Cumbre Vieja
San Simón
Puerto Naos
La Sabina
Cueva de Belmaco
Playa del Pozo
Playa de las Monjas
Playa de Charco Verde
Malpaíses
Montaña Deseada 1949
Punta del Cabestro
Parque Natural de Cumbre Vieja
Tigalate
Tiguerorte
Punta de la Barqueta
Bahía de los Roques
Montaña del Fuego 1249
Punta Banco
Monte de Luna
Playa de Zamora
Playa del Río
Besucherzentrum
Las Indias
Las Caletas
Los Quemados
Los Canarios/ Fuencaliente
Punta Larga
El Guincho
Volcán de Teneguía 439
Punta de Fuencaliente
Übernachten (inkl. Fincas)
1 La Fuente
2 Las Olas
3 Parador de La Palma
4 La Palma Teneguía Princess
5 Finca Tropical
6 La Tienda
7 Casa & Casona Los Melindros
Essen & Trinken
1 El Encuentro
2 La Graja
3 El Patio del Vino
4 Playa Mont, Taberna del Puerto
5 Plaza Chica

Übernachten *(inkl. Fincas)*

1. Parador de El Hierro
2. Hotelito Ida Inés
3. Balneario Pozo de la Salud
4. Punta Grande
5. Finca El Matel
6. El Casino Antiguo
7. La Brujita

Essen & Trinken

1. El Refugio
2. Restaurante La Maceta
3. Pomodoro
4. La Higuera de la Abuela
5. Ta Taberna de la Villa
6. Mirador de la Peña

El Hierro

Übernachten *(inkl. Fincas)*

1. Jardín del Conde
2. Finca Argayall
3. Carlos Alonso
4. Jardín Tecina
5. Finca El Cabrito
6. Ibo Alfaro

Essen & Trinken *(inkl. Habitat)*

1. La Salsa
2. Junonia
3. El Pejín
4. Castillo del Mar
5. Marqués de Oristano

La Gomera

Gran Canaria
Übernachten (inkl. Fincas)
1 Hotel El Refugio
2 Las Tirajanas
3 Villa del Monte
4 Gran Hotel Villa del Conde
5 Palm Beach
6 Cordial Mogán Playa
7 Los Palmitos
8 Reina Isabel
9 Fataga
10 Finca Las Longueras
11 Las Calas
12 El Siroco B&B
Essen & Trinken
1 Casa del Vino
2 Tu Casa
3 El Mundo
4 El Viento
5 Tagoror
6 La Marinera
Autobahn
Hauptstraße, mehrspurig
Hauptstraße
wichtige Straße
sonstige Straße
Parque Nacional
Parque Natural
Sehenswürdigkeit
Aussichtspunkt
Leuchtturm
Arrecife
über 50 000 Einwohner
Los Realejos
10 000 bis 50 000 Einw.
Sardina
5000 bis 10 000 Einw.
El Goro
1000 bis 5000 Einw.
Taurito
bis 1000 Einw.
Maspalomas
Ferienzentrum
0 1 2 3 4 5 10 km
Maßstab 1 : 265 000
GEO-Grafik
LAS PALMAS DE GRAN CANARIA
La Isleta
Punta del Roque
Faro de la Isleta
Punta del Confital
Playa de las Canteras
Parque Santa Catalina
Bahía del Confital
Puerto de la Luz
Museo Canario, Casa de Colón, CAAM
Tamaraceite
Tenoya
Almatriche
San Lorenzo
Tafira
Marzagán
Punta del Palo
Jinámar
Punta de Jinámar
Playa de la Laja
La Garita
Telde
Playa del Hombre
Playa de Melenara
Playa de Salinetas
Morro de Tufía
Ojos de Garza
Punta del Ámbar
AEROPUERTO DE GANDO
Bahía de Gando
Punta de Gando
El Burrero
Ingenio
Carrizal
Agüimes
Museo de Guayadeque
Cruce de Arinaga
Vargas
Punta de la Sal
Arinaga
Punta del Negro
Cruce de Sardina
Vecindario
Sardina
Bahía de Formas
El Doctoral
Pozo Izquierdo
Punta del Corral
Punta de Tenefé
Llanos de Juan Grande
Juan Grande
Playa de las Casillas
Playa de la Caleta
Playa del Cardón
Punta del Tarajalillo
Bahía Feliz
San Agustín
Playa del Águila
Playa del Inglés
Bahía del Inglés
San Fernando
El Tablero
Sonnenland
Maspalomas
Dunas de Maspalomas
Playa de Maspalomas
Faro de Maspalomas
El Oasis
Pasito Blanco
Bahía de Santa Agueda
Arguineguín
Playa del Arguineguín
Patalavaca
La Verga
Punta de los Inciensos
Playa de Puerto Rico
Puerto Rico
Playa de los Amadores
Playa de Tauro
Tauro
Taurito
Playa del Diablito
Puerto de Mogán
Punta de los Frailes
Playa de Veneguera
El Horno
Las Burrillas
Los Navarros
Tabaibales 602
Punta de la Pedrera
Las Casillas
Mogán
Bco de Veneguera
Casas de Veneguera
Barranco de Tasarte
Punta de las Tetas
Las Estaquillas
Tasartico
Tasarte
Playa de Güigüí
Mña Hogarzales
Mña del Horno 1426
Tocodomán
Artejévez
Los Espinos
Albercón
Playa de la Aldea
Puerto de la Aldea
Las Marciegas
San Nicolás de Tolentino
Los Molinos
Mña de la Fuente
Bco de Aldea
Mirador del Balcón
Andén Verde
Punta de Góngora
El Risco
Laja del Risco
Parque Natural de Tamadaba
Pinar de Tamadaba
El Dedo de Dios
Puerto de las Nieves
Agaete
Valle de Agaete
Punta del Cardonal
Mña Amagro 469
Puerto de Sardina
Punta de Sardina
Punta de Gáldar
Punta de Guanarteme
El Agujero
Gáldar
San Isidro
Santa María de Guía
San Juan
Barranquillo de Puerto Nuevo
Playa San Felipe
Cenobio de Valerón
Cabo Verde
El Calabozo
Los Dragos
Bañaderos
Punta del Camello
Punta de Arucas
Cardones
Arucas
Santidad
Moya
Firgas
Casa Romántica
Montaña Alta
Caideros
Bco de Azuaje
El Sao
Fagajesto
Bco del Pinar
El Hornillo
Fontanales
Valleseco
Teror
El Palmar
Miraflor
Bco de las Morenas
La Angostura
Santa Brígida
Los Hoyos
Monte Lentiscal
La Atalaya
Caldera de Bandama
Juncalillo
Coruña
Artenara
Moriscos 1771
Montaña Altavista 1376
Acusa
Vega de Acusa
E. de Parralillo
Caldera de Tejeda
El Majuelo
Tejeda
Cruz de Tejeda
Besucherzentrum
Roque Bentayga 1412
Embalse de Siberio
El Carrizal
GC606
Roque Nublo 1813
Pico de las Nieves 1949
Utiaca
Ariñez
Vega de San Mateo
Las Lagunetas
Valsequillo
La Higuera Canaria
San Antonio
Los Llanetes
Valle de los Nueve
Las Huesas
El Goro
Cuatro Puertas
Aguatona
Bco de los Cernícalos
Caldera de los Marteles
Lomo del Caballo
Barranco de Guayadeque
Cuevas Bermejas
Temisas
Montaña de Sándara 1578
Morro Pajonales
Ayacata
San Bartolomé
Caldera de Tirajana
Santa Lucía
El Ingenio
Cercados de Araña
GC605
Soria
E. de Soria
Embalse de Chira
Mña de Tauro 1225
Barranquillo Andrés
Santiago 1193
Parque Natural de Pilancones
Bco de la Data
Fataga
Amurga 1131
Barranco de Tirajana
Cercado Espino
GC505
Ayagaures
Arteara
Barranco de Tauro
Bco de Arguineguín
Barranco de la Fataga
Barranco de Berriel
Montaña la Data
Tauro
1444
837

Lanzarote
Übernachten (inkl. Fincas)
1 Hesperia Lanzarote
2 Los Fariones
3 Papagayo Arena
4 La Geria
5 Casas Himmelsbach
6 Casa Sebastián
7 Hotel Miramar
8 Apartamentos Luis M. Cabrera
9 La Casona de Yaiza
10 Caseríode Mozaga
11 Casa de Tegoyo
Essen & Trinken (inkl. Habitat)
1 Lago Verde
2 Amura
3 Café del Mar
4 La Bodega Santiago
5 Isla Bonita
6 Bodegón Los Conejeros
7 El Italiano, Casa Chano/La Caletilla
8 Bodegas El Grifo
Isla de Montaña Clara
Punta de la Camella
Punta del Agua
Punta Gorda
Playa de las Conchas
Playa del Ámbar
Isla Graciosa
Punta de Pedro Barba o de la Sonda
Pedro Barba
Punta del Bajio
Mña Amarilla
Caleta del Sebo
El Río
Punta Fariones
Playa de la Cantería
Batería
Órzola
Mirador del Río
Playa de la Cocina
Bahía del Salado
Playa Francesa
Caletón Blanco
Bajo Mesa
Caleta del Mojón Blanco
Yé
Mirador de Guinate
Guinate
Monte Corona
Punta del Roque
Parque Natural del Archipiélago Chinijo
Máguez
Punta Escamas
Cueva de los Verdes
Jameos del Agua
Haría
Punta Ganada
Punta de Mujeres
Risco de Famara
Playa de Famara
Tabayesco
Arrieta
Punta Guerra
Caleta del Caballo
Caleta de Famara
Peñas del Chache
Playa de la Garita
Club la Santa
La Isleta
Los Risquetes
Caldera Trasera
Urb. Famara
Mala
Punta del Pasito
La Santa
Bajo del Picacho
Sóo
Cortijo de Sta Margarita
Las Laderas
Los Valles
Jardín de Cactus
Punta los Cuchillos
Guatiza
El Cuchillo
Muñique
Punta Gaviota
Tinajo
Teguise
El Mojón
Los Cocoteros
Playa de las Malvas
Playa de la Madera
Parque Natural de los Volcanes
Guiguan
Tiagua
Teseguite
Mña Tinamala
Playa del Tío Joaquín
Besucherzentrum
La Vegueta
Oasis de Nazaret
Caldera Blanca
Mancha Blanca
Tao
Nazaret
Punta de la Ensenada
Parque Nacional de Timanfaya
Montaña Tamia
Las Cabreras
Punta de Tierra Negra
Mozaga
Islote de Hilario
Monumento al Campesino, Casa Museo del Campesino
Montaña Corona
El Islote
Tahiche
Caldera Colorada
Besucherzentrum Islote de Hilario
El Rostro
Punta de la Corvina
Los Cangrejos
Ruta de los Volcanes
Playa de las Cucharas
Playa del Paso
Timanfaya
Montaña Negra
Masdache
San Bartolomé
Fundación César Manrique
Costa Teguise
Playa Bastián
Punta del Jurado
Montañas del Fuego o de Timanfaya
Montaña Diama
Montaña Blanca
Las Caletas
El Golfo
La Geria
Güime
Cast. de San José
Playa de Montaña Bermeja
Conil
Tías
Arrecife
Salinas de Janubio
Uga
La Asomada
Aeropuerto de Lanzarote
Playa Honda
Yaiza
Mácher
Playa de Guasimeta
Punta del Marqués
La Degollada
Punta de Montañosa
Playa de Janubio
Las Hoyas
Las Casitas de Femés
Wal-museum
Playa de los Pocillos
Punta El Barranquillo
Femés
Puerto Calero
Puerto del Carmen
Playa Blanca
Punta de Piedro Alta
Las Breñas
Atalaya de Femés
Playa Quemada
Playa de la Arena
Bahía de Ávila
Punta Ginés
Hacha Grande
Caleta Negra
Montaña Baja
Playa Blanca
Punta Gorda
Faro de Pechiguera
Playa de Montaña Roja
Marina Rubicón
Playas de Papagayo
Caleta Larga
El Papagayo
Punta del Papagayo
Parque Natural del Islote de Lobos
Punta Martiño
Punta de la Tiñosa
Isla de Lobos
Punta del Rincón
Majanicho
Corralejo
El Puertito
Punta Blanca
Faro de Tostón
Malpaís de Mascóna
Playa de Corralejo
Calderón Hondo
Malpaís de Bayuyo
El Jable
El Roque
El Cotillo
Playa del Castillo
Culata de Roque
Lajares
Parque Natural de Corralejo
Playa del Aljibe de la Cueva
Barca Quebrada
Blanca
Mña Roja
Arena
Villaverde
Barranco de Esquinzo
Punta de Paso Chico
Mña Tindaya
La Oliva
Rosa del Podenco
Parque Holandés
Playa de Tebeto
Tindaya
Caldereta
Vallebrón
Bco de Tinojay
Playa de Perchel
Bco Vista de Jarugo
La Matilla
Guisguey
Punta la Tiñosa
Puertito de los Molinos
Punta de la Vega Vieja
Tetir
Bco de la Herradura
Puerto Lajas

Fuerteventura
Übernachten (inkl. Fincas)
1 Coronado
2 Robinson Jandía Playa
3 Robinson Esquinzo Playa
4 Suite-Hotel Marina Plaza
5 Risco del Gato
6 Cotillo Sunset
7 Mahoh
8 Casa de los Rugama
9 Casa Isaítas
Essen & Trinken
1 Marabú
2 El Camello
3 Don Antonio
4 La Era de Casillas
5 Casa Pon
Puerto del Rosario
Playa Blanca
AEROPUERTO DE FUERTEVENTURA
Punta Gonzalo
Playa del Matorral
El Matorral
Caleta de Fustes
Playa del Castillo
Salzmuseum
Las Salinas
Playa del Muellito
Tefía
Ecomuseo La Alcogida
Cuchillos 625
Casillas del Ángel
Tesjuates
Salinas 333
Embalse de los Molinos
Playa de Santa Inés
Aguas Verdes
Llanos de la Concepción
La Ampuyenta
596
Rosa del Taro
Barranco de Jenejey
Morro Alto 417
Valle de Santa Inés
Museums-dorf
Triquivijate
Punta Gorda
Parque Rural de Betancuria
Mirador de Morro Velosa
Betancuria
Betancuria 724
Casa Santa María
Antigua
Bco de la Muley
Ajuy
Barranco las Peñitas
Playa de los Muertos
Vega de Río Palmas
Cumbre de Mahinubre
Valles de Ortega
Majada Blanca
Bco de la Torre
Gran Montaña 708
Agua de Bueyes
Casillas de Morales
Punta de la Canal
Toto
Alto de Aguaje
Pájara
Mühlen-museum
Tiscamanita
Malpaís Chico
La Matanza
Sperr-gebiet
Vigocho 382
Fayagua
Mña de la Fuente 447
Tuineje
Malpaís Grande
Centro de Interpretación La Atalayita
Punta del Viento
Pozo Negro
Las Casitas
Punta Amanay
Morro Colorado 447
Cumbre de los Ancones
Tesejerague
Teguital
Punta de las Borriquillas
Cortijo de Chilegua
Cardón
Mña Cardón 691
Bco de Gran Valle
Playa de Ugán
Bco de Gran Tarajal
Punta Entallada
R. de Giniginámar
Cala de las Playitas
Playa de la Pared
La Pared
Morro del Majano 323
Gran Tarajal
Playa de Gran Tarajal
Giniginámar
Tarajalejo
La Lajita
Istmo de la Pared
Matas Blancas
Punta Paloma
Península de Jandía
Costa Calma
Playa Barca
Playa de Barlovento
Lomo Negras 322
Playa Esmeralda
Parque Natural de Jandía
El Islote
Playa de Cofete
Villa Winter
Jandía 807
Cofete
Risco del Paso
Playa de Sotavento
Macizo de Jandía
Valle de Vinamar
Cueva de la Negra
Puerto de la Cruz
Punta de Jandía
Esquinzo
Playa de Butihondo
Morro Jable
Playa de las Coloradas
Jandía Playa
Autobahn
Hauptstraße, mehrspurig
Hauptstraße
wichtige Straße
sonstige Straße
Parque Nacional
Parque Natural
Sehenswürdigkeit
Aussichtspunkt
Leuchtturm
Arrecife über 50 000 Einwohner
Playa Honda 10 000 bis 50 000 Einw.
Morro Jable 5000 bis 10 000 Einw.
Lajares 1000 bis 5000 Einw.
Caldereta bis 1000 Einw.
Puerto Calero Ferienzentrum
0 1 2 3 4 5 10 km
Maßstab 1 : 265 000
GEO-Grafik

Leserbriefe

SPECIAL „LONDON" (5/2005)

Mit meinem englischen Mann und zwei Kindern habe ich bis 1992 in London gelebt, und ich kehre regelmäßig in diese Stadt zurück. Natürlich war ich von dem Editorial angenehm berührt, ebenso von den Äußerungen Billy Braggs. Was mich allerdings etwas enttäuscht hat, war das Interview mit Lord Dahrendorf. Er behauptet, dass das Leben in London nervös sei. Das finde und fand ich nie.

Ingeborg Jakobsson, Bad Schmiedeberg

Vielen Dank für Ihr hervorragendes London-Special. Als ehemaliger Londoner, der leider in den letzten Jahren zu selten die Gelegenheit hatte, eine seiner Lieblingsstädte wiederzusehen, fühlte ich mich durch das Heft sehr gut über die aktuellen Entwicklungen informiert. Besonders die Artikel über „Brit Art" und über Londons neue Skyline fand ich gut recherchiert, geschrieben und in spannendem Layout präsentiert. Einen kleinen Minuspunkt bildete für mich die Modestrecke, deren schwülstiges Layout mein Desinteresse für das Thema nur noch verstärkte. Trotzdem – ein gelungenes Heft!

Jan Holthusen, Hamburg

SPECIAL „AUSTRALIEN" (4/2005)

Bei der Lektüre ist mir aufgefallen, dass die Entfernungsangaben im Info-Teil nicht stimmen können. In Ihrer Ausgabe von 1986 hatten Sie die Entfernung zwischen Adelaide und Perth mit 2541 km angegeben, in dieser Ausgabe sind es nur noch 2135. Die Distanz zwischen Perth und Broome verlängerte sich dagegen: von 1037 km auf 1685. Welche Angaben stimmen? Oder ist die Kontinentalverschiebung von Gondwana etwa noch nicht abgeschlossen?

Mark Schulte, Siegen

Anmerkung der Redaktion: Vor 20 Jahren hatten wir unsere Angaben noch auf Kartenmaterial gestützt. Für diese Ausgabe haben wir jedoch die per Koordinaten errechnete Luftlinie als Entfernungsangabe zwischen den Städten verwendet.

GEO Special

Gruner + Jahr AG & Co KG, Druck- und Verlagshaus, Am Baumwall 11, 20459 Hamburg. Postanschrift für Verlag und Redaktion: 20444 Hamburg, Telefon 040 / 3703-0, Telefax 040 / 37 03 56 48. E-Mail: briefe@geo.de; Internet: www.GEO.de

CHEFREDAKTEUR: Peter-Matthias Gaede

STELLVER. CHEFREDAKTEUR: Michael Schaper

GESCHÄFTSFÜHRENDE REDAKTEURE: Florian Hanig (Text), Ruth Eichhorn (Fotografie), Jutta Krüger (Art Direction)

ART DIRECTOR: Beate Meding

TEXTREDAKTION: Dr. Andreas Weber (freie Mitarbeit), Brigitte Gajser (Reise-Service), Meike Kirsch, Markus Wolff

BILDREDAKTION: Juliane Berensmann-Nagel

DOKUMENTATION: Peter Flak, Andrea-Rebecca Flörke (Reise-Service)

KARTOGRAPHIE: Stefanie Peters

SEKRETARIAT: Maren Heidorn, Elke Rehländer-Stöhr, Hella Strepp

HONORARE/SPESEN: Angelika Györffy

SCHLUSSREDAKTION: Antje Wischow, Dirk Krömer, Jan Pust (freie Mitarbeit), Hinnerk Seelhoff; Assistenz: Hannelore Koehl

MITARBEITER DIESER AUSGABE: Dr. Susmita Arp, Barbara Baumgartner, Helga Damm, Karin Finkenzeller, Angelika Fuchs, Dr. Izabella Gawin, Karoline Klein, Klaus Lingenauber, Dr. Arno Nehlsen, Dr. Dieter Schulze, Bernd Schwer, Anuschka Seifert, Anke Sparmann, Michael Stührenberg, Olaf Tarmas, Nicole Trötzer, Andreas Wenderoth

GEO-BILDARCHIV: Bettina Behrens, Gunda Lerche, Gudrun Lüdemann, Peter Müller

VERANTWORTLICH FÜR DEN REDAKTIONELLEN INHALT: Peter-Matthias Gaede

REDAKTIONSBÜRO NEW YORK: Nadja Masri (Leitung), Brigitte Barkley, Wilma Simon; Katherine Clad (Sekretariat) 375 Lexington Avenue, New York, NY 10017-5514, Tel. 212-499-8100, Fax 212-499-8105, E-Mail: geo@geo-ny.com

VERLAGSLEITUNG: Dr. Gerd Brüne, Ove Saffe
ANZEIGENLEITERIN: Anke Wiegel
VERTRIEBSLEITERIN: Ulrike Klemmer
MARKETINGLEITER: Jan-Piet Stempels
HERSTELLER: Oliver Fehling

ANZEIGENABTEILUNG
Anzeigenverkauf: Korinna Koschek, Tel. 040 / 37 03 22 48, Fax 040 / 37 03 56 04
Anzeigendisposition: Marco Schütze, Tel. 040 / 37 03 23 27, Fax 040 / 37 03 56 04
Es gilt die Anzeigenpreisliste Nr. 32 vom 1. 1. 2005
Bankverbindung: Deutsche Bank AG Hamburg, Konto 0322800, BLZ 200 700 00
Druck: Prinovis Itzehoe GmbH & Co KG

GEO ist auf Papier gedruckt, das aus einem Drittel – ausschließlich chlorfrei gebleichtem – Zellstoff, aus einem Drittel Durchforstungsholz und einem Drittel Altpapier hergestellt ist
Printed in Germany

GEO-SPECIAL-LESERSERVICE

FRAGEN AN DIE REDAKTION
Telefon: 040 / 37 03 20 73, Telefax: 040 / 37 03 56 48
E-Mail: briefe@geo.de

ABONNEMENT- UND EINZELHEFTBESTELLUNG

ABONNEMENT DEUTSCHLAND
Bestellungen
Gruner + Jahr AG & Co KG
GEO-Kundenservice
20080 Hamburg
Telefon: 01805 / 861 80 01*
(*12 Cent/Min.)

Heftpreis im Abonnement: 6,65 €
Kundenservice allgemein
(persönlich erreichbar)
Mo–Fr 7.30 bis 20.00 Uhr
Sa 9.00 bis 14.00 Uhr
Telefon: 01805 / 861 80 01*
Telefax: 01805 / 861 80 02*

24-Std.-Online-Kundenservice: www.MeinAbo.de/service

ABONNEMENT ÖSTERREICH
GEO Special-Abonnentenservice
Postfach 5, 6960 Wolfurt
Telefon: 0820 / 00 10 85
Telefax: 0820 / 00 10 86
E-Mail: geo-special@abo-service.at

ABONNEMENT SCHWEIZ
GEO Special-Leserservice
Postfach, 6002 Luzern
Telefon: 041 / 329 22 20
Telefax: 041 / 329 22 04
E-Mail: geo-special@leserservice.ch

ABONNEMENT ÜBRIGES AUSLAND
GEO Special-Kundenservice, Postfach, CH-6002 Luzern;
Telefon: 041 / 329 22 80, Telefax: 041 / 329 22 04
E-Mail: geo-special@leserservice.ch

BESTELLADRESSE FÜR GEO-BÜCHER, GEO-KALENDER, SCHUBER ETC.

DEUTSCHLAND
GEO-Versand-Service
Werner-Haas-Straße 5
74172 Neckarsulm
Telefon: 01805 / 06 20 00
(12 Cent/Min.)
Telefax: 01805 / 08 20 00
(12 Cent/Min.)
E-Mail: service@guj.com

SCHWEIZ
GEO-Versand-Service 50/001
Postfach 1002
CH-1240 Genf 42

ÖSTERREICH
GEO-Versand-Service 50/001
Postfach 5000
A-1150 Wien

BESTELLUNGEN PER TELEFON UND FAX FÜR ALLE LÄNDER
Telefon: 0049-1805 / 06 20 00, Telefax: 0049-1805 / 08 20 00
E-Mail: service@guj.com

ISBN-Nr. 3-570-19564-3 ISSN-Nr. 0723-5194

Fotovermerke nach Seiten. Anordnung im Layout: l. = links, r.= rechts, o. = oben, m.= Mitte, u.= unten

TITEL: bildagenturhuber.de/Reinhard Schmid

SEITE 3: Franz Killmeyer: o.; Stefan Warter/Agentur Focus: m. o.; Bernd Dinkel: m. u.

SEITE 4: Franz Killmeyer: l. o.; Amos Nachoum/Corbis: l. m.; Stefan Warter/Agentur Focus: l. u.; h. & d. zielske: r. u.

SEITE 4/5: Jan Sagl/Agentur Anzenberger

SEITE 5: Norbert Kustos: r.o.; Christoph Engel/Engel+Gielen: r. m.; Franz Killmeyer: r. u.

HABITAT

Julio Montesdeoca del Rosario: 6 o.; Xavi Gomez: 6 u.; Jürgen Richter/Look: 7 o., Juan Rafael/Canaria7.es: 7 m.; Tasio Armas: 7 u.; Jorge Zubiría Tolosa: 8 o.; Klaus Barisch: 8 m.; Guido Schiefer: 8 u.; Moises Perez y Perez: 10 l. o.; White Star/Monica Gumm: 10 l. u.; Thomas K. Müller: 10 r. o.; Frank Tophoven/laif: 10 r. u.

GRÜNE GÄRTEN IM ATLANTIK

Norbert Kustos: 14–17, 20/21; Jürgen Richter/Look: 18/19; Jarry-Tripelon/Agentur Anzenberger: 22/23; Rainer Hackenberg: 24/25; Peter Schickert/Das Fotoarchiv: 26/27; Hans-Joachim Ellerbrock/Bilderberg: 28/29

LAUFSTEG DER SCHÖPFUNG

John Mason/ardea.com: 30 l., 31 r.; OSF: 30 l. m., 30 r., 31 m.; Bruno Dittrich: 30 r. m.; Miquel Gonzales/laif: 31 l.; Anke Sparmann: 32

LAS PALMAS – BUNTE STADT AM MEER

Franz Killmeyer: 34 l., 39 o., 40, 41 o., 42 o.; Jörg Modrow/laif: 34/35, 38 o.; Ogando/laif: 36/37, 39 u., 41 u.; Hans-Joachim Ellerbrock/Bilderberg: 38 u.; Barbara Baumgartner: 42 u.

EIN LOGENPLATZ FÜRS FIRMAMENT

Otto Stadler/Das Fotoarchiv: 46; Rüdiger Nehmzow/laif: 47

WIE UNS DIE WELT AUF EL HIERRO ABHANDEN KAM

Christoph Engel/Engel+Gielen: 48–56

SIEG DEN PALÄSTEN

h. & d. zielske: 58–66 o.; Peter Heller: 66 u.

EINFACHE FAHRT, TODESANGST INKLUSIVE

Juan Medina/Reuters/Corbis: 68, 69

WALHEIMAT LA GOMERA

Bruno Dittrich: 70/71, 73 o.; Melanie Megnet/Bernd Brederlau: 72 o., 74 u. (2), 75 o., 76 u.; Sabine Beck/Oceantimes: 72 u.; Fabian Ritter/MEER e. V.: 73 u., 74 o.; ViePhoto/Victor Glez de Chaves Otaola: 75 u.; Gerard Soury/OSF: 76 o.; Guayedra Brito/SECAC: 78

NUR NICHT AUSRUHEN!

Stefan Warter/Agentur Focus: 80–86

WASSERMANGEL IM ÜBERFLUSS

Archivo Iconografico S.A./Corbis: 90; Hans-Joachim Ellerbrock/Bilderberg: 91

EIN PLATZ AN DER SONNE

Franz Killmeyer: 92–98

STRAND AUFS HERZ

Conrad Piepenburg/laif: 100/101; Ken Welsh/Alamy: 102/103; Stefan Warter/Agentur Focus: 104/105; John Carter: 106/107; White Star/Monica Gumm: 108 o.; Heiko Specht/laif: 108 u.; Carlos Virgili/RiscK: 110; Norbert Kustos (Hintergrund): 100–110

REISE-SERVICE

Cornelius Maas/Das Fotoarchiv: 114; bildagenturhuber.de/Reinhard Schmid: 115; White Star/Jörg Lange: 116 o.; Bruno Dittrich: 116 u., 117, 146 u.; Bertrand Gardel/Hémisphères Images: 118; Melanie Dreysse/laif: 119 l.; F1online/Siepmann: 119 r.; Rainer Hackenberg: 120 o.; Guido Schiefer: 120 u., 136; h. & d. zielske: 121, 134 o.; Yann Arthus-Bertrand/Altitude: 122 l.; Jarry-Tripelon/Agentur Anzenberger: 122/123 u.; Marco Simoni/Robert Harding: 123 r.; Frank Peterschröder/Bilderberg: 124; Holger Ruedel/Agentur Focus: 125 l.; Rainer Hackenberg/Visum: 125 r.; Fulvio Zanettini/laif: 126 l.; Axel Jageneau/TCS: 126 r.; Norbert Kustos: 128, 130 u., 145 l.; Andi Streber/Bilderberg: 129; Conrad Piepenburg/laif: 130 o., 135, 141; bildagenturhuber.de/Xose Blas: 132 l.; Hans-Joachim Ellerbrock/Bilderberg: 132/133 u., 140, 144, 146 o., 150 o.; Alberto Paredes: 134 u.; Heiko Specht/laif: 137; Frank Tophoven/laif: 138; Thoma Babovic/laif: 139; Jürgen Richter/Look: 142 o.; Miquel Gonzalez/laif: 142 u., 143; Carlos Virgili/RiscK: 145 r.; Izabella Gawin/Dieter Schulze: 148 l.; Ibo Alfaro, La Gomera: 148 r.; Caserío de Mozaga, Lanzarote: 149 l.; La Casona de Yaiza, Lanzarote: 149 r.; La Tienda, La Palma: 150 u.

PROFIL

akg-images/Rainer Hackenberg: 152 o.; White Star/T. P. Widman: 152 m.; Oronoz: 152 u., 153 m. und u.; Archivo de Fotografía Histórica de Canarias/FEDAC/Cabildo de Gran Canaria: 153 o.

VORSCHAU

Blaine Harrington: 161 o.; Robert Landau/Corbis: 161 l. u.; Erika Larsen/Redux: 161 r. u.

INTERVIEW

Nicole Trötzer: 162

KARTEN: Stefanie Peters: 50, 154–159

Wo die Träume in den Himmel wachsen: Zwischen Santa Barbara und Montecito können auch Surfboards Porsche fahren

Las Vegas: Der hohe Einsatz der Hotelkönige

Yosemite, Death Valley, Joshua Tree: Die schönsten Nationalparks

Schwarzenegger: Starker Mann, was nun?

Trickfilm: Bei den Vätern von Shrek und Nemo

Downtown L. A.: Eine Stadt kommt zu sich

The Quake: Der Tag, an dem die Erde San Francisco verschluckte

KALIFORNIEN & LAS VEGAS

Immer noch ist die Anziehungskraft Kaliforniens gewaltig, denn der Golden State ist voll von Märchen, die wahr werden. Sie handeln vom ehemaligen Obdachlosen, der Downtown L. A. wieder glänzen lässt. Von Stammzellen-Forschern, die nach dem Zusammenbruch der New Economy den neuen Goldrausch ausrufen. Und vom Hollywood-Star, der es zum Gouverneur bringt. Kurz: vom glückseligen Optimismus, der die Menschen wohl nirgends so beflügelt wie hier.

Wandel und Wandlung: Rund um die Disney Concert Hall erlebt Downtown L. A. eine Wiedergeburt. Ein Existenz-Stadium, das Sinnsucher am Mount Shasta, einem der stärksten »Energiewirbel« der Erde, längst erreicht haben

Die zuletzt erschienenen Ausgaben:

Bayern Nr. 3/2005

Australien Nr. 4/2005

London Nr. 5/2005

Die folgenden Ausgaben:

HAMBURG
RUSSLAND
PORTUGAL

GEO Special Kalifornien & Las Vegas
erscheint am 1. Februar 2006

... Lebensretter von Gran Canaria?

Manuel Sosa Medina, Fischer und Strandreiniger aus El Puertillo, hat bisher rund 300 Menschen aus dem Meer geborgen. Oft hat er dabei sein Leben riskiert, Geld als Belohnung nimmt er nie an

Wann haben Sie den ersten Menschen vor dem Ertrinken gerettet?

Vor 37 Jahren. Ich war 15 und fischte vor der Küste von El Puertillo. Ein siebenjähriges Mädchen, es hieß Amelia, schwamm bei starker Strömung heraus. Ich sah, wie die Kleine gegen die hohen Wellen kämpfte und viel Wasser schluckte. Als ich sie in mein Boot zog, war sie schon bewusstlos, ich musste sie beatmen. Das hat mir erst mal Ärger mit ihrem Vater eingebracht. Er wusste nicht, was los war, und dachte, ich wollte seine Tochter verführen.

Was sind das für Menschen, denen Sie zu Hilfe kommen?

Viele sind Touristen, die hier baden oder surfen. Aber auch Einwohner aus meinem Dorf waren dabei, Kinder – und auch einige Fischer.

Wie verkraften Sie Misserfolge bei Ihren Einsätzen?

Es tut weh, den Angehörigen erklären zu müssen, dass meine Hilfe zu spät kam. Vor kurzem sind hier zwei Männer und eine Frau über Bord gegangen. Die Männer konnte ich nur tot bergen, das ist nicht leicht zu akzeptieren. Aber die Frau lebt! Ich werde nie aufgeben und versuche immer, so viele wie möglich zu retten.

Mit einem kleinen Motorboot eilt Manuel Sosa Medina Ertrinkenden zu Hilfe

Warum riskieren Sie für andere Menschen Ihr Leben?

Mein Motto lautet: „Tu Gutes und frag nicht, für wen." Ich glaube fest daran, dass es meine Bestimmung ist, die Menschen hier vor dem Ertrinken zu retten. Außerdem liebe ich das Meer, ohne den salzigen Ozean könnte ich nicht leben.

Was war Ihre schönste Belohnung?

Am meisten freuen mich die Wärme und das Vertrauen der Menschen. Wenn sie sagen, dass sie sich am Meer sicher fühlen, wenn ich da bin. Viele der Geretteten kehren nach El Puertillo zurück und besuchen mich. Von einem jungen Mann habe ich mal einen Fernsehapparat als Dank erhalten – den hüte ich wie einen Schatz. Stolz bin ich auch auf die Silbermedaille, die mir die Regierung von Gran Canaria vergangenes Jahr verliehen hat. Geld als Belohnung nehme ich aber nie.

Sie besitzen ein vier Meter langes altes Motorboot. Reicht das, um den hohen Wellen und der starken Strömung vor Arucas standzuhalten?

Das Boot kenne ich wie mich selbst, ich besitze es seit meiner Jugend. Ich kann sehr geschickt damit umgehen. Wir sind ein gutes Team im Kampf gegen die Wellen. Manchmal muss ich mein Boot auch verlassen. Einmal bin ich ohne Ausrüstung 19 Meter tief getaucht, um einen untergegangenen Mann zu bergen.

Haben die Behörden keine Probleme mit Ihrem freiwilligen Einsatz?

Nein, im Gegenteil. Ich bin mobil jeder Zeit erreichbar und ständig in Kontakt mit der lokalen Polizei und dem Roten Kreuz. Wenn jemand in Not ist, rufen die mich an. Damit verdiene ich aber nicht mein Geld. Menschenleben sind unbezahlbar.

Warum heißen Sie und Ihr Boot „Sandokan"?

Wir sind nach meiner Lieblingsfernsehserie benannt. Als Kind hatte ich ein kleines Holzboot, das taufte ich „Sandokan", dann riefen mich die anderen auch so. Ich wollte immer sein wie der malaiische Pirat aus dem Kinderbuch: ein selbstloser Held der Meere.

Interview: Nicole Trötzer